ccord des nom

pression

om comptable (p.11)

om suivi d'une préposition

om composé (p.94)

ccord adjectif

jectif de couleur (p.102)

djectif comme adverbe

djectif composé (p.100)

ccord du verbe

ujet formé de nom/pronom (p.103)

ujet unis par un coordonnant (p.103)

ujet formé d'un nom collectif (p.104)

ujet formé d'un pronom quantité (p.4)

s particulier

)=en, l', le (p.117)

a suivi du V_{inf} (p.118)

a suivi V_{imp} (p.117)

)=en (p.120)

accord déterminant

leur (p.[illegible])

Même (p.87)

Quel que (p.86)

tout (p.89)

Demi (p.100-102)

participe passé

p.115

p.117

p.116

p.207

Verbe pronominaux

essentiellement pronominal (p.119)

accidentellement pronominal (p.120)

le pluriel des adjectifs composé

adjectif composés variable

seul le 2e élément varie en nombre

adv + adj	les avant-derniers participant
point cardinal + adj	Des romans Sud-africains
-préfixe en O et I + adj	Des luttes Gréco-romaines
-préfixe + adj	Des tissus extra-fins
adj employé comme un adv + adj.	les jumelles nouveau-nées (nouvellement = adv.)

L'EXPRESS
GRAMMATICAL
POUR LE SECONDAIRE

Jacques Lecavalier

avec la collaboration
de Guylaine Lachance
et de Josée Bonneville

ERPI Éducation ▸ innovation ▸ passion

5757, rue Cypihot, Saint-Laurent (Québec) H4S 1R3 ▸ erpi.com
TÉLÉPHONE : 514 334-2690 TÉLÉCOPIEUR : 514 334-4720 ▸ erpidlm@erpi.com

Directrice à l'édition
Julie Boisvert

Chargée de projet et réviseure linguistique
Marthe Bouchard

Correction d'épreuves
Émiliano Arpin-Simonetti
Lucie Bernard
Pierre-Yves L'Heureux
Danielle Maire

Coordonnateur – droits et reproductions
Pierre Richard Bernier

Directrice artistique
Hélène Cousineau

Coordonnatrice aux réalisations graphiques
Sylvie Piotte

Conception graphique
Frédérique Bouvier

Conception de la couverture
Sylvie Morissette

Édition électronique
Les studios Artifisme

Dépôt légal – Bibliothèque et Archives nationales du Québec, 2011
Dépôt légal – Bibliothèque et Archives Canada, 2011

Imprimé au Canada 1234567890 SO 15 14 13 12 11
ISBN 978-2-7613-3123-4 11279 ABCD OS12

Consultation scientifique et pédagogique
Michel Dulong, auteur et conseiller pédagogique

Danielle Lefebvre, auteure et chargée de cours (Université de Montréal et Université du Québec à Trois-Rivières)

Remerciements
Nous tenons à remercier sincèrement les enseignants qui ont participé aux différentes étapes de l'élaboration de cet ouvrage.

De l'Académie Sainte-Thérèse, à Rosemère
Lynda Berthiaume et Manuel Thomas

Du Collège Antoine-Girouard, à St-Hyacinthe
Lysiane Dallaire, Caroline Gauthier, Richard Gervais, Élise St-Germain et Valérie Tremblay

Du Collège Beaubois, à Pierrefonds
Maryse Brazeau, Myriam Demers Asselin, Louise Gauvin, Marie-Claude Picard, Charles-Étienne Tremblay et Jessica Vigneault

Du Collège Charles-Lemoyne, à Longueuil
Isabelle Chartrand, Lydia Fortin, Mélanie Gauthier, Sophie Hamel et Sylvie Labrèche

Du Collège Regina Assumpta, à Montréal
Christine Barnes, Yan Courtemanche et Karine Simoneau

Du Collège Saint-Joseph, à Hull
Véronique Breton, Valérie Dionne et Nancy Longpré

Du Collège Saint-Paul, à Varennes
Julie Robidoux et Émilie Tessier

De la Polyvalente Hyacinthe-Delorme (CS de St-Hyacinthe), à St-Hyacinthe
Isabelle Thivierge

De l'École secondaire des Sentiers (CS des Premières-Seigneuries), à Québec
Lucie Lévesque

De l'École secondaire du Coteau (CS des Affluents), à Mascouche
Caroline Boudreault et Christophe Surget

De l'Externat Sacré-Cœur, à Rosemère
Hélène Noël et Simon Poutré

Table des matières

Abréviations, symboles et pictogrammes

LISTE DES ABRÉVIATIONS ET DES SYMBOLES

adj.	adjectif
adv.	adverbe
attr.	attribut
aux.	auxiliaire
CD	complément direct du verbe
CI	complément indirect du verbe
compl.	complément
compl. de P	complément de phrase
compl. du N	complément du nom
conj.	conjonction
dét.	déterminant
f.	féminin
GAdj	groupe adjectival
GAdv	groupe adverbial
GInf	groupe verbal à l'infinitif
GN	groupe nominal
GPart	groupe verbal au participe
GPrép	groupe prépositionnel
GV	groupe verbal
inf.	infinitif
inv.	invariable
m.	masculin
N	nom
p. p.	participe passé
p. prés.	participe présent
P	phrase
pers.	personne
pl.	pluriel
prép.	préposition
pron.	pronom
s.	singulier
sub.	subordonnée
sub. complét.	subordonnée complétive
sub. rel.	subordonnée relative
sub. corr.	subordonnée corrélative
var.	variable
V	verbe

LISTE DES PICTOGRAMMES

- Manipulations syntaxiques utilisées pour l'analyse
- Irrégularités et erreurs fréquentes
- Formulation fautive ou remplacement incorrect
- Règles des rectifications de l'orthographe ou orthographe rectifiée d'un mot
- Renvoi à des notions connexes présentées avant
- Renvoi à des notions connexes présentées après

Manipulations syntaxiques

Les manipulations syntaxiques sont des transformations qu'on apporte à une phrase pour vérifier si elle est bien construite, pour identifier la classe d'un mot, la fonction d'un groupe de mots, etc. Les manipulations syntaxiques constituent de précieux outils d'analyse.

OUTILS D'ANALYSE DE LA PHRASE
Effacement L'effacement consiste à supprimer un mot ou un groupe de mots à l'intérieur de la phrase. Ex. : *Un jour ou l'autre, on reconnaîtra le talent de ce musicien.* → *On reconnaîtra le talent de ce musicien.*
Déplacement Le déplacement consiste à changer de place un mot ou un groupe de mots à l'intérieur de la phrase. Ex. : *On reconnaîtra le talent de ce musicien un jour ou l'autre.* → *Un jour ou l'autre, on reconnaîtra le talent de ce musicien.*
Remplacement Le remplacement consiste à changer un mot ou un groupe de mots par un autre mot ou groupe de mots à l'intérieur de la phrase. Ex. : *Un jour ou l'autre, on reconnaîtra le talent de ce musicien.* → *Tôt ou tard, on reconnaîtra le talent de ce musicien.*
Addition et dédoublement L'addition consiste à ajouter un mot ou un groupe de mots à l'intérieur de la phrase. Ex. : *Ce musicien talentueux est promis à un bel avenir.* → *Ce musicien très talentueux est promis à un bel avenir.* Le dédoublement consiste à reprendre le sujet et le prédicat par les mots *et cela se passe*. Cette manipulation permet d'isoler le complément de phrase. Ex. : *Le musicien joue de la guitare dans l'auditorium de l'école.* → *Le musicien joue de la guitare et cela se passe dans l'auditorium de l'école.*
Encadrement L'encadrement consiste à encadrer un mot ou un groupe de mots par *c'est... qui* ou *c'est... que*. Ces mots sont placés en tête de phrase. Ex. : *On reconnaîtra un jour ou l'autre le talent de ce musicien.* → *C'est le talent de ce musicien qu'on reconnaîtra un jour ou l'autre*

Comment reconnaître les classes de mots ?

1.1 Quelles sont les classes de mots ?

Les mots appartiennent à différentes classes selon qu'ils sont variables ou invariables, ou encore donneurs ou receveurs d'accord.

CLASSES DE MOTS		
MOTS VARIABLES		MOTS INVARIABLES
DONNEURS D'ACCORD	RECEVEURS D'ACCORD	
Nom Pronom	Déterminant Adjectif Verbe	Préposition Adverbe Conjonction

1.2 Comment reconnaître et utiliser le nom ?

Le nom

Le groupe nominal, p. 26

Le nom est le noyau du groupe nominal (GN). Il est normalement précédé d'un déterminant et peut être accompagné d'un ou de plusieurs compléments.

Le nom donne son genre et son nombre au déterminant et à l'adjectif qui l'accompagnent. Si le groupe nominal est sujet, le nom donne aussi son nombre et la 3e personne au verbe.

Ex. : *Des expositions* (f. pl.) *fascinantes ont présenté cette artiste* (f. s.) *peu connue.*

[La migraine] (GN) *m'empêchait* (3e pers. s.) *de travailler.*

Le nom commun

Le nom commun désigne un être, un objet ou un concept. Il commence par une minuscule.

Ex. : *Elle part en voyage* (nom commun) *dans une semaine* (nom commun).

Pour s'assurer qu'un mot est bien un nom, on vérifie qu'il peut être précédé de l'un des déterminants suivants : *un, une, des.*

Ex. : *Élie passera l'autre test. → Élie passera un test.*
*Élie teste son nouveau vélo. → ⊘ Élie **un** teste son nouveau vélo.*

- Le nom collectif est un nom commun qui, même au singulier, désigne un groupe d'êtres, d'objets, ou de concepts. Le nom collectif est précédé d'un déterminant et peut se mettre au pluriel.

  Ex. : *l'ensemble des musiciens, un groupe de témoins, des variétés d'objets*

Le nom propre

La majuscule, p. 73

Le nom propre peut désigner un lieu, une personne, un peuple ou un animal unique. Il peut aussi être le titre d'une œuvre. Le nom propre commence par une majuscule et ne varie généralement pas en nombre.

Ex. : *mon copain Olivier, ma chatte Virgule, le grand Montréal, le Richelieu, la Joconde de Léonard de Vinci, mais les Laurentides, les Espagnols*

- Comme c'est le cas pour les noms de peuples, les noms employés pour désigner des personnes à partir du lieu où ils habitent prennent la majuscule, car il s'agit de noms propres.

  Ex. : *un Trifluvien, des Albertains*

- Les marques de commerce sont des noms propres. Elles prennent la majuscule.

  Ex. : *une camionnette Volkswagen, un vélo Bixi*

1.3 Comment reconnaître et utiliser le pronom ?

Le pronom

Les pronoms de reprise, p. 139

Le pronom peut reprendre un groupe de mots ou une phrase qui se trouve dans le texte, qu'on appelle *antécédent*. Le pronom prend le genre et le nombre de son antécédent.

Il s'agit généralement des pronoms de la 3e personne. Ils servent à la reprise de l'information. Ce sont des *pronoms de reprise*.

Ex. : *Deux fois, Margie a perdu [ses clés]. Elle oublie où elle **les** (f. s.) a mises.*

*[Deux fois, Margie a perdu ses clés]. **Cela** (m. s.) est une mauvaise habitude.*

Certains pronoms personnels et possessifs, surtout ceux des 1re et 2e personnes, désignent un interlocuteur du discours au lieu de reprendre un antécédent. Ce sont des *pronoms de communication*.

Ex. : *Que **m'**arrive-t-il ? Suis-**je** malade, selon **vous** ?*
*Votre santé est meilleure que **la mienne**.*

Un mot est bien un pronom si on peut le remplacer par le groupe ou la phrase qu'il reprend.

Ex. : ***Vasili et Youssef** (GN) sont excellents au soccer. **Ils** (pron.) sont aussi doués pour le hockey.*
→ *Vasili et Youssef sont aussi doués pour le hockey.*

- Le pronom est un donneur d'accord dans la phrase. Il donne son genre et son nombre à l'adjectif avec lequel il est en relation ; s'il est sujet, il donne son nombre et sa personne au verbe.

  Ex. : *Votre automobile est verte, mais **la nôtre** (f. s.) est **blanche**.*
  ***Vous** (2e pers. pl.) cour**ez** trop vite !*

- Lorsque l'antécédent du pronom est formé d'un groupe masculin et d'un groupe féminin, le pronom se met au masculin pluriel.

  Ex. : *Dans le film, **le héros et l'héroïne** (antécédent) croient avoir réussi à s'échapper. **Ils** (pron.) sont pourtant vite capturés.*

- Lorsque le nom est suivi d'un GN complément du nom, l'un ou l'autre nom peut agir comme antécédent du pronom, selon le sens.

  Ex. : *[L'**équipe** de patineuses] a excellé, car **elle** a obtenu deux médailles.*

  *[L'équipe de **patineuses**] a excellé, car **toutes** se sont qualifiées pour la finale.*

■■ Certains pronoms peuvent avoir une expansion.

Ex. : *Deux [d'entre vous] ont demandé une permission.* (GPrép)

L'élève qui n'a pas terminé l'examen est celle [qui est arrivée en retard]. (sub. relative)

▶▶ *Le complément du pronom*, p. 46

■■ Les pronoms, possessifs et numéraux ainsi que certains pronoms indéfinis peuvent reprendre en partie les êtres ou les objets inclus dans l'antécédent.

Ex. : *La veste de François est très chic. La mienne est plutôt ordinaire.* (antécédent différent)

Yannick a plusieurs amis. Deux habitent près de chez lui. (reprise partielle)

PRONOMS				
TYPES DE PRONOMS	SINGULIER		PLURIEL	
	MASCULIN	FÉMININ	MASCULIN	FÉMININ
Pronoms personnels	*je (j'), me (m'), moi*		*nous*	
	tu, te (t'), toi		*vous*	
	il, le (l')	*elle, la (l')*	*ils, eux*	*elles*
	lui, se (s'), soi, on		*les, leurs, se (s')*	
	en, y			
Pronoms démonstratifs	*ce (c'), ceci, cela, ça, celui (-ci, -là)*	*celle (-ci, -là)*	*ceux (-ci, -là)*	*celles (-ci, -là)*
Pronoms possessifs	*le mien*	*la mienne*	*les miens*	*les miennes*
	le tien	*la tienne*	*les tiens*	*les tiennes*
	le sien	*la sienne*	*les siens*	*les siennes*
	le nôtre	*la nôtre*	*les nôtres*	
	le vôtre	*la vôtre*	*les vôtres*	
	le leur	*la leur*	*les leurs*	
Pronoms indéfinis	*on, quoi*			
	aucun, chacun, plus d'un, quelqu'un, n'importe lequel, tout, etc.	*aucune, chacune, plus d'une, quelqu'une, n'importe laquelle, toute, etc.*	*quelques-uns, n'importe lesquels, les unes, certains, etc.*	*quelques-unes, n'importe lesquelles, les unes, certaines, etc.*
	personne, rien, quelque chose, quiconque, etc.	—	*beaucoup, bon nombre, peu, la plupart, plusieurs, etc.*	

…

TYPES DE PRONOMS	SINGULIER		PLURIEL	
	MASCULIN	FÉMININ	MASCULIN	FÉMININ
Pronoms numéraux	*un*	*une*	*deux, trois, quatre, cent, mille,* etc.	
Pronoms relatifs et interrogatifs	*qui, que (qu'), quoi, dont, où*			
	à qui, avec qui, de qui, à quoi, avec quoi, de quoi, en quoi, par quoi, sans quoi, d'où, par où, etc.			
	lequel, duquel, auquel	*laquelle, de laquelle, à laquelle*	*lesquels, desquels, auxquels*	*lesquelles, desquelles, auxquelles*

- Les pronoms simples sont formés d'un seul mot non décomposable (ex. : *toi*). Les pronoms complexes sont composés de deux mots (ex. : *la mienne*) ; ils peuvent aussi être des pronoms contractés (ex. : *auquel* = *à* + *lequel*).

Le pronom personnel

Les pronoms personnels indiquent la personne grammaticale (la 1re, la 2e ou la 3e personne), au singulier comme au pluriel.

Les pronoms personnels des 1re et 2e personnes désignent généralement un interlocuteur du discours au lieu de reprendre un antécédent.

Ex. : *Suis-je prêt pour ce débat, selon toi ?*

Les pronoms personnels de la 3e personne reprennent la plupart du temps un antécédent.

Ex. : *Josée* (f. s.) *travaille dans une clinique de santé. Elle est nutritionniste.*

Anne-Julie est [heureuse] (GAdj)*. Sa jumelle semble l'être plus encore.*

[Jetterez-vous ces objets aux ordures] (phrase) *? Je le veux. J'y pense.*

- Le pronom personnel *vous* désigne généralement un groupe de personnes, mais il peut aussi désigner une personne qu'on vouvoie.

- Le pronom personnel *il* n'a pas d'antécédent lorsqu'il est employé avec des verbes impersonnels.

  Ex. : *Il pleut aujourd'hui.*

L'ORDRE DE PRIORITÉ DES PRONOMS PERSONNELS DANS LE GROUPE VERBAL

Les types de phrases, p. 36

Dans les phrases de type déclaratif et exclamatif, les pronoms ne sont pas rattachés par des traits d'union et ils se placent dans l'ordre suivant :

- le pronom sujet avant le pronom complément ;
  Ex. : *Elle me parle.*
- les pronoms *me, te, se, nous, vous* avant les pronoms *le, la, les* ;
  Ex. : *Kim ne te le pardonnera jamais.*
- les pronoms *y* et *en* juste devant le verbe.
  Ex. : *Des disques, comme tu m'en offres !*

Dans les phrases de type impératif, les pronoms personnels se placent après le verbe lorsque la phrase est de forme positive. Ils sont liés au verbe et liés entre eux par un trait d'union.

Ex. : *Commandez-lui-en. Partage-nous-les.*

Les pronoms personnels se placent avant le verbe lorsque la phrase est de forme négative. Ils ne sont alors pas rattachés par un trait d'union.

Ex. : *Ne lui en parlez pas. Ne les lui prends pas.*

Le pronom démonstratif

Le pronom démonstratif reprend un antécédent, mais il annonce parfois un terme ou une phrase qui va suivre. Il peut aussi désigner un être ou un objet pointé du doigt dans le contexte.

Ex. : *Mon grand-père joue au golf et cela le maintient en forme.*

phrase annoncée

Le conférencier s'arrêta net, puis il ajouta ceci : « Je vous prie d'éteindre vos téléphones cellulaires ».

objet désigné

Le client dit au pâtissier : « Je voudrais celui-ci, s'il vous plaît ».

Les pronoms démonstratifs *ceux* et *celles* ont toujours un complément.

Ex. : *Il y a les gens qui craignent les tornades et ceux [qui ont peur des orages].* (sub. relative)

Les pronoms démonstratifs *celui-là, celle-là, ceux-là* et *celles-là* reprennent un antécédent plus éloigné que l'antécédent des pronoms démonstratifs qui se terminent en *–ci*. On évite d'utiliser les pronoms en *–là* lorsque les pronoms en *–ci* ne sont pas utilisés.

Ex. : *Je place une carte devant moi et une autre devant toi. Veux-tu garder celle-ci ou la changer pour celle-là ?*

Le pronom possessif

Le pronom possessif indique un rapport étroit entre son antécédent et un être ou un objet. Il s'agit souvent du lien entre le possesseur et l'objet qu'il possède.

Ex. : *Anne-Michèle a perdu ses gants* (antécédent). *[Je]* (possesseur) *lui ai prêté les miens* (pron. possessif).

Le pronom numéral

Le pronom numéral indique un nombre précis. Son antécédent est un nom dénombrable.

Ex. : *Les planches à neige étaient en vente à deux* (nombre) *pour le prix d'une* (nombre).

Le pronom indéfini

Le pronom indéfini désigne souvent un être, une chose ou un concept qui n'est pas présenté clairement dans le texte. Il peut aussi reprendre un antécédent dont l'identité est imprécise.

Ex. : *Je me demande si quelqu'un est au courant.*
Les écologistes sont contre ce projet. Certains manifestent devant l'hôtel de ville.

! On évite d'utiliser un pronom personnel lorsqu'un être, une chose ou un concept n'est pas clairement présenté dans le texte. Dans un tel cas, soit on utilise un pronom indéfini, soit on précise de qui ou de quoi on parle.

Ex. : ⊘ *Aujourd'hui,* ***ils*** *croient qu'il faut préserver les ressources naturelles.*
Aujourd'hui, ***plusieurs*** *croient qu'il faut préserver les ressources naturelles.*
Aujourd'hui, ***les scientifiques*** *croient qu'il faut préserver les ressources naturelles.*

■■ Les pronoms *aucun, aucune, nul, nulle, pas un, pas une, personne* et *rien* doivent être précédés ou suivis de l'adverbe de négation *ne*.

Ex. : *Jim chasse depuis trois jours et il n'a aperçu aucun chevreuil.*
Personne ne veut assister à cette fête mal organisée.

Le pronom relatif

Les pronoms relatifs peuvent représenter un être (antécédent animé) de même qu'une chose ou un concept (antécédent inanimé). Ils sont généralement invariables, à l'exception de *lequel, duquel* et *auquel,* qui varient en genre et en nombre.

...

La subordonnée relative, p. 57

Les pronoms relatifs sont des subordonnants qui servent à introduire une subordonnée relative qui complète un nom. Ils sont toujours placés au début de la phrase subordonnée qu'ils introduisent.

sub. relative
Ex. : *Nous cherchons des bénévoles [qui veulent aider les gens défavorisés].*

- Les pronoms relatifs *qui, lequel, laquelle, lesquels* et *lesquelles* sont toujours sujets de la phrase subordonnée relative. Leurs antécédents sont animés ou inanimés.

  sujet
  Ex. : *Je connais un ami [qui pourrait t'aider].*

- Lorsqu'ils sont précédés d'une préposition, les pronoms relatifs *qui, quoi, lequel, laquelle, lesquels* et *lesquelles* sont compléments de phrase, compléments de l'adjectif ou compléments indirects du verbe. Leurs antécédents sont animés ou inanimés, selon le cas.

  CI
  Ex. : *Éloïse aimerait trouver une personne de confiance [à qui elle confierait cette tâche].*

- Le pronom relatif *que* a la fonction de complément direct du verbe ou d'attribut du sujet de la subordonnée relative. Son antécédent est animé ou inanimé.

  CD
  Ex. : *J'aime les chansons [que tu composes].*

  Le pronom *que* est remplaçable par *quelqu'un* ou *quelque chose*.
  Ex. : *Les photos [que je te montre] ont été prises il y a deux ans.*
  → *je te montre* **quelque chose** : *que* reprend *les photos*

  Dans une phrase, le mot *que* peut être un pronom relatif ou une conjonction. S'il est conjonction, *que* ne peut pas être remplacé par *quelqu'un* ou *quelque chose* dans la phrase subordonnée.
  conj.
  Ex. : *Il veut [que tu déjeunes].* → ⊘ *tu déjeunes* **quelqu'un**

- Le pronom relatif *dont* peut être complément indirect du verbe, complément du nom ou complément de l'adjectif. Son antécédent est animé ou inanimé.

  compl. du N
  Ex. : *J'aime les contes [dont la fin est drôle].* → *la fin des contes est drôle*

  Le pronom *dont* est remplaçable par *de quelqu'un* ou *de quelque chose*.
  Ex. : *L'idée [dont vous discutiez] me semble excellente.*
  → *vous discutiez* **de quelque chose** : *dont* reprend *L'idée*

- Le pronom relatif *où* est complément indirect du verbe ou complément de phrase. Son antécédent est inanimé.

  compl. de P
  Ex. : *Je me souviens de la journée [où nous nous sommes rencontrés].*

Le pronom interrogatif

La phrase de type interrogatif, p. 37

Les pronoms interrogatifs désignent généralement un interlocuteur. Ils reprennent un être (antécédent animé), une chose ou un concept (antécédent inanimé).

Les pronoms interrogatifs sont des subordonnants qui introduisent une phrase de type interrogatif.

Ex. : *À qui parlais-tu ? De quoi discutiez-vous ?* (P de type interrogatif ; P de type interrogatif)

Les pronoms interrogatifs peuvent avoir plusieurs fonctions.

FONCTIONS DU PRONOM INTERROGATIF	EXEMPLES
Sujet de la phrase	*Qui frappe à la porte ?*
Complément direct du verbe (CD)	*Qu'est-ce que tu préfères ?*
Complément indirect du verbe (CI)	*Avec qui êtes-vous sortis hier ?*
Attribut du sujet	*Qui est cet étranger ?*
Complément de l'adjectif	*De quoi est-il coupable ?*
Complément du nom	*De quoi est-il le propriétaire ?*

Parfois, les pronoms interrogatifs introduisent une subordonnée complétive interrogative.

Ex. : *Je te demande [à qui tu as parlé tout à l'heure].* (sub. compl. interrogative)

La subordonnée complétive interrogative, p. 58

1.4 Comment reconnaître et utiliser le déterminant ?

Le déterminant est un mot qui précède un nom dans un groupe nominal. Il est généralement receveur du genre et du nombre de ce nom et, dans certains cas, de sa personne. Certains déterminants sont toutefois invariables. Entre le déterminant et le nom, un adjectif peut parfois s'insérer.

Ex. : *une bonne étoile, des couchers de soleil, trois superbes roses* (inv.)

Le déterminant peut parfois être effacé devant certains noms propres de personnes ou de villes. Il peut aussi être effacé entre deux noms séparés par une virgule, quand le second nom est complément ou synonyme du premier.

Ex. : *Il ressemble à François Paradis. J'aime mieux Montréal que Sherbrooke.*
Isabelle Roy, présidente, décidera du contenu de la prochaine réunion.

DÉTERMINANTS				
TYPES DE DÉTERMINANTS	SINGULIER		PLURIEL	
	MASCULIN	FÉMININ	MASCULIN	FÉMININ
Définis	*le (l')*	*la (l')*	*les*	
Indéfinis	*un*	*une*	*des, de (d')*	
Partitifs	*du (de l')*	*de la (de l')*	*des*	
Possessifs	*mon*	*ma, mon*	*mes*	
	ton	*ta, ton*	*tes*	
	son	*sa, son*	*ses*	
	notre		*nos*	
	votre		*vos*	
	leur		*leurs*	
Démonstratifs	*ce, cet*	*cette*	*ces*	
Numéraux	*un*	*une*	*deux, trois, quatre, cinq, six, sept, huit, neuf, dix, onze,* etc.	
	zéro			
Interrogatifs et exclamatifs	*quel*	*quelle*	*quels*	*quelles*
	combien de			
Quantitatifs	*aucun, nul, pas un, tout, n'importe quel,* etc.	*aucune, nulle, pas une, toute, n'importe quelle,* etc.	*aucuns, nuls, tous, n'importe quels, divers, différents,* etc.	*aucunes, nulles, toutes, n'importe quelles, diverses, différentes,* etc.
	chaque, quelque, etc.		*quelques, la plupart des, plusieurs, bien des,* etc.	

- Les déterminants simples sont formés d'un seul mot non décomposable (ex. : *le*). Les déterminants complexes sont composés de deux mots ou plus (ex. : *trop de*) ; ils peuvent aussi être des déterminants contractés, par exemple *du* (*de* + *le*) et *des* (*de* + *les*).

Le déterminant défini

Les déterminants définis précèdent généralement un nom commun. Ils présentent l'être, la chose ou le concept comme déjà connu, parce qu'il en a déjà été question ou que cela est évident dans le contexte.

Ex. : *La partie de soccer organisée par l'école aura lieu dans le gymnase.*
(une école et un gymnase en particulier, soit le gymnase de l'école)

- Le déterminant défini peut aussi se placer devant un verbe à l'infinitif, un adjectif, un adverbe ou une expression figée, qui sont alors employés comme noms.

  Ex. : *Ils tentent de découvrir* le *comment des choses.*

- Les déterminants définis *le* et *les* deviennent des déterminants contractés lorsqu'ils suivent les prépositions *à* ou *de*. Le déterminant *la* ne se contracte pas.

  à + le = au   *à + les = aux*   *de + le = du*   *de + les = des*

Le déterminant indéfini

Les déterminants indéfinis s'utilisent généralement devant un nom commun qu'on emploie pour la première fois ou qu'on utilise dans un sens général, sans préciser de quel être ou de quelle chose il s'agit.

Ex. : *Les activités d'escalade se déroulent souvent dans* un *gymnase.*
(n'importe quel gymnase)

- Les déterminants indéfinis s'emploient aussi devant un verbe à l'infinitif, un adjectif, un adverbe ou une expression figée, qui sont alors employés comme noms.

  Ex. : un *bon vouloir,* une *affamée,* un *oui sans conviction,* des *sans-cœur*

- Le déterminant *des* peut prendre la forme *de* devant un nom pluriel précédé d'un adjectif débutant par une consonne. Il peut s'élider et prendre la forme *d'* devant un adjectif débutant par une voyelle ou un *h* muet.

  Ex. : de *beaux vêtements,* d'*élégants habits,* d'*horribles manteaux*

Le déterminant partitif

Les déterminants partitifs sont des déterminants indéfinis qui s'utilisent devant un nom qui n'est pas dénombrable.

Ex. : *J'ai versé* du *café chaud dans ta tasse. Il reste encore* de l'*espoir.*

Le déterminant possessif

Comme plusieurs déterminants, les déterminants possessifs reçoivent le genre et le nombre du nom qu'ils accompagnent. Cependant, ils varient aussi en personne, selon le nom ou le pronom auquel ils renvoient (*mon* : 1re pers., *ton* : 2e pers., *son* : 3e pers., etc.). Les déterminants possessifs indiquent toujours un lien de possession, un lien affectif ou d'appartenance, etc.

Ex. : *Jason porte souvent* son *foulard rouge.* (son : 3e pers. s. ; m. s.) *J'ai appelé* mes *amies.* (mes : 1re pers. s. ; f. pl.)

- Les formes *mon, ton, son* s'emploient surtout au masculin, mais aussi devant des mots féminins débutant par une voyelle ou un *h* muet.

  Ex. : *Ton attitude positive a plu à mon enseignante. Depuis, son opinion à ton sujet a changé. Tu es mon héroïne !*

! On ne doit pas confondre les déterminants *leur* et *leurs* avec le pronom personnel invariable *leur*, qui précède un verbe, ni avec les pronoms possessifs *le leur, la leur, les leurs*.

Ex. : *Ces athlètes sont fiers de leurs* (dét.) *performances. On leur* (pron. pers.) *remettra une médaille d'excellence. Certains ont déjà reçu la leur* (pron. possessif).

Leur, p. 86

Le déterminant démonstratif

Le déterminant démonstratif présente le nom comme si on venait juste de parler de la réalité qu'il représente ou comme si on l'avait sous les yeux.

Ex. : *On dit beaucoup de bien de cette série de concerts et de ces spectacles.*

Le déterminant démonstratif a comme antécédent un nom auquel il peut être rattaché en raison de la proximité, du contexte, du sens ou du nombre.

Ex. : *J'ai participé à une soirée d'humour. Cette activité était très réussie.*

! Le déterminant démonstratif ne doit pas renvoyer à un être ou à une chose dont il n'a pas encore été question dans le contexte.

Ex. : ⊘ *Il était une fois **cette** jeune Amérindienne du nord du Québec.*
*Il était une fois **une** jeune Amérindienne du nord du Québec.*

- On emploie le déterminant *cet* devant un mot masculin débutant par une voyelle ou par un *h* muet, mais pas devant un mot commençant par un *h* aspiré.

  Ex. : *cet édifice, cet habit* (= *h* muet), *ce hérisson* (= *h* aspiré)

- Les déterminants démonstratifs *ce, cet, cette* et *ces* immédiatement suivis d'un nom et de *-là* reprennent un antécédent plus éloigné que ceux qui sont suivis de *-ci*.

  Ex. : *Voulez-vous essayer ce manteau-ci ?*
  Préférez-vous ce vélo-ci ou ce vélo-là ?

! Il ne faut pas confondre les déterminants démonstratifs *ce* et *ces* avec le pronom personnel *se* ou le déterminant possessif *ses*.

Ex. : *Ce* (dét. dém.) *virus se* (pron.) *propage rapidement.*
Aimes-tu ces (dét. dém.) *romans-là ? Luc glisse ses* (dét. poss.) *manuels scolaires dans son sac.*

Le déterminant numéral

L'accord du déterminant numéral, p. 96

Les déterminants numéraux expriment un nombre ou une quantité précise. Ils sont généralement invariables.

Ex. : *Marie-Ève aura seize ans demain.*

- Les déterminants numéraux sont simples pour les nombres allant de *un* à *seize*, pour les nombres marquant les dizaines (*vingt*, *trente*, etc.) ainsi que pour *cent* et *mille*. Les autres déterminants numéraux sont composés, comme *soixante-douze*, *vingt-deux*.

Le trait d'union, p. 75
Les rectifications de l'orthographe (le trait d'union), p. 80

Le déterminant interrogatif et le déterminant exclamatif

Les déterminants interrogatifs et exclamatifs ont la même forme.

Les déterminants interrogatifs servent à construire une interrogation partielle.

Ex. : *À quel moment nous rencontrerons-nous ?*

Les déterminants exclamatifs expriment une émotion. Ils servent à transformer une phrase de type déclaratif en phrase de type exclamatif.

Ex. : *Quelle formidable rencontre !*

Le déterminant quantitatif

Les déterminants quantitatifs expriment une quantité indénombrable, nulle ou totale.

Ex. : *Plusieurs témoins seront appelés tôt ou tard.*
Aucun participant ne sera oublié.
Toutes les personnes seront rencontrées individuellement.

- Les déterminants quantitatifs pluriels *nuls*, *nulles*, *aucuns* et *aucunes* s'emploient seulement avec les noms toujours au pluriel. Dans les autres cas, il faut toujours utiliser *nul*, *nulle*, *aucun* et *aucune*.

  Ex. : *aucuns frais*, *nulles funérailles*, *aucunes représailles*
  aucune personne, *nul spécialiste*

1.5 Comment reconnaître et utiliser l'adjectif ?

Le groupe adjectival, p. 28
L'accord de l'adjectif, p. 97

L'adjectif qualifie ou classe le nom avec lequel il est en relation. Il constitue le noyau d'un groupe adjectival (GAdj). L'adjectif reçoit généralement le genre et le nombre du nom ou du pronom qu'il complète. Toutefois, certains adjectifs sont invariables.

Ex. : *Des vêtements **légers** sont très appropriés aujourd'hui.* (m. pl.)

*Elle est [**fière** de ses initiatives]. Leurs robes de bal sont [**rose pâle**].* (f. s. ; inv.)

! Certains adjectifs prennent une forme composée ou dérivent d'un verbe.
Ex. : *un foulard **gris perle**, un pacte **rompu**, un soleil **éblouissant***

- Un adjectif est employé au superlatif quand il est précédé des déterminants *le*, *la*, *les* suivis de *plus* ou *moins*.

  Ex. : ***le plus** coquet, **les plus** exigeantes, **la plus** mignonne, **le moins** serviable*

- Les adjectifs *bon*, *mauvais* et *petit* forment leur superlatif de façon particulière. Ces superlatifs ne peuvent pas être précédés d'un adverbe de degré comme *très*, *assez*, *peu*, *le plus*, *le moins*, etc.

ADJECTIFS	SUPERLATIFS	EXEMPLES
bon	*meilleur, meilleur (que), le meilleur (de)*	*Carla est **la meilleure**.* *Elle est **meilleure que** les autres.*
mauvais	*pire, le plus mauvais, le moins mauvais, pire (que), le pire de*	***Le pire** scénario.* *Sa santé est **pire que** je le pensais.*
petit	*moindre, le plus petit, (le, la, les) + moindre (de)*	*Ces vêtements sont **les plus petits**.* *C'est **le moindre de** mes soucis.*

L'adjectif qualifiant et l'adjectif classifiant

L'adjectif qualifiant attribue une qualité ou un défaut au nom ou au pronom auquel il se rapporte.

Ex. : *un enseignant **sévère**, des films **surprenants**, une personne **charmante***

L'adjectif classifiant place le nom qu'il accompagne à l'intérieur d'une catégorie ou d'une liste.

Ex. : *un plante **carnivore**, une compétition **nationale***

- L'adjectif qualifiant fait souvent partie d'un groupe nominal, mais il peut aussi agir comme le noyau d'un groupe adjectival situé en dehors du groupe nominal.

  Ex. : *Francine est [une personne **discrète**]*(GN). *Francine est [**discrète**]*(GAdj).

- L'adjectif qualifiant peut être précédé d'un adverbe d'intensité tel que *très*, *assez* ou *peu*. Parfois, il est employé comme un nom.

  Ex. : *un jugement **très sévère**, des histoires **assez drôles**, une fille **peu gentille***

  *Je trouve ses propos **intéressés** (adj.). Il faut le signaler aux **intéressés** (nom).*

- L'adjectif classifiant ne peut pas être précédé des adverbes *très*, *assez* ou *peu*. Les adjectifs *premier*, *deuxième*, etc., sont aussi des adjectifs classifiants.

  Ex. : ⊘ *un animal **très** invertébré, un **assez** deuxième essai*

La distinction entre l'adjectif et le participe présent

Les adjectifs se terminant en *-ant* ou en *-ent* varient en genre et en nombre, alors que les participes présents qui se terminent en *-ant* restent invariables.

On reconnaît l'adjectif qui se termine en *-ant* ou en *-ent* en le remplaçant par un autre adjectif dont la terminaison se prononce différemment.

Ex. : *Une canicule se caractérise par des températures suffoc**antes** (chaudes).*

*Un cycliste néglig**ent** (distrait) zigzaguait devant l'automobile.*

Le participe présent peut être encadré par *ne... pas*.

Ex. : ***Suffoquant** (Ne suffoquant pas), nous cherchions en vain de l'air frais au cours de la canicule.*

1.6 Comment reconnaître et utiliser le verbe ?

Le groupe verbal, p. 27
L'auxiliaire, p. 108

Le verbe est le noyau du groupe verbal (GV). Il peut être suivi d'un ou de plusieurs compléments. Le verbe reçoit la personne, le genre et le nombre du sujet de la phrase.

Le verbe se conjugue à un temps simple ou composé. Lorsqu'il se conjugue à un temps composé, il comporte un auxiliaire de conjugaison et un participe passé.

Ex. : *Le magicien **pratique** (3e pers. s.) son numéro.*

*Les artistes **ont donné** (3e pers. pl.) un excellent spectacle.*

Pour vérifier qu'un mot est bien un verbe, on le conjugue, c'est-à-dire qu'on l'emploie à d'autres personnes et à d'autres temps. On peut aussi l'encadrer par la négation *ne... pas*.

Ex. : *Il **mérite** (verbe) tous ces cadeaux.* → *Il **méritait** tous ces cadeaux.*
*Il **ne** mérite **pas** tous ces cadeaux.*

*Il a beaucoup de **mérite** (nom).* → ⊘ *Il a beaucoup de **méritera**.*
⊘ *Il a beaucoup de **ne** mérite **pas**.*

Le verbe transitif et le verbe intransitif

Le verbe transitif peut recevoir un complément direct (CD) ou indirect (CI).

Ex. : *Cet accident **bloque** [la voie ferrée] (CD).*
*Julie-Anne **travaille** [**avec** un ami] (CI).*

Le verbe intransitif ne peut pas avoir de complément du verbe.

Ex. : *Le vieil homme **dormait** [dans la prairie] (compl. de P).*

Certains verbes transitifs acceptent à la fois un complément direct (sans préposition) et un complément indirect (avec préposition).

Ex. : *Prêter [ses livres] (CD) [**à** un ami] (CI).*

! Certains verbes transitifs directs, qui se construisent sans préposition, sont souvent employés par erreur avec une préposition.

Ex. : ⊘ *Élisabeth se rappelle **de** ses douze ans.*
*Élisabeth se rappelle **ses** douze ans.*

⊘ *Pour pallier **à ce** problème, agissons vite.*
*Pour pallier **ce** problème, agissons vite.*

Le verbe attributif

L'attribut du sujet, p. 49

Le verbe attributif est un verbe qui est suivi d'un groupe de mots ayant la fonction d'attribut du sujet. Au lieu d'avoir un complément direct comme le verbe transitif, le verbe attributif relie l'attribut au sujet.

Ex. : *Geneviève **semble** (V attributif) contente, mais pas ses copines.*

Pour reconnaître un verbe attributif, on peut le remplacer par le verbe *être*.

Ex. : *Les campeurs **se sentaient** [prêts pour la grande aventure].*

→ *Les campeurs **étaient** [prêts pour la grande aventure].*

PRINCIPAUX VERBES ATTRIBUTIFS			
avoir l'air	*être*	*rester*	*se montrer*
demeurer	*paraître*, ☑ *paraitre*	*s'annoncer*	*se révéler*
devenir	*passer pour*	*s'avérer*	*trouver*
devoir être	*pouvoir être*	*sembler*	*vivre*

Le verbe pronominal

L'auxiliaire dans la conjugaison des verbes pronominaux, p. 111
Le participe passé d'un verbe pronominal, p. 119

Le verbe pronominal est précédé d'un pronom personnel complément (*me, te, se, nous, vous*) qui reprend le sujet.

Aux temps composés, le verbe pronominal se conjugue toujours avec l'auxiliaire *être*.

Ex. : *Je me **souviens** parfaitement de ce détail.*

*Les chevaux **s'étaient enfuis**.*

Le verbe impersonnel

Le verbe impersonnel s'emploie seulement à la 3e personne du singulier. Il est précédé du pronom masculin singulier *il*, qui ne reprend aucun autre mot du texte. Le verbe impersonnel peut avoir un complément.

Ex. : *Il **faut** [prendre le temps d'admirer cette sculpture]* (compl. du V impersonnel).

*Il **pleut** [des cordes] depuis hier.* (compl. du V impersonnel : des cordes)

- Certains verbes peuvent former des phrases impersonnelles même si, dans d'autres contextes, ils se conjuguent à toutes les personnes du singulier et du pluriel.

Ex. : *Il **court** une fausse rumeur à ce sujet.* (V à construction impersonnelle : court)

Dans les phrases impersonnelles, on ne peut pas remplacer le pronom *il* par *quelqu'un* ou *quelque chose*.

Ex. : *Il court une fausse rumeur.* → ⊘ ***Quelqu'un** court une fausse rumeur.*

Il court trois kilomètres. → ***Quelqu'un** court trois kilomètres.*

1.7 Comment reconnaître et utiliser l'adverbe ?

Le groupe adverbial, p. 31

L'adverbe est presque toujours invariable. Il est le noyau du groupe adverbial (GAdv) et peut être suivi d'un autre adverbe. Un adverbe est simple ou complexe, selon qu'il comporte un ou plusieurs mots.

Ex. : *Depuis à peu près quinze jours, il était très gravement malade.* (adv. complexe : *à peu près* ; adv. simples : *très gravement*)

- Le sens des adverbes varie selon la fonction qu'ils exercent à l'intérieur de la phrase ou des groupes de mots.

SENS DE QUELQUES ADVERBES

SENS	ADVERBES	SENS	ADVERBES
Affirmation	*assurément, certainement, oui*	Intensité	*assez, autant, beaucoup, peu, très*
Négation	*ne... pas, ne... jamais, ne... pas, non*	Manière	*ainsi, lentement, rapidement*
Probabilité	*peut-être, sans doute*	Temps	*demain, hier, souvent, tôt*
Conséquence	*ainsi, alors, donc*	Lieu	*ailleurs, ici, là, là-bas, par-ci par-là, partout*

- Les adverbes qui se terminent en *–ment* sont très fréquents. Ils se forment généralement à partir du féminin de l'adjectif auquel on ajoute le suffixe *–ment*. Toutefois, on utilise le masculin de l'adjectif lorsque celui-ci se termine en *–é*, *–i* et *–u*. La terminaison *–ément* est parfois nécessaire.

  Ex. : *lente → lentement, poli → poliment, confuse → confusément,*

  Les adjectifs qui se terminent en *–ant* et en *–ent* forment leurs adverbes en *–amment* et en *–emment*.

  Ex. : *abondant → abondamment, négligent → négligemment*

- L'adverbe *tout* est le seul adverbe variable. Il devient *toute* ou *toutes* devant un mot féminin débutant par une consonne ou un *h* aspiré.

  Tout, p. 89

- Certains adverbes sont *corrélatifs*, c'est-à-dire qu'ils sont jumelés à un autre adverbe ou à une conjonction.

  Ex. : *Plus Hugo est motivé, plus il travaille efficacement.*

! Lorsque l'adverbe ne modifie aucun mot de la phrase, mais qu'il porte sur la phrase entière, il est utilisé comme marqueur de point de vue ou marqueur de relation.

Les marques du point de vue, p. 124
Les marqueurs de relation ou connecteurs, p. 137

1.8 Comment reconnaître et utiliser la préposition ?

Le groupe prépositionnel, p. 30

La préposition est un mot invariable qui est le noyau d'un groupe prépositionnel (GPrép). Le complément de la préposition est un GN, un verbe à l'infinitif, un pronom, un GAdv ou un GPrép. La préposition est simple (*à*, *de*, *par*, *en*, etc.) ou complexe (*à cause de*, *au bord de*, *lors de*, etc.).

Ex. : *Je me confie* [*à toi*]GPrép.

Quelle sorte [*de sentiment*]GPrép *éprouves-tu* [*pour elle*]GPrép ?

- L'emploi d'une préposition est commandé par le verbe, lorsque le groupe prépositionnel complète le verbe, ou par le sens, dans le cas des autres compléments.

  Ex. : *Un film* [*d'aventures*] *est présenté* [*à la télévision*].

- Une préposition doit toujours être suivie d'un complément. Si ce n'est pas le cas, il s'agit plutôt d'un adverbe. Seules les prépositions *après*, *avant*, *contre*, *dedans*, *derrière*, *devant* et *pour* peuvent agir comme adverbes.

  Ex. : *Il se place* [*devant lui*]GPrép. *Il est placé* *devant*adv..

  ⊘ *Il parle* ***avec***. → *Il parle* [*avec elle*]GPrép.

EXEMPLES DE PRÉPOSITIONS

SENS	SIMPLES	COMPLEXES
Ajout	*outre*	*en plus de, y compris*
Explication	*c'est-à-dire, moyennant, par, sans, vu*	*à cause de, à force de, au moyen de, au sens de, compte tenu de, du fait de, en fonction de, en raison de, étant donné, faute de, grâce à, par l'entremise de, sous l'effet de, sous prétexte de*
Précision	*concernant, sur*	*à l'égard de, à propos de, au sujet de, dans le cas de, du point de vue de, en ce qui concerne, quant à, relativement à, sur le plan de*
But	*pour*	*afin de, dans le but de, de peur de, en prévision de, en vue de*
Comparaison		*à l'exemple de, à la différence de, à la manière de, à titre de, conformément à, en comparaison de (avec), par rapport à*
Condition		*à condition de, à moins de, en cas de*
Conséquence		*au péril de, au point de, au prix de, sous peine de*

EXEMPLES DE PRÉPOSITIONS		
SENS	SIMPLES	COMPLEXES
Exception	*excepté, hormis, sauf*	*à l'exception de, à l'exclusion de, en dehors de*
Lieu, direction	*à, chez, contre, dans, de, derrière, devant, en, entre, jusque, par, parmi, pour, sous, sur, vers*	*à côté de, à destination de, à droite de, à gauche de, à l'arrière de, à l'avant de, à l'écart de, à l'extérieur de, à l'extrémité de, à l'intérieur de, à la base de, à partir de, à proximité de, à travers, au bas de, au bord de, au centre de, au-dessous de, au-dessus de, au fond de, au milieu de, au pied de, au seuil de, au sommet de, auprès de, autour de, au travers de, du côté de, en direction de, en face de, face à, hors de, jusqu'à, le long de, loin de, par-dessus, près de*
Manière, moyen	*à, avec, de, en, moyennant, par, sans*	*à l'aide de, à l'insu de, à la lumière de, à la manière de, au moyen de, au prix de, en collaboration avec, en l'absence de, en présence de, en vertu de, grâce à, par l'entremise de, par l'intermédiaire de*
Opposition	*contre, malgré*	*à l'encontre de, à l'inverse de, à l'opposé de, au lieu de, contrairement à, en dépit de*
Restriction	*sans*	*abstraction faite de, à défaut de, à moins de, en l'absence de, faute de, sous réserve de*
Temps : ▪ début	*avant, depuis, dès, voici, voilà*	*à l'aube de, à l'origine de, à partir de, au commencement de, au début de, avant de, il y a*
▪ milieu	*durant, en, entre, pendant, pour*	*au cours de, à l'occasion de, en cours de, en l'espace de, lors de*
▪ fin	*après, jusque, passé*	*à l'issue de, à la suite de, au bout de, au terme de, jusqu'à*

▪▪ Les prépositions *à* et *de* fusionnent avec les déterminants *le* et *les*, mais pas avec *la*.

à + le = au *à + les = aux* *de + le = du* *de + les = des*

! *D'autres* est une préposition complexe qui contient déjà la préposition *de*, sous sa forme élidée. Il est donc fautif d'ajouter un autre *de* devant.

Ex. : ⊘ *Je veux parler* ***de*** *d'autres sujets.*
Je veux parler ***d'autres*** *sujets.*

- Lorsque deux groupes prépositionnels sont coordonnés, il n'est pas nécessaire de répéter la préposition, sauf s'il s'agit des prépositions *à*, *de* et *en*.

  Ex. : *Je fais du sport [pour garder la forme] et [avoir du plaisir].*

  Nous aimons surtout voyager [en avion] et [en bateau].

1.9 Comment reconnaître et utiliser la conjonction ?

La conjonction est un mot invariable qui relie des groupes ou des phrases. On ne doit pas confondre les conjonctions de coordination, qui relient des groupes ou des phrases de même niveau syntaxique, avec les conjonctions de subordination, qui relient une phrase subordonnée à une phrase enchâssante.

Ex. : *J'invite [les amis de Joanie]* (GN) ***et*** (conj. de coord.) *[tous mes cousins]* (GN).

[La garderie admet de nouveaux enfants] (P enchâssante) *[**quand*** (conj. de subord.) *des places se libèrent]* (P subordonnée).

La conjonction de coordination

La coordination de phrases, p. 52

La conjonction de coordination relie deux groupes de même classe et de même fonction ou deux phrases de même niveau syntaxique. Les conjonctions *mais, ou, et, car, ni, or* coordonnent des groupes ou des phrases. Les conjonctions *ainsi que, comme, autant que, de même que, aussi bien que, c'est-à-dire, soit, à savoir* et *voire* peuvent coordonner des groupes.

Ex. : *J'ai écouté tout le film sans [maïs soufflé]* (GN) ***ni*** (conj.) *[boisson gazeuse]* (GN).

Le pilote de l'hélicoptère n'avait pas remarqué [les nimbus] (GN), ***c'est-à-dire*** (conj.) *[des nuages sombres et bas, annonciateurs de pluie]* (GN).

- La coordination de phrases permet d'effacer de la seconde phrase un mot ou un groupe de mots identique ou semblable à celui de la première phrase. Il peut être nécessaire de marquer cet effacement par une virgule ou par un adverbe comme *aussi, de même, également*.

  Ex. : *Tu t'occuperas des décors **et** moi**,** des costumes.*

  La virgule remplace *je m'occuperai.*

  *Les parents ont été avertis **et** les enfants **aussi**.*

  L'adverbe *aussi* remplace *ont été avertis.*

- Pour relier les éléments d'une énumération, une seule conjonction de coordination suffit. On la place devant le dernier élément de l'énumération.

  Ex. : *Juliette chante, elle danse et elle rit.*

- Pour créer un effet d'insistance, on peut répéter *et* devant chaque membre d'une énumération.

  Ex. : *Alouette, je te plumerai la tête. Et la tête, et le bec, et la queue, alouette !*

- Les conjonctions *ou*, *ni* et *soit* doivent être répétées lorsqu'elles sont employées pour coordonner des groupes ou des phrases dont le sens exprime l'opposition ou l'insistance.

  Ex. : *Les invités apportent [soit un plat]* (GN), *[soit du vin]* (GN).

  C'est simple : [ou vous mettez une cravate] (phrase), *[ou vous allez ailleurs]* (phrase).

  Le conducteur ne voyait [ni le feu rouge], [ni le piéton], [ni l'autre véhicule].

- La coordination n'est pas permise entre un groupe et une phrase, ni entre deux compléments de fonction syntaxique différente, ni entre un adjectif qualifiant et un adjectif classifiant.

  Ex. : ⊘ *Les acteurs désirent [la gloire]* (GN CD) ***et*** *[qu'on les reconnaisse]* (sub. CD).

  Les acteurs désirent [la gloire] (GN CD) *et [la reconnaissance]* (GN CD).

  ⊘ *La ferme a le droit de vendre [du lait frais]* (GN CD) ***et*** *[au prix du marché]* (compl. de P).

  La ferme a le droit de vendre du lait frais au prix du marché.

  ⊘ *Philippe lit des romans [policiers]* (adj. classifiant) ***et*** *[intéressants]* (adj. qualifiant).

  Philippe lit des romans policiers intéressants.

La conjonction de subordination

La subordination de phrases, p. 56

> La conjonction de subordination relie deux phrases syntaxiques, dont l'une enchâsse l'autre qui lui est subordonnée. Elle agit toujours comme subordonnant. Elle est donc toujours placée en tête de la phrase subordonnée.
>
> Ex. : *Vic souhaite* (P enchâssante) *[que son secret soit gardé]* (P subordonnée).

- La conjonction de subordination a une forme simple (ex. : *que*) ou complexe (ex. : *autant que*). Les conjonctions complexes sont souvent formées avec *que* : *à ce que, parce que, lorsque, puisque,* etc. Quelques-unes sont formées avec *où* : *au moment où, au cas où,* etc.

La conjonction *que* peut être précédée par un adverbe ou un adjectif avec qui elle est en relation et qui se trouve dans la phrase enchâssante. La subordonnée est alors appelée *corrélative*.

Ex. : *Pablo désire* **tellement** (adv. corrélatif) *réussir* [*qu'il ne sort plus avec ses amis*] (sub. corrélative).

Le cours s'est déroulé de la **même** (adj. corrélatif) *façon* [*que je l'avais souhaité*] (sub. corrélative).

EXEMPLES D'ADVERBES ET D'ADJECTIFS CORRÉLATIFS (SUIVIS DE *QUE* OU DE *POUR QUE*)		
RELATIONS	ADVERBES	ADJECTIFS
Conséquence	*assez, si, suffisamment, tant, tellement, trop*	*meilleur, moindre, pire, suffisant*
Comparaison	*ainsi, aussi, autant, davantage, différemment, mieux, moins, plus*	*même*
Opposition	*autrement, plutôt*	*autre*

! Les adverbes et adjectifs corrélatifs *assez, suffisamment, suffisant* et *trop* sont toujours suivis de la conjonction *pour que*, qui introduit la subordonnée corrélative.

Ex. : *Le niveau d'essence est* **suffisant** (adj. corrélatif) [*pour que la voiture termine la course*] (sub. corrélative).

La subordination de phrases, p. 56

! Il ne faut pas employer les subordonnants suivants, car ils sont fautifs.

Le subordonnant *à cause que* est une expression vieillie, qui persiste dans la langue populaire du Québec. Il peut être remplacé par *parce que*.

Ex. : ⊘ *Les jeunes s'amusent* [***à cause qu'****ils sont en vacances*].
Les jeunes s'amusent [***parce qu'ils*** *sont en vacance*].

Les subordonnants *quand, si, comme, comme si, comment, pourquoi* ne doivent pas être suivis de *que*.

Ex. : ⊘ *Ils prennent des bains de soleil* [***quand qu'****il n'y a pas de nuages*].
Ils prennent des bains de soleil [***quand*** *il n'y a pas de nuages*].

La conjonction *que* suit des verbes qui expriment l'opinion, le doute, l'ordre, le souhait, la parole ou la connaissance.

Ex. : *Wilhelm* **croit** [*qu'il réussira la traversée sans problème*] (sub. complétive, CD).

! Certains de ces verbes ne peuvent pas être suivis de *que*. C'est le cas, par exemple, des verbes *amener, chercher, compléter, discuter, parler* et *résumer*.

Ex. : ⊘ *Le journaliste parle* ***que*** *les événements seront vite oubliés.*
Le journaliste parle ***du fait que*** *les événements seront vite oubliés.*

- Le choix de la conjonction contrôle le mode du verbe de la subordonnée complément de phrase, soit l'indicatif ou le subjonctif.

Ex. : *Le chanteur s'adresse à la foule* [*dès que* son spectacle *est terminé*]. (mode indicatif)

[*Bien que* je *sois* *l'une de ses admiratrices*], *je n'assisterai pas à son concert.* (mode subjonctif)

RELATIONS	EXEMPLES DE SUBORDONNANTS	MODES
Explication	*c'est-à-dire que, en ce sens que, étant donné que, parce que, par le fait que, pour la raison que, pour le motif que, puisque, soit que, vu que*	Indicatif
Comparaison	*au même titre que, aussi… que, aussi bien que, aussi loin que, autant que, comme (si), de la même façon (manière) que, tel que*	Indicatif
But	*afin que, de crainte que, de façon que, de manière que, de peur que, pour que, pourvu que*	Subjonctif
Cause	*comme, du fait que, en effet, étant donné que, parce que, puisque, sous prétexte que*	Indicatif
Conséquence	*au point que, de sorte que, de telle façon que, si… que, si bien que, tellement que*	Indicatif
	de façon à ce que, pour que, si bien que, si peu que	Subjonctif
Opposition	*alors que, sauf que, tandis que*	Indicatif
Concession	*déjà que, même si*	Indicatif
	bien que, malgré que, quel que, quoi que, quoique	Subjonctif
Hypothèse	*au cas où, dans l'éventualité où, dans la mesure où, si, suivant que*	Indicatif
	à moins que, à supposer que, au cas où	Subjonctif
Antériorité (avant)	*avant que, en attendant que, jusqu'à ce que*	Subjonctif
Simultanéité (en même temps)	*à l'instant où, alors que, aussitôt que, dès que, en même temps que, lorsque, quand, tandis que*	Indicatif
Postériorité (après)	*après que, depuis que, dès que, une fois que*	Indicatif

2 Comment reconnaître les groupes de mots ?

2.1 Quels sont les groupes de mots ?

Un groupe de mots est composé d'un ou de plusieurs mots. Il exerce une fonction dans la phrase. On nomme les groupes de mots selon la classe à laquelle appartiennent les mots qui en forment le noyau.

GROUPES DE MOTS	CLASSES DE MOTS DU NOYAU DU GROUPE	EXEMPLES
Groupe nominal (GN)	Nom	*Les consommateurs apprécient beaucoup [les légumes de saison].*
Groupe verbal (GV)	Verbe	*Les clients de ce restaurant [ont apprécié la grande variété du menu].*
Groupe adjectival* (GAdj)	Adjectif	*Ils sont [satisfaits du restaurant qu'ils ont choisi].*
Groupe prépositionnel (GPrép)	Préposition	*[Après une semaine], plusieurs clients décideront de retourner dans ce restaurant.*
Groupe adverbial (GAdv)	Adverbe	*D'autres personnes apprécieront [très certainement] ce fameux restaurant.*

! Le pronom ne fait pas partie d'un groupe syntaxique. Il reprend un groupe de mots ou une phrase.

+ GV predicat
GV infinitif
GV participial

2.2 Comment reconnaître le groupe nominal ?

Le nom, p. 1

Le groupe nominal (ou GN) est constitué d'un noyau qui constitue le premier nom de ce groupe de mots. Il peut s'agir d'un nom commun ou d'un nom propre. Ce nom est parfois suivi d'une ou de plusieurs expansions.

Ex. : [*Le premier **cycliste** (noyau) du peloton*] (GN) *porte* [*un **maillot** (noyau) à rayures*] (GN).

Pour reconnaître un groupe nominal, on le remplace en entier par un pronom.

Ex. : [*Le premier **cycliste** du peloton*] *porte* [*un **maillot** à rayures*].
→ ***Il*** *porte* [*un **maillot** à rayures*].
→ [*Le premier **cycliste** du peloton*] ***le*** *porte.*

Le GN doit être remplacé au complet, sinon la phrase serait non grammaticale.

Ex. : ⊘ ***Il du peloton*** *porte un maillot à rayures.*

Le pronom, p. 3

- Le noyau du GN est généralement précédé d'un déterminant, sauf pour certains noms propres au singulier.

  Ex. : [***Certaines*** (dét.) *meneuses de claque*] (GN) *ratent des répétitions, mais* [***Mélissa*** (nom propre)] (GN) *est toujours présente.*

- Les expansions du groupe nominal ont la fonction de complément du nom.

EXPANSIONS DU GROUPE NOMINAL	EXEMPLES
Nom seul	[*Le **repas***] *refroidit.*
Nom + groupe adjectival	[*Le **repas** chaud*] *refroidit.*
Nom + groupe nominal	[*Le **repas** santé*] *refroidit.*
Nom + groupe prépositionnel	[*Le **repas** du midi*] *refroidit.*
Nom + subordonnée relative	[*Le **repas** que je t'ai servi*] *refroidit.*
Nom + groupe verbal au participe	[*Le **repas** réunissant la famille*] *refroidit.*

Les fonctions du groupe nominal

Le groupe nominal exerce des fonctions différentes à l'intérieur de la phrase et des groupes de mots.

FONCTIONS DU GROUPE NOMINAL	EXEMPLES
Sujet de la phrase	*[L'écran tactile] est illuminé par derrière.*
Complément de phrase	*[Toute la semaine], nous nous sommes préparés à la compétition.*
Complément du nom	*[Capitaine de l'équipe], Pierre-Luc respecte énormément ses joueurs.*
Complément direct du verbe	*J'adore [la crème glacée].*
Attribut du sujet	*Cette chanson est [mon plus beau souvenir].*
Complément du pronom	*Elle, [ma douce amie], est partie pour toujours.*
Attribut du complément direct	*On a nommé notre enseignante [présidente d'honneur].*
Complément du présentatif	*Voici [un petit cadeau] pour toi.*
Complément du verbe impersonnel	*Les experts affirment qu'il faut [des siècles] pour purifier un lac acidifié.*

2.3 Comment reconnaître le groupe verbal ?

Le verbe, p. 15

Le groupe verbal (ou GV) est constitué d'un noyau qui est un verbe conjugué. Celui-ci est généralement placé au début du groupe verbal. Le verbe peut être seul ou suivi d'une ou de plusieurs expansions.

Ex. : *Le chien [dort].* (noyau : *dort* ; GV)

Centraide [distribue de l'argent aux organismes de bienfaisance]. (noyau : *distribue* ; GV)

Le groupe verbal est remplaçable par un autre groupe verbal. Toutefois, il n'est pas supprimable.

Ex. : *L'humoriste [annonce son nouveau spectacle].*
→ *L'humoriste [exprime clairement ses opinions].*
→ ⊘ ***L'humoriste.***

Même si on parvient parfois à effacer les compléments ou les attributs qui font partie du GV, ces effacements impliquent toujours un changement de sens.

Ex. : *L'humoriste [annonce].* (Sens modifié.)

■■ Les expansions du groupe verbal exercent la fonction de complément du verbe, d'attribut ou de modificateur.

EXPANSIONS DU GROUPE VERBAL	EXEMPLES
Verbe seul	*La neige [tombe].*
Verbe + groupe nominal	*On [installera une cantine scolaire].*
Verbe + groupe prépositionnel	*Vous [ne profiterez pas de la situation].*
Verbe + groupe adjectival	*La soupe [est trop chaude].*
Pronom + verbe	*Les jongleurs présentent leur numéro. La trapéziste [les encourage].*
Verbe + groupe adverbial	*Ils [chantent ensemble] sur scène.*
Verbe + subordonnée complétive	*Ce projet [suppose que les ressources sont inépuisables].*
Verbe + groupe verbal infinitif	*Les deux [veulent faire le premier pas].*

La fonction du groupe verbal

Le prédicat de la phrase, p. 35

Le groupe verbal a comme fonction d'être le prédicat de la phrase. Une phrase est généralement constituée d'un sujet, d'un prédicat et d'un ou de plusieurs compléments de phrase, qui sont facultatifs.

Ex. : *Dans la cour de l'école* (compl. de P), *une grue immense* (sujet) *soulève une partie du toit* (prédicat).

2.4 Comment reconnaître le groupe adjectival ?

L'adjectif, p. 14

Le groupe adjectival (ou GAdj) est constitué d'un noyau qui est un adjectif. Cet adjectif peut être seul ou suivi d'une ou de plusieurs expansions.

Ex. : *[Heureuse* (noyau) *de les voir]* (GAdj), *elle leur donne une [vigoureuse* (noyau)*]* (GAdj) *poignée de main.*

Le groupe adjectival est supprimable, sauf quand il est attribut du sujet ou attribut du complément direct du verbe.

Ex. : *Les bons joueurs ont disputé une joute amicale.*

→ *Les joueurs ont disputé une joute.*

Tu estimes Martin chanceux (attr. du CD).

→ *Tu estimes Martin.* (Sens de la phrase entièrement modifié.)

- Un adjectif qualifiant peut être précédé d'un modificateur et suivi d'un complément.

  Ex. : *Les [très grands] amis savent se contenter de cadeaux [plutôt modestes].* (très : modificateur ; [très grands] : GAdj ; plutôt : modificateur ; [plutôt modestes] : GAdj)

  L'aéroport déborde de gens [impatients de revoir leurs proches]. (de revoir leurs proches : compl. de l'adj. ; GAdj)

- Un adjectif classifiant ne peut pas avoir d'expansions.

  Ex. : *L'aéroport [international] accueille des voyageurs de partout dans le monde.*
  → ⊘ *l'aéroport [**moins** international]*

- Les expansions du groupe adjectival exercent la fonction de complément de l'adjectif ou de modificateur.

EXPANSIONS DU GROUPE ADJECTIVAL	EXEMPLES
Adjectif seul	*Cette pomme est [délicieuse].*
Groupe adverbial + adjectif	*Cette pomme est [vraiment délicieuse].*
Adjectif + groupe prépositionnel	*Les pêches sont [douces au toucher].*
Adjectif + subordonnée complétive	*Je suis [surpris que tu n'aimes pas les poires].*

Les fonctions du groupe adjectival

Le groupe adjectival exerce différentes fonctions dans les groupes de mots.

FONCTIONS DU GROUPE ADJECTIVAL	EXEMPLES
Complément du nom ▪ dans le GN	*À son égard, il a toujours manifesté des sentiments [respectueux].*
▪ détaché du GN	*[Toujours polie], Elvira n'élève jamais la voix.*
Attribut du sujet	*Ce refrain répétitif est [obsédant].*
Attribut du complément direct	*Le jury a trouvé la performance de la patineuse [parfaite].* (GAdj)

- Quand un GAdj est inséré dans un GN, il se place généralement avant le nom si l'adjectif est qualifiant et après le nom si l'adjectif est classifiant (sauf *premier*, *deuxième*, etc.).

  Ex. : *[Cet excellent joueur amateur] est promis à [une belle carrière professionnelle].* (excellent : adj. qualifiant ; amateur : adj. classifiant ; GN — belle : adj. qualifiant ; professionnelle : adj. classifiant ; GN)

- Détaché du groupe nominal, le GAdj se place avant ou après le GN et il doit être séparé de celui-ci par une virgule.

  Ex. : *Passionné de cinéma* (GAdj), [*Alexandre*] (GN) *connaît* [*beaucoup de réalisateurs*] (GN), *célèbres ou méconnus* (GAdj).

- Lorsqu'il est attribut du sujet, le GAdj fait partie du groupe verbal.

  Ex. : *Claude-Éric* [*est serviable*] (GV). (*serviable* : GAdj)

- Lorsqu'il est attribut du complément direct, le GAdj fait partie du groupe verbal et se place avant ou après le GN qui exerce la fonction de complément direct.

  Ex. : *En notre absence, la chatte* [*a laissé intactes les plantes*] (GV). (*intactes* : GAdj)

  En notre absence, la chatte [*a laissé les plantes intactes*] (GV). (*intactes* : GAdj)

2.5 Comment reconnaître le groupe prépositionnel ?

La préposition, p. 19

Le groupe prépositionnel (ou GPrép) est constitué d'un noyau qui est une préposition. Celle-ci est située au début du groupe. La préposition est toujours suivie d'une expansion.

Ex. : *Je parle* [*à mes amis*].
⊘ *Je parle* ***à***.

Dans un groupe prépositionnel, l'expansion de la préposition ne peut pas être supprimée.

Ex. : *Les excursionnistes s'orientent* [*grâce à une boussole*].
→ ⊘ *Les excursionnistes s'orientent* ***grâce à***.

J'aime tes chaussures, mais je préfère celles [*de ta soeur*].
→ ⊘ *J'aime tes chaussures, mais je préfère celles* ***de***.

En général, le GPrép peut être complètement effacé, sauf dans quelques cas.

Ex. : *Les excursionnistes s'orientent* [*grâce à une boussole*].
→ *Les excursionnistes s'orientent.*

J'aime tes chaussures, mais je préfère celles [*de ta sœur*].
→ ⊘ *J'aime tes chaussures, mais je préfère* ***celles***.

■■ Les expansions de la préposition sont des groupes de mots ou un pronom.

EXPANSIONS DU GROUPE PRÉPOSITIONNEL	EXEMPLES
Préposition + groupe nominal	*Le train arrive [en retard].*
Préposition + groupe verbal infinitif	*L'eau est bonne [à boire].*
Préposition + pronom	*Rien ne se fera [sans lui].*
Préposition + groupe adverbial	*Il faut s'inscrire [avant demain].*
Préposition + groupe prépositionnel	*Il a surgi [de derrière la maison].*

Les fonctions du groupe prépositionnel

Le groupe prépositionnel exerce des fonctions différentes à l'intérieur de la phrase et des groupes de mots.

FONCTIONS DU GROUPE PRÉPOSITIONNEL	EXEMPLES
Complément de phrase	*[Depuis une semaine], Enrique ne fait plus ses devoirs.*
Complément du nom	*Le chien [du voisin] a mauvais caractère.*
Complément indirect du verbe	*L'activité physique procure [aux jeunes] une meilleure santé.*
Complément de l'adjectif	*Il a été chanceux [de ne pas être blessé].*
Complément du pronom	*Je ne joins aucun [de mes amis].*
Attribut du sujet	*Depuis hier, Marilyne semble [à son aise].*
Attribut du complément direct	*Il traite sa fille [comme une princesse].*
Modificateur du verbe	*Chacun progresse [à son rythme].*
Complément du verbe impersonnel	*Il importe [de respecter une minute de silence].*

2.6 Comment reconnaître le groupe adverbial ?

L'adverbe, p. 18

Le groupe adverbial (ou GAdv) est constitué d'un noyau qui est un adverbe.
Le plus souvent, l'adverbe est seul ou précédé d'un autre adverbe.
Contrairement à la préposition, l'adverbe n'est jamais suivi d'une expansion.

Ex. : *un examen très important, un cycliste vraiment très prudent*

Le groupe adverbial peut toujours être supprimé. Sa suppression peut toutefois modifier complètement le sens de la phrase. Le groupe adverbial est déplaçable seulement si le groupe qu'il modifie peut être déplacé avec lui.

Ex. : *La soupe n'est pas chaude.* → *La soupe est chaude.*

Le conducteur, [assez grièvement] blessé, a été conduit à l'hôpital.
→ *[Assez grièvement] blessé, le conducteur a été conduit à l'hôpital.*

Les fonctions du groupe adverbial

Le groupe adverbial exerce des fonctions différentes à l'intérieur de la phrase et des groupes de mots.

FONCTIONS DU GROUPE ADVERBIAL	EXEMPLES
Complément de phrase	*Bientôt, les oiseaux construiront leur nid.*
Modificateur du verbe	*Jean-François marche lentement.*
Modificateur de l'adjectif	*Ma mère est encore jeune.*
Modificateur de l'adverbe	*Le jeune homme entra plutôt timidement.*
Modificateur du groupe prépositionnel	*Notre maison est située exactement [devant le parc].*
Modificateur du pronom	*Laquelle précisément veux-tu inviter ?*
Modificateur du déterminant numéral	*Plus de mille touristes sont restés immobilisés à l'aéroport.*
Complément indirect du verbe	*Ils résistent en vain.*
Attribut du sujet	*Vous êtes pour ou contre ?*

! Parfois, le groupe adverbial n'exerce aucune fonction dans la phrase, mais remplit une fonction dans le texte en tant qu'adverbe de point de vue ou marqueur de relation. Dans ces cas, le déplacement ou la suppression du GAdv est possible sans modifier aucun autre groupe.

Ex. : *Évidemment, tu as oublié ton cahier.* → *Tu as oublié ton cahier.*

Les marques du point de vue (adverbes), p. 126
Les marqueurs de relation ou connecteurs, p. 137

Les phrases sont-elles correctes ?

3.1 Comment reconnaître les phrases ?

La phrase de base

Une phrase de base est une phrase syntaxique qui se compose d'un sujet, d'un prédicat et, facultativement, d'un ou de plusieurs compléments de phrase. La phrase de base est aussi appelée *phrase P*.

Ex. : *Le joueur de hockey* (sujet) *a marqué un but* (prédicat) *dès les premières minutes de jeu.* (compl. de P)

- La phrase de base n'est pas transformée. Elle n'a qu'un seul type, mais elle possède quatre formes.

CARACTÉRISTIQUES DE LA PHRASE DE BASE	
Type	La phrase de base est de type **déclaratif.**
Formes	Elle est de forme **positive,** par opposition à la phrase négative.
	Elle est de forme **active,** c'est-à-dire qu'elle exprime une action faite par le sujet, au lieu d'être passive.
	Elle est de forme **neutre,** parce qu'elle ne met en évidence aucun groupe, contrairement à la phrase emphatique.
	Elle est de forme **personnelle,** parce que son sujet est un être ou une chose, non le pronom impersonnel *il*.

- Lorsqu'une phrase de base change de type ou de forme, elle devient une phrase transformée.

- Une phrase syntaxique ne correspond pas toujours à une phrase graphique. La phrase graphique s'étend de la majuscule initiale au point final. Elle peut contenir une seule ou plusieurs phrases syntaxiques.

P graphique
P syntaxique — P syntaxique

Ex. : [*Je m'équipe pour l'escalade*] [*parce que je commence des cours*].

Le sujet de la phrase

Le sujet est l'un des deux constituants obligatoires de la phrase de base. Il ne peut pas être effacé ni déplacé.

Ex. : *Les scientifiques discutent de la progression des travaux.*
→ ⊘ ~~**Les scientifiques**~~ *discutent de la progression des travaux.*
→ ⊘ *Discutent* ***les scientifiques*** *de la progression des travaux.*

On peut remplacer le sujet de la phrase par l'un des pronoms sujets suivants : *il, ils, elle, elles, cela*. Le mot ou le groupe de mots que ce pronom remplace est le sujet de la phrase.

Ex. : *L'équipe qui m'accompagne est très compétente.*
→ *Elle est très compétente.*
→ ⊘ *Elle* ***qui m'accompagne*** *est très compétente.*
Les mots *qui m'accompagne* font partie du sujet de la phrase.

On peut aussi identifier le sujet de la phrase en l'encadrant par *c'est... qui* (*ce sont... qui*).

C'est vous qui
Ex. : *Vous explorez les profondeurs de la Terre.*

- La fonction du sujet de la phrase peut être exercée par un groupe de mots, un pronom ou une phrase subordonnée.

SUJETS	EXEMPLES
Groupe nominal	*Les géologues prennent des échantillons de glace.*
Pronom	*Plusieurs analysent ces échantillons en laboratoire.*
Groupe verbal à l'infinitif	*Faire de la recherche n'est pas toujours facile.*
Phrase subordonnée	*Qu'ils soient si fatigués ne m'étonne pas !*

- Les pronoms *je, tu, il, ils* et *on* sont toujours sujets. On les appelle des *pronoms sujets*.

- Généralement, le sujet de la phrase précède le prédicat. Toutefois, dans certains cas, le prédicat précède le sujet.

Ex. : *Impatients sont les membres de l'équipe.*
Travaille-t-elle toujours pour la même compagnie d'exploitation minière ?

Le prédicat de la phrase

Les compléments direct et indirect du verbe, p. 47

Le prédicat est l'un des deux constituants obligatoires de la phrase de base. Il ne peut pas être effacé ni déplacé. Le prédicat est la fonction syntaxique exercée par le groupe verbal. Celui-ci est constitué au minimum d'un verbe conjugué. Le verbe peut posséder un ou plusieurs compléments.

Ex. : *Je* (sujet) *jongle* (prédicat).

Le trapéziste (sujet) *donne la main à sa partenaire* (prédicat).

Le complément de phrase

Le complément de phrase est un constituant facultatif de la phrase de base. Il ne dépend pas du groupe verbal, mais de l'ensemble de la phrase. Il peut être effacé ou déplacé.

Ex. : *Les pilotes s'exercent sur la piste plusieurs fois par jour.*
→ *Les pilotes s'exercent sur la piste.*
→ *Plusieurs fois par jour, les pilotes s'exercent sur la piste.*

On peut identifier le complément de phrase en l'encadrant par les mots *et cela se passe.*

Ex. : *Je course dans une heure.* (et cela se passe dans une heure)

- La fonction de complément de phrase peut être remplie par un groupe de mots ou une phrase subordonnée.

COMPLÉMENTS DE PHRASE	EXEMPLES
Un groupe prépositionnel	*Il lève le drapeau jaune pour signaler un danger.*
Un groupe du nom	*Samedi dernier, les coureurs étaient au rendez-vous.*
Un groupe adverbial	*Ce sont les épreuves finales aujourd'hui.*
Une phrase subordonnée	*Les mécaniciens avaient terminé lorsque je suis arrivé.*

- Les verbes dont le sens exprime le déplacement ou le mouvement ont souvent un complément direct ou indirect, qu'il ne faut pas confondre avec un complément de phrase.

Ex. : *Le marathonien court* [*42 km*] (CD). → *Le marathonien court.*

Le complément ne peut être effacé sans modifier le sens de la phrase.

Les touristes vont [*à la plage*] (CI). → ⊘ ***Les touristes vont.***

Les types et les formes de phrases

Il existe quatre types de phrases : déclaratif, interrogatif, impératif et exclamatif. Chaque phrase ne peut avoir qu'un seul type.

Il y a huit formes de phrases. Chaque type de phrase prend l'une ou l'autre des formes suivantes :

- positive ou négative ;
- active ou passive ;
- neutre ou emphatique ;
- personnelle ou impersonnelle.

▪▪ Le tableau suivant présente différents exemples de phrases de types et de formes. Si on compare les phrases présentées à l'horizontale, on observe un changement de type ; une comparaison à la verticale montre plutôt un changement de forme.

	TYPES DE PHRASES			
FORMES DE PHRASES	DÉCLARATIF	INTERROGATIF	IMPÉRATIF	EXCLAMATIF
Positive, active, neutre, personnelle	Phrase de base : *Léa passe la rondelle.*	*Léa passe-t-elle la rondelle ?*	*Passe la rondelle.*	*Comme Léa passe la rondelle !*
Négative, active, neutre, personnelle	La phrase de forme positive peut devenir négative si on lui ajoute une négation.			
	Léa ne passe pas la rondelle.	*Léa ne passe-t-elle pas la rondelle ?*	*Ne passe pas la rondelle.*	*Comme Léa ne passe pas la rondelle !*
Passive, positive, neutre, personnelle	La phrase de forme active peut devenir passive quand le complément devient un sujet.			
	La rondelle est passée par Léa.	*La rondelle est-elle passée par Léa ?*	*Que la rondelle soit passée par Léa.*	*Comme la rondelle est passée par Léa !*
Emphatique, positive, active, personnelle	La phrase de forme neutre peut devenir emphatique quand on met un élément en relief.			
	C'est Léa qui passe la rondelle.	*Est-ce Léa qui passe la rondelle ?*	*La rondelle, passe-la. Passe-la, la rondelle.*	*Comme Léa la passe, la rondelle !*
Impersonnelle, positive, active, neutre	La phrase de forme personnelle peut devenir impersonnelle quand son sujet est le pronom *il* qui ne reprend aucun être ou objet.			
	Il arrive à Léa de passer la rondelle.	*Arrive-t-il à Léa de passer la rondelle ?*	*Qu'il arrive à Léa de passer la rondelle.*	*Comme il arrive à Léa de passer la rondelle !*

LA PHRASE DE TYPE DÉCLARATIF

La phrase de type déclaratif constate un fait, énonce un jugement ou fournit une information. Elle se termine généralement par un point, mais parfois par un point d'interrogation ou d'exclamation. Elle ne contient pas de marqueur interrogatif ni exclamatif. Son sujet est exprimé, contrairement à la phrase de type impératif.

Ex. : *L'eau gèle à 0 °C.*
Henriette n'est pas la grand-mère de Philippe ?
Ces touristes sont fous d'aimer l'hiver québécois !

■■ La phrase de type déclaratif correspond au modèle de la phrase de base lorsque sa forme est positive, neutre et personnelle.

Ex. : *Le dindon est le mâle de la dinde.*

LA PHRASE DE TYPE INTERROGATIF

La phrase de type interrogatif est une phrase transformée qui exprime une interrogation. Il peut s'agir d'une interrogation totale ou partielle. Une interrogation est totale lorsqu'elle porte sur toute la phrase et exige *oui* ou *non* comme réponse.

Ex. : *L'entraîneur proposa un plan de match infaillible.*
→ *L'entraîneur proposa-t-il un plan de match infaillible ? Oui.*

Une interrogation est partielle lorsqu'elle porte sur un groupe de la phrase qu'on remplace par un mot interrogatif. Ce mot remplacé est celui qu'on attend comme réponse.

Ex. : *Les médias préoccupent l'entraîneur.*
→ *Qu'est-ce qui préoccupe l'entraîneur ? Les médias.*

Pour transformer une phrase déclarative en phrase interrogative, on effectue des transformations différentes selon qu'il s'agit d'une interrogation totale ou partielle à partir d'une phrase de base. On remplace le point par un point d'interrogation.

■■ Si l'interrogation porte sur toute la phrase (interrogation totale), on ajoute un pronom personnel de reprise du sujet après le verbe ou après l'auxiliaire. On peut aussi ajouter, en début de phrase, les marqueurs interrogatifs *est-ce que* ou *est-ce... qui*.

Ex. : *Marilie joue au basketball.* → *Marilie joue-t-elle au basketball ?*
→ *Est-ce que Marilie joue au basketball ?*
→ *Est-ce Marilie qui joue au basketball ?*
→ *Est-ce au basketball que Marilie joue ?*

- Si l'interrogation porte sur un groupe de la phrase (interrogation partielle), on remplace ce groupe par un mot interrogatif. Il faut parfois aussi :
  - déplacer le pronom personnel sujet ;
  - ajouter un pronom de reprise du sujet après le verbe.

EXEMPLES D'INTERROGATION PARTIELLE	
L'interrogation porte sur : ▪ le sujet	*[L'entraîneur] désire voir ta blessure.* → *Qui désire voir ta blessure ?* → *Qui est-ce qui désire voir ta blessure ?* *[Ta blessure] guérira vite.* → *Qu'est-ce qui guérira vite ?*
▪ le complément direct	*Angélina aime [ses nouveaux amis].* → *Qui Angélina aime-t-elle ?* → *Qui est-ce qu'Angélina aime ?* *Les marathoniens mangent [des oranges].* → *Que mangent les marathoniens ?* → *Qu'est-ce que les marathoniens mangent ?*
▪ le complément indirect	*Elle compte [sur son fidèle ami].* → *Sur qui compte-t-elle ?* *Jamal fait face [à ses peurs].* → *À quoi Jamal fait-il face ?*
▪ l'attribut du sujet	*Son adversaire est [un athlète très connu].* → *Qui est son adversaire ?* *Sa plus grande force est [sa détermination].* → *Quelle est sa plus grande force ?*
▪ le complément de phrase	*Éloïse voyagera [pour se reposer] [dans deux semaines].* → *Pourquoi Éloïse voyagera-t-elle dans deux semaines ?* → *Quand Éloïse voyagera-t-elle pour se reposer ?*
▪ le mot ou le groupe de mots qui détermine ou complète le nom	*[Deux] archers ont atteint la cible.* → *Combien d'archers ont atteint la cible ?* → *Lesquels ont atteint la cible ?*

- Si le sujet de la phrase de base est un groupe nominal, on peut le conserver ou le supprimer.

  Ex. : *[Mon voisin] fait son jogging matinal.* → *Mon voisin fait-il son jogging matinal ?*
  → *Fait-il son jogging matinal ?*

- Si le sujet est un pronom personnel ou le pronom *ce*, on peut le déplacer après l'auxiliaire ou le verbe. Il faut alors le faire précéder d'un trait d'union.

  Ex. : *Ils désiraient poursuivre la pratique. → Désiraient-ils poursuivre la pratique ?*
  C'est bien l'auteur du livre. → Est-ce bien l'auteur du livre ?

- Si l'auxiliaire ou le verbe suivi du pronom personnel *il*, *elle* ou *on* se termine par un *c* ou une voyelle, on insère aussi un *t* qu'on encadre de traits d'union.

  Ex. : *L'entraîneur convainc la majorité des joueurs. → Qui l'entraîneur convainc-t-il ?*
  Il a convaincu la majorité des joueurs. → Qui a-t-il convaincu ?

LA PHRASE DE TYPE IMPÉRATIF

La phrase de type impératif est une phrase transformée qui exprime un ordre, un souhait, un désir, etc. Pour transformer la phrase déclarative en phrase impérative dont le sujet est à la 2e personne du singulier et du pluriel ou à la 1re personne du pluriel, on supprime le sujet et on conjugue le verbe au mode impératif.

Ex. : *Tu joues avec ta coéquipière. → Joue avec ta coéquipière.*

- Quand ils sont conjugués au mode impératif, plusieurs verbes perdent leur terminaison en -*s* à la 2e personne du singulier de l'indicatif présent.

  – Les verbes dont l'infinitif se termine en -*er* (*manger, chanter, aller*, etc.) ;

  Ex. : *Tu manges des fruits. → Mange des fruits.*

  – Les verbes dont l'infinitif se termine en -*ir* et qui se terminent en -*e* à la 3e personne du singulier de l'indicatif présent (*couvrir, cueillir, offrir*, etc.) ;

  Ex. : *Tu cueilles des pommes. → Cueille des pommes.*

- Les verbes *avoir, être* et *savoir* changent complètement de radical.

  Ex. : *Tu es gentil. → Sois gentil.*
  Tu as raison. → Aie raison.
  Tu sais bien lire les partitions. → Sache bien lire les partitions.

- S'il y a un pronom personnel complément dans la phrase, on déplace ce pronom après le verbe et on le relie au verbe par un trait d'union. Les pronoms personnels compléments qu'on peut déplacer après le verbe sont : *lui, leur, le, la, les, en, y, nous, vous.*

  Ex. : *Tu lui proposes une idée. → Propose-lui une idée.*
  Dis-le-lui. Parle-leur. Partage-le. Envoie-les. Penses-y. Vas-y. Conduis-nous-y.

  Les pronoms *me* et *te* se transforment en *moi* et *toi* s'ils sont déplacés après le verbe. Suivis de *en* ou *y*, ils deviennent plutôt *m'* et *t'*.

  Ex. : *Dis-moi l'heure. Corrige-toi. Parle-lui-en. Parlez-m'en.*
  ⊘ *Parlez-**moi-z-en**. Donne-**moi-z-en**.*

■■ Devant les pronoms *y* et *en*, on doit ajouter un *-s* aux verbes qui, à l'impératif, se terminent par *-e* ou *-a*.

Ex. : *Parles-en. Touches-y. Cueilles-en. Laisses-en tomber une. Vas-y.*
⊘ ***Parle-en. Va-y.***

L'ordre de priorité des pronoms personnels, p. 6

■■ Dans une phrase impérative de forme négative, les pronoms personnels se placent devant le verbe.

Ex. : *Ne m'en parle pas. N'y retourne pas.*
⊘ ***Parle-moi-z-en pas. Retourne-z-y pas.***

LA PHRASE DE TYPE EXCLAMATIF

L'exclamation donne de la force à l'expression d'un sentiment ou d'une sensation. La phrase de type exclamatif se distingue de la phrase de base par la présence d'un marqueur exclamatif. La présence d'un point d'exclamation, bien que nécessaire, ne suffit pas à créer une phrase de type exclamatif.

Ex. : *Comme elle chante bien !* (sentiment d'admiration)
Que ça fait mal ! (sensation de douleur)

■■ Les principaux marqueurs exclamatifs sont les adverbes *combien*, *comme* et *que*, ainsi que les déterminants *quel* (*quelle, quels, quelles*) et *combien de*. Quand l'exclamation est marquée par *quel* et ses dérivés, le GN sur lequel porte l'exclamation est placé au début de la phrase.

P de type déclaratif — P de type exclamatif

Ex. : *Nous avons vu un film intéressant.* → *Quel film intéressant nous avons vu !*

LA PHRASE DE FORME NÉGATIVE

La phrase de forme négative se construit généralement avec l'adverbe *ne* et un autre mot de négation (ex. : *pas, nullement, plus, jamais, aucun*, etc.). L'adverbe *ne* se place devant le verbe ou l'auxiliaire. Le second mot de négation se place souvent après le verbe ou l'auxiliaire.

Ex. : *L'arbitre ne siffle pas. L'arbitre n'a jamais sifflé.*

Le second mot de négation peut aussi précéder l'adverbe *ne*.

Ex. : *Aucun autre participant sérieux ne réussira à le vaincre.*
Jamais ils ne pourront remporter cette partie décisive.

EXEMPLES DE MOTS DE NÉGATION	EXEMPLES DE PHRASES NÉGATIVES
ne… pas, ne… guère, *ne… jamais, ne… plus,* *ne… nullement*	*Charles ne jouera pas demain.* *Il ne se remettra jamais de sa blessure.* *Les capitaines n'ont nullement contesté sa décision.*
ne… ni… ni	*Rosa-Lee ne choisit ni l'un ni l'autre dans son équipe.*
ne… rien, *rien ne…*	*Josiane ne perd rien à essayer.* *Rien ne pourra la détourner de son but.*
ne… personne, *personne ne…*	*Il n'écoute les conseils de personne.* *Personne encore ne lui a donné meilleurs conseils.*
ne… aucun/aucune, *aucun/aucune… ne, nul… ne,* *pas un/une… ne*	*Il n'a accepté aucune offre.* *Nul règlement ne l'empêche de chasser.* *Pas un spectateur n'a osé bouger.*

! Il faut prêter attention aux mots placés devant le verbe qui se terminent par la lettre *-n* (*on, rien, aucun*) ou le son [n] (*personne, aucune*), car ils peuvent faire oublier la présence obligatoire de l'adverbe *ne*.

Ex. : ⊘ ***On a pas*** *encore les résultats officiels.*
On n'a pas encore les résultats officiels.

■■ Dans la langue familière, on supprime souvent le *ne* de négation, mais il faut le conserver lorsque l'on s'exprime en langue standard.

Ex. : ⊘ *Mégane* ***a jamais*** *baissé les bras.*
Mégane n'a jamais baissé les bras.

■■ Dans la langue orale, on a aussi tendance à employer l'adverbe *pas* en présence d'un autre mot de négation, ce qui est incorrect.

Ex. : ⊘ *Guillaume n'a* ***pas*** *jamais cessé de les encourager.*
Guillaume n'a jamais cessé de les encourager.

■■ L'adverbe composé *ne… que* exprime la restriction. Il est remplaçable par *seulement* ou *uniquement*. Il ne faut donc pas l'employer en même temps que ces mots.

Ex. : ⊘ *Mathieu* ***ne*** *souhaite* ***seulement que*** *terminer la course.*
Mathieu ne souhaite que terminer la course.
Mathieu souhaite seulement terminer la course.

■■ Quand une phrase négative comporte un groupe à sens négatif, le sens de la phrase devient positif.

Ex. : *Tu n'es pas [sans savoir]. (Tu sais.)*

LA PHRASE DE FORME PASSIVE

La phrase de forme passive est une phrase dans laquelle le sujet ne fait pas l'action du verbe conjugué. Pour la construire à partir d'une phrase de base, il faut :

- inverser le sujet et le complément direct du verbe ;
- conjuguer le verbe avec l'auxiliaire *être* et le participe passé ;
- insérer la préposition *par* entre le verbe et le nouveau complément du verbe passif.

Ex. : [*La foule*] (sujet) *applaudit* [*les participants*] (CD).

Les participants sont applaudis [*par la foule*] (compl. du V passif).

Seuls les verbes qui acceptent un complément direct peuvent servir à créer une phrase de forme passive.

Ex. : *Sophie a répondu* [*à ton appel*] (CI). → ⊘ *L'appel* ***a été répondu*** *par Sophie.*

LA PHRASE DE FORME EMPHATIQUE

La phrase de forme emphatique sert à mettre l'accent sur un groupe de la phrase ; il peut s'agir du sujet, du complément du verbe ou d'un complément de phrase. Pour construire une phrase emphatique, on utilise principalement les marqueurs *c'est… qui* et *c'est… que* ainsi que la reprise pronominale.

Ex. : *La sécheresse détruit la récolte.*

→ *C'est la sécheresse qui détruit la récolte.*

→ [*La sécheresse*], *elle détruit la récolte.*

EXEMPLES DE PHRASES EMPHATIQUES	
L'accent est mis sur : ▪ le sujet	*Les saumons remontent les rivières.* → *Ce sont les saumons qui remontent les rivières.* → *Ils remontent les rivières,* [*les saumons*].
▪ le complément direct	*Les glissements de terrain détruisent le paysage.* → *C'est le paysage que les glissements de terrain détruisent.* → *Les glissements de terrain le détruisent,* [*le paysage*].
▪ le complément indirect	*Le citoyen s'intéresse à l'environnement.* → *C'est à l'environnement que le citoyen s'intéresse.* → [*L'environnement*], *le citoyen s'y intéresse.*
▪ le complément de phrase	*La désertification empêche l'agriculture en Afrique.* → *C'est en Afrique que la désertification empêche l'agriculture.* → [*En Afrique*], *c'est là que la désertification empêche l'agriculture.*

■■ La phrase emphatique peut subir des transformations de forme et de type.

Ex. : *Est-ce le saumon qui remonte la rivière ?*
(forme emphatique, type interrogatif)

LA PHRASE DE FORME IMPERSONNELLE

La phrase de forme impersonnelle est une phrase dont le sujet est le pronom *il* employé sans antécédent.

Ex. : *Il surgit des difficultés de dernière minute.*

■■ Lorsque la phrase impersonnelle est constituée d'un verbe occasionnellement impersonnel, elle se construit à partir d'une phrase personnelle. Si le sujet de la phrase personnelle est un groupe nominal, il devient complément du verbe impersonnel.

Ex. : [*Des autobus pour Québec*]sujet *partent toutes les heures.*
→ *Il part* [*des autobus pour Québec*]compl. du verbe impersonnel *toutes les heures.*

Si le sujet est un pronom, il s'efface et la phrase active devient passive.

Ex. : [*Certains*]sujet *considèrent que l'équipe peut connaître le succès.*
→ *Il est considéré que l'équipe peut connaître le succès.* (P impersonnelle passive)

■■ Lorsque la phrase impersonnelle est construite avec un verbe toujours impersonnel, elle est une phrase à construction particulière. Elle peut changer de type et de forme sans pour autant perdre sa forme impersonnelle.

Ex. : *Il pleut souvent à Vancouver.* (P impersonnelle de forme positive) → *Il ne pleut pas souvent à Vancouver.* (P impersonnelle de forme négative)
→ *Comme il pleut souvent à Vancouver !* (P impersonnelle de type exclamatif)

Les phrases à construction particulière

Les phrases à construction particulière ne peuvent pas être modifiées pour devenir conformes au modèle de la phrase de base.

■■ Dans une phrase à construction particulière, le verbe peut rester à la 3e personne du singulier (phrase impersonnelle ou phrase à présentatif), être absent (phrases à présentatif ou non verbale) ou encore ne pas se conjuguer (phrase infinitive).

PHRASES À CONSTRUCTION PARTICULIÈRE	CARACTÉRISTIQUES	EXEMPLES
Phrase impersonnelle	Phrase dont le noyau est un verbe toujours impersonnel (ex. : *falloir, pleuvoir, neiger*, etc.).	*Il faut porter des lunettes de protection.* *Il neige depuis une semaine.*
Phrase à présentatif	Phrase débutant par un présentatif comme *il y a, voici, voilà, c'est* ou *c'était*.	*Voilà un exemple de courage.* *C'est formidable !*
Phrase non verbale	Phrase sans verbe qui est construite autour d'un GN, d'un GAdj, d'un GPrép ou d'un GAdv.	*Défense de plonger.* *Impossible !* *Oui, s'il te plaît.* *Paf !*
Phrase infinitive	Phrase construite autour d'un verbe à l'infinitif.	*Engager une conversation.* *Respirer profondément.*

■■ Les phrases à construction particulière peuvent varier de forme et de type.

Ex. : *Il ne faudra pas se plaindre.* (phrase impersonnelle de forme négative)
Que c'est révoltant ! (phrase à présentatif de type exclamatif)
Pourquoi se taire ? (phrase infinitive de type interrogatif)

3.2 Comment reconnaître les fonctions dans les groupes de mots ?

Les groupes de mots remplissent une fonction syntaxique selon la relation qu'ils entretiennent avec les autres mots ou groupes dans la phrase.

FONCTIONS SYNTAXIQUES DES GROUPES DE MOTS	EXEMPLES
Complément du nom	*Ils observent les insectes [de ta collection].*
Complément du pronom	*Certains [de ces spécimens] sont des espèces rares.*
Complément de l'adjectif	*Elle est fière [de sa collection d'insectes].*
Complément direct du verbe	*Martine photographie [des papillons].*
Complément indirect du verbe	*Je les observe [avec le microscope].*
Complément du présentatif	*Voici [mes principaux projets].*
Attribut du sujet	*Je suis [heureuse de vous rencontrer].*
Attribut du complément direct du verbe	*Les chercheurs ont estimé [utiles] mes travaux.*
Modificateur	*Ils lisent [attentivement] mes travaux.*

Le complément du nom

Le groupe nominal, p. 26

Le complément du nom fait partie du groupe nominal. Il complète le nom qui en est le noyau. Le complément du nom se place souvent après le nom et peut être supprimé.

Ex. : *Le campeur allume un feu [de camp].* → *Le campeur allume un feu.* (GN)

■■ Le complément du nom peut être formé d'un groupe de mots ou d'une phrase subordonnée.

COMPLÉMENTS DU NOM	EXEMPLES
Un autre groupe du nom	*Le mont [Saint-Bruno] offre d'intéressants sentiers pédestres.*
Un groupe adjectival	*J'ai acheté une tente [imperméable].*
Un groupe prépositionnel	*Nous dressons une liste [de l'équipement nécessaire].*
Un groupe verbal au participe	*Les animaux, [sentant la présence des intrus], se tiennent aux aguets.*
Une phrase subordonnée relative	*La boussole [que j'ai reçue récemment] me sera très utile.*
Une phrase subordonnée complétive	*Le désir [que leur fils réussisse] anime ces parents.*

■■ Lorsque le complément du nom est placé à l'extérieur du groupe du nom, il s'agit d'un groupe nominal détaché ou d'un groupe adjectival détaché.

Ex. : *Mathieu, [mon ami], nous accompagnera.* (GN)

Les gardes forestiers, [soucieux du danger], patrouillent le secteur. (GAdj)

Le complément du pronom

Le pronom, p. 3

Le complément du pronom se place souvent après le pronom qu'il complète. Il peut généralement être supprimé.

Ex. : *Chacun [des parcours] comporte des difficultés.*
→ *Chacun comporte des difficultés.*

■■ Les pronoms démonstratifs *celle*, *celles*, *celui* et *ceux* ont besoin d'un complément, sauf s'ils sont suivis de *-ci* ou *-là*. Il s'agit souvent d'une subordonnée relative.

Ex. : *Ceux et celles [qui sont fatigués] peuvent prendre un peu de repos.*
→ ⊘ ***Ceux*** *et* ***celles*** *peuvent prendre un peu de repos.*
→ *Ceux-ci et celles-là peuvent prendre un peu de repos.*

■■ Le complément du pronom peut être formé d'un groupe de mots ou d'une phrase subordonnée.

COMPLÉMENTS DU PRONOM	EXEMPLES
Un groupe adjectival	*Tous les votes sont annulés, même ceux [exprimés par des membres en règle].*
Un groupe adverbial	*Je ne désire rien [de plus].*
Un groupe nominal	*Nous irons avec elle, [notre chère enseignante].*
Un groupe prépositionnel	*Auquel [de ses amis] Marielle écrit-elle le plus souvent ?*
Un groupe verbal au participe	*Les amendes sont renforcées, y compris celles [visant la vitesse au volant].*
Une phrase subordonnée relative	*Celui [qui a trouvé mon portefeuille] me l'a rapporté.*

Le complément de l'adjectif

Le groupe adjectival, p. 28

Le complément de l'adjectif fait partie du groupe adjectival et complète l'adjectif qui en est le noyau. Il se place toujours après l'adjectif. Il peut être supprimé, mais cela modifie parfois le sens de la phrase.

Ex. : *Les élèves déterminés [à atteindre le sommet] marchent d'un bon pas.*
→ *Les élèves déterminés marchent d'un bon pas.*
(Le sens de la phrase est modifié.)

■■ Le complément de l'adjectif peut être formé d'un groupe de mots, d'un pronom ou d'une phrase subordonnée.

COMPLÉMENTS DE L'ADJECTIF	EXEMPLES
Un groupe prépositionnel	*Un produit soluble [dans l'eau].*
Les pronoms personnels *en, leur, lui, y*	*Il a eu de la chance et il [en] est conscient.* → *Il est conscient [de cela].* *L'appui de cet admirateur [lui] est garanti.* → *L'appui de cet admirateur est garanti [pour lui].*
Une phrase subordonnée complétive	*Ce plat est meilleur [que vous le pensiez].*

! Le groupe adverbial (GAdv) est un modificateur de l'adjectif.
Ex. : *Un enseignant [très] dévoué.*

Les compléments direct et indirect du verbe

Le groupe verbal, p. 27

Le complément du verbe est une expansion du groupe verbal (GV). Il est contrôlé par le verbe, auquel il se rattache sans préposition, s'il s'agit d'un complément direct (CD) ou au moyen d'une préposition, s'il s'agit d'un complément indirect (CI).

Ex. : *J'ai pêché [un énorme thon]*. (CD)

La chaloupe avance [sur l'eau]. (CI)

- Certains verbes doivent absolument être suivis d'un complément.

  Ex. : ⊘ *Daphnée **exige**.*

  Daphnée exige [une réponse]. (CD)

  ⊘ *Le projet **consiste**.*

  Le projet consiste [à bâtir une école]. (CI)

- Le complément du verbe peut être formé d'un groupe de mots, d'un pronom ou d'une phrase subordonnée.

COMPLÉMENTS DU VERBE	EXEMPLES
Un groupe nominal	*Il enfile [son pyjama]*. (CD)
Un pronom	*Elle [les] décroche*. (CD) *Les poissons s'[y] accrochent*. (CI)
Un groupe prépositionnel	*Elle parle [à un spécialiste]*. (CI)
Un groupe adverbial	*Vous irez [loin]*. (CI)
Un groupe verbal à l'infinitif	*Les enfants aiment [glisser en traîneau]*. (CD)
Une phrase subordonnée complétive	*Nous voulions [qu'il nous guide]*. (CD) *Ils s'attendaient [à ce que vous vous amusiez]*. (CI)

- Un verbe attributif comme *être, paraître, sembler, devenir*, etc. ne peut pas recevoir de complément direct. Il rattache plutôt un attribut au sujet de la phrase.

  Ex. : *Son rêve semble [ambitieux]*.

Le verbe attributif, p. 16

Le complément indirect du verbe ne peut pas être déplacé, mais il peut être supprimé quand il n'est pas le seul complément du verbe. S'il peut être à la fois supprimé et déplacé, il s'agit plutôt d'un complément de phrase, qui ne fait pas partie du prédicat.

Ex. : *Chacun lance sa ligne [à l'eau].*
→ *Chacun lance sa ligne.*
→ ⊘ [**À l'eau**], *chacun lance sa ligne.*
À l'eau est un complément indirect du verbe : il peut être supprimé, mais pas déplacé.
Raphaëlle mange son repas [dans le train].
→ *Raphaëlle mange son repas.*
→ *[Dans le train], Raphaëlle mange son repas.*
Dans le train est un complément de phrase : il peut être supprimé et déplacé.

Pour déterminer si un verbe possède un complément direct ou un complément indirect, il faut :
- trouver d'abord le sujet et le prédicat de la phrase ;
- ajouter les mots *quelqu'un* ou *quelque chose* après le sujet et le verbe ;
- dans le cas du CD, vérifier que le verbe n'est pas attributif ;
- dans le cas du CI, vérifier qu'il ne s'agit pas d'un complément de phrase.

Si la préposition n'est pas nécessaire entre le verbe et les mots *quelqu'un* ou *quelque chose*, il s'agit d'un complément direct CD.

Ex. : *François démarre le moteur du bateau.*
→ *François démarre* ***quelque chose****.*
Le CD est *le moteur du bateau.*

Si on doit insérer une préposition entre le verbe et les mots *quelqu'un* ou *quelque chose*, il s'agit d'un complément indirect (CI).

Ex. : *Tous se préparent à larguer les amarres.*
→ *Tous se préparent* ***à quelque chose****.*
Le CI est *à larguer les amarres.*

Le verbe d'une phrase de forme passive ne reçoit pas de complément indirect. Il s'agit plutôt du complément du verbe passif, un GPrép construit avec *par* ou *de*, qui correspond au sujet de la phrase active.

Ex. : *Les poissons seront décrochés des filets [par les pêcheurs].*

Dans une phrase impersonnelle, le complément du verbe n'est ni un CD ni un CI. C'est un complément du verbe impersonnel.

Ex. : *Il arrive [que les vagues soient trop grosses pour naviguer].*

Le complément du présentatif

Le complément du présentatif complète des mots comme *c'est*, *il y a*, *voici*, *voilà*. Ces mots sont généralement placés au début de la phrase à construction particulière, appelée *phrase à présentatif*.

Ex. : *Il y a* [*deux semaines*], *ils vivaient le grand amour.*

■■ Le complément du présentatif peut être formé d'un groupe de mots, d'un pronom ou d'une phrase subordonnée.

COMPLÉMENTS DU PRÉSENTATIF	EXEMPLES
Un groupe nominal	*Voici* [*l'auto de Marie-Paule*].
Un pronom	[*La*] *voilà*.
Un groupe adverbial	*C'est* [*bien ici*].
Un groupe adjectival	*Nous voici* [*réunis autour d'une bonne table*].
Un groupe prépositionnel	*C'est* [*à ton tour de recevoir des compliments*].
Une phrase subordonnée complétive	*C'est* [*que j'ignorais son nom*].
Une phrase subordonnée relative	*Voilà* [*qui devrait régler le problème*].

L'attribut du sujet

Le verbe attributif, p. 16

L'attribut du sujet fait partie du groupe verbal dont le noyau est le verbe *être* ou un autre verbe attributif. Il renseigne sur les propriétés, l'état et la catégorie du sujet. L'attribut du sujet ne peut pas être supprimé ni déplacé.

Ex. : *Samuel est* [*le premier à recevoir la médaille de la bravoure*].

→ ⊘ ***Samuel est***.

→ ⊘ ***Le premier à recevoir la médaille de la bravoure*** *Samuel est.*

■■ L'attribut du sujet peut être formé d'un groupe de mots, d'un pronom ou d'une phrase subordonnée.

ATTRIBUTS DU SUJET	EXEMPLES
Un groupe nominal	*Peu à peu, sa sœur devient* [*une femme*].
Un groupe adjectival	*Son caractère devient* [*sensible*].
Un groupe prépositionnel	*L'autobus semble* [*en retard*].
Un groupe adverbial	*Mes parents sont* [*ensemble*] *depuis ma naissance.*
Un pronom	*Si j'étais* [*toi*], *je partirais immédiatement.*
Une phrase subordonnée	*Elle deviendra* [*qui elle veut*].
Un groupe verbal à l'infinitif	*Me lever tôt serait* [*changer mes habitudes*].

Pour reconnaître un verbe attributif, on le remplace par le verbe *être*. Si l'attribut ou le complément du verbe n'est pas un adjectif, on le remplace par un adjectif. Si l'adjectif reçoit le genre et le nombre du sujet, il s'agit d'un attribut du sujet.

Ex. : *Les campeuses se sentaient [prêtes (attr. du sujet) pour la grande aventure].*

→ *Les campeuses **étaient** prêtes pour la grande aventure.*

Juan avait l'air d'[un pirate]. → *Juan **était** un pirate.* → *Juan était **élégant**.*
Le GN *un pirate* est attribut du sujet, puisqu'il reçoit le genre et le nombre du sujet *Juan*.

Savoir reconnaître les verbes attributifs permet d'éviter la confusion entre l'attribut du sujet et le complément direct du verbe.

Ex. : *Les astronautes ont l'air (V attributif) [en pleine forme].*
Comme il serait possible de remplacer *en pleine forme* par *quelque chose*, on pourrait croire qu'il s'agit d'un CD et non d'un attribut du sujet.

L'attribut du complément direct

L'attribut du complément direct accompagne un verbe transitif direct à l'intérieur d'un groupe verbal. Si l'attribut est un groupe adjectival, son noyau, l'adjectif, s'accorde avec le complément direct, non avec le sujet.

Ex. : *Carole-Anne et Jessica ne trouvent pas Mireille (CD) [supérieure à elles] (attr. du CD).*

L'attribut du complément direct peut être formé d'un groupe de mots ou d'un pronom.

ATTRIBUTS DU COMPLÉMENT DIRECT	EXEMPLES
Un groupe nominal	*Les autres actrices considèrent Camille [la meilleure comédienne de la troupe].*
Un groupe adjectival	*Elle a su garder [toute propre] la poupée de son enfance.*
Un groupe prépositionnel	*Elle prend sa boîte [pour un coffre au trésor].*
Un pronom	*Ils imaginent leur fille [quelqu'un d'important].*

On ne peut pas remplacer l'attribut du complément direct par un pronom comme cela est possible avec le complément direct.

Ex. : *Ma voisine a appelé [son chat] (CD) Caramel (attr. du CD).* → *Ma voisine [l'] (CD) a appelé Caramel (attr. du CD).*

Le modificateur

Un modificateur est un groupe adverbial ou un groupe prépositionnel qui précise ou modifie le sens d'un verbe, d'un adjectif ou d'un adverbe.

Ex. : *Elle patine* (V) *[admirablement]* (GAdv). *Cette astuce est [très]* (GAdv) *ingénieuse* (GAdj).

Vous travaillez [trop] (GAdv) *lentement* (GAdv). *Il souffle* (V) *[de toutes ses forces]* (GPrép) *sur les bougies.*

3.3 Comment juxtaposer des phrases ?

La juxtaposition de phrases consiste à relier deux ou plusieurs phrases de même niveau syntaxique avec l'un des signes de ponctuation suivants : la virgule, le deux-points et le point-virgule. La juxtaposition se fait sans coordonnant ni subordonnant.

Ex. : *[L'ailier fonce en zone adverse] ; [le défenseur le plaque].*

Le public crie [que le geste est illégal], [qu'une punition s'impose].

JUXTAPOSITION DE PHRASES		
RELATIONS	**SIGNES DE PONCTUATION**	**EXEMPLES**
Addition	Virgule	*Il court, il marche, il s'arrête.*
Explication	Deux-points	*Elle court rapidement : elle s'entraîne tous les jours.*
Cause	Deux-points	*Je descends tranquillement : j'ai peur de tomber.*
Conséquence	Deux-points	*Il est arrivé en retard : il a manqué son autobus.*
Lien rapproché	Point-virgule	*Le séisme a détruit les édifices en béton ; il a épargné les maisons en bois.*

! Lorsque le lien est très rapproché, le verbe de la seconde phrase juxtaposée peut être effacé et remplacé par une virgule.

Ex. : *Selon une croyance répandue, les femmes viendraient de Vénus ; les hommes, de Mars.* (effacement du V)

3.4 Comment coordonner des phrases ?

La coordination de phrases s'effectue au moyen de coordonnants. Les coordonnants peuvent être des conjonctions de coordination ou des adverbes qui n'ont pas de fonction syntaxique dans la phrase.

Ex. : *Ce film est à petit budget, mais (conj. de coordination) il est vraiment très original.*

L'héroïne combat l'injustice, ensuite (adv.) elle est récompensée.

- Les principales conjonctions de coordination sont *mais, ou, et, car, ni, or.* Ces conjonctions sont toujours placées au début de la seconde phrase coordonnée. Elles n'exercent aucune fonction syntaxique dans la phrase.

  Ex. : *[Le héros est perdu], mais [il finit par retrouver son chemin].*

  La conjonction de coordination, p. 21

- De nombreux adverbes, simples ou complexes, servent aussi à la coordination des phrases. On les place à différents endroits à l'intérieur de la seconde phrase.

  Ex. : *[Le héros est perdu.] [Il finit toutefois par retrouver son chemin].*

  Les marqueurs de relation ou connecteurs, p. 137

- Les adverbes *à savoir, c'est pourquoi, c'est-à-dire, d'où, étant donné, puis, soit, voici pourquoi, voilà pourquoi* et *vu* ne sont pas mobiles. Ils doivent être placés au début de la seconde phrase, jamais ailleurs.

  Ex. : *[Le héros est perdu], puis [il finit par retrouver son chemin].*

! On peut supprimer un mot ou un groupe de mots dans une phrase coordonnée par *et, ou, ni, mais* en marquant cette suppression par une virgule ou par un adverbe.

Ex. : *Un inconnu tentait de me distraire et [un autre, de subtiliser mon portefeuille].*

Le conducteur du camion n'a pas été blessé, mais [celui de la voiture, oui].

Ariane redouble ses efforts et [Simon aussi].

- Les groupes compléments du verbe de la phrase négative sont coordonnés par *ni* et non par *et*.

  Ex. : *Claude-Henri n'aime pas [les chiens] (CD) ni [les chats] (CD).*

  ⊘ *Claude-Henri n'aime pas [les chiens]* ***et*** *[les chats].*

- Il est fréquent de coordonner deux phrases subordonnées. Toutefois, il faut suivre les règles suivantes.
  - On ne doit pas coordonner une phrase coordonnée et une phrase subordonnée.

    Ex. : ⊘ *Les musiciens quittent la scène,* ***car*** *le concert est terminé* [P coordonnée] *et* ***qu'****ils sont épuisés.* [P subordonnée]

    Les musiciens quittent la scène, car le concert est terminé et ils sont épuisés.

  - Lorsque deux phrases subordonnées sont coordonnées par *et, ni, ou*, on remplace le second subordonnant par *que* au lieu de le répéter.

    Ex. : *Les comédiens sourient parce qu'ils sont fiers de leur performance* [P subordonnée] *et que le public les acclame.* [P subordonnée]

RELATIONS	PRINCIPAUX COORDONNANTS
	DÉVELOPPEMENT
Addition	***aussi*, d'autre part,*** *de même, de plus, également, en outre,* ***et,*** *non plus* * sauf en début de phrase
Insistance	*bien plus,* ***d'ailleurs,*** *de surcroît, encore, en plus,* ***et,*** *et encore, mais aussi, mais encore, même, par surcroît, surtout, voire*
Alternative	*ou bien… ou bien,* ***soit… ou, soit que… ou que, soit… soit***
Illustration	***ainsi,*** *entre autres, notamment, par exemple*
Explication	*car, c'est pourquoi, dès lors, effectivement, en effet, étant donné, voici pourquoi, voilà pourquoi, vu*
	ARGUMENTATION
Conséquence	***ainsi*, alors, aussi*,*** *d'où, de ce fait, de là, de la sorte, dès lors,* ***donc,*** *du coup, du fait, par conséquent, par le fait même* * en début de phrase
Opposition	*cependant, d'un côté… d'un autre côté, d'une part… d'autre part, en comparaison, en contrepartie, en même temps, en revanche,* ***mais,*** *néanmoins,* ***or, par ailleurs,*** *par contre, pourtant,* ***seulement,*** *toutefois*
Comparaison	*aussi bien, autant… autant,* ***comme,*** *moins… moins (plus), pareillement, plus… plus (moins)*
Condition	*autrement,* ***soit… ou, soit que… ou que, soit… soit***
Restriction	*à tout le moins, au moins, au plus, du moins, en tout cas, pour le moins,* ***seulement,*** *tout au moins, tout au plus*

RELATIONS	PRINCIPAUX COORDONNANTS
	DÉVELOPPEMENT
Reformulation	*à savoir que, autrement dit,* ***c'est-à-dire,*** *en clair, en d'autres mots, en d'autres termes, en l'occurrence, plus précisément*
Correction	***c'est-à-dire que, enfin, mais,*** *ou, ou plutôt, plutôt*
Résumé	*bref,* ***donc,*** *en abrégé, en bref, en conclusion,* ***en fin de compte,*** *en résumé, en un mot*
Reprise ou synthèse différente	*à la vérité, au fait, concrètement,* ***d'ailleurs,*** *dans le fond, de fait, de toute façon, de toute manière,* ***donc,*** *du reste, en définitive,* ***en fait, en fin de compte,*** *en somme, en tout cas, en vérité, enfin, finalement,* ***mais, or,*** *somme toute*
Changement de point de vue	*à la réflexion, à propos, à tout bien considérer, à tout prendre, à vrai dire, après réflexion, après tout, au bout du compte, au fond,* ***d'ailleurs,*** *d'autre part,* ***donc,*** *d'un autre côté, d'un autre point de vue, du reste, en définitive, en dernière analyse,* ***en fait,*** *en pratique, en réalité, finalement,* ***or, par ailleurs,*** *réflexion faite, tout bien considéré, tout compte fait*
Ouverture d'une parenthèse	*au passage,* ***d'ailleurs,*** *en passant, entre parenthèses,* ***par ailleurs***

Les coordonnants en gras établissent des relations différentes, selon le contexte.

3.5 Comment insérer des phrases incises et incidentes ?

La phrase incise

Les paroles rapportées, p.143

La phrase incise est une phrase insérée dans une autre phrase, au milieu ou à la fin. L'insertion est marquée par une virgule avant la phrase et par une virgule ou un point après. La phrase incise sert à rapporter le discours direct d'une personne. Le verbe de la phrase incise exprime la parole, la connaissance ou l'opinion.

Ex. : *« J'aimerais, [dit-il doucement]* (P incise)*, vous poser une question. »*

« Je suis prête à relever ce défi », [affirma-t-elle] (P incise).

Pour construire une phrase incise, on doit inverser le verbe et le sujet, que celui-ci soit un pronom ou un nom.

Ex. : *Je crois, [dit-elle], avoir passé une excellente entrevue.*

J'ai enfin trouvé un emploi pour la saison estivale ! [s'exclame la jeune étudiante].

EXEMPLES DE VERBES UTILISÉS POUR RAPPORTER LES PAROLES D'UNE PERSONNE			
accepter	*chuchoter*	*dire*	*murmurer*
accorder	*commander*	*discuter*	*ordonner*
achever	*commencer*	*s'écrier*	*poursuivre*
admettre	*compléter*	*s'exclamer*	*présenter*
affirmer	*confier*	*s'excuser*	*prétendre*
ajouter	*confirmer*	*exiger*	*promettre*
annoncer	*constater*	*expliquer*	*raconter*
appeler	*contester*	*exprimer*	*rapporter*
approuver	*continuer*	*formuler*	*reconnaître*
argumenter	*corriger*	*indiquer*	*réfléchir*
articuler	*crier*	*insister*	*répéter*
assurer	*critiquer*	*interdire*	*répliquer*
avertir	*déclarer*	*interpréter*	*répondre*
aviser	*décrire*	*justifier*	*souligner*
avouer	*demander*	*mentionner*	*soutenir*

La phrase incidente

La phrase incidente est une phrase insérée dans une autre phrase, au milieu ou à la fin. Elle est placée entre parenthèses ou elle est encadrée par des virgules ou des tirets, sauf en fin de phrase.

La phrase incidente sert à ajouter un commentaire sur l'énoncé. Elle utilise un verbe d'opinion ou des phrases à construction particulière qui expriment un jugement, une impression ou un sentiment, par exemple.

Ex. : *Nous sommes les vainqueurs de cette compétition (c'est incroyable !).*
Notre stratégie de jeu – impossible de l'ignorer – est vraiment déficiente.
Cette compétition, j'en suis ravi, s'est déroulée amicalement.
Notre stratégie de jeu était meilleure – du moins c'est ce que je crois.

■■ Dans la phrase incidente, le sujet formé d'un groupe du nom précède le verbe. Quand le sujet de la phrase est un pronom, il se place parfois après le verbe.

Ex. : *Pour être en santé, [tout le monde le sait], il faut manger des repas équilibrés.*
Il a réussi, [semble-t-il], à reprendre son souffle.

3.6 Comment subordonner des phrases ?

La subordination consiste à rattacher, au moyen d'un subordonnant, deux phrases de niveaux syntaxiques différents : une phrase enchâssante et une phrase subordonnée.

Pour bien subordonner une phrase à une autre, il faut choisir un subordonnant adapté à la fonction syntaxique de la subordonnée.

Ex. : [*Les participants se réchauffent*] (P enchâssante) [*parce que la partie commence bientôt*] (P subordonnée).

■■ Le subordonnant placé au début de la phrase subordonnée appartient à l'une des classes suivantes : pronom relatif, conjonction de subordination, adverbe interrogatif, pronom interrogatif ou déterminant interrogatif.

Ex. : *L'arbitre remet le ballon à l'équipe* [*qui* (pron. relatif) *fera le coup d'envoi*].

Les joueurs se concentrent [*avant que* (conj.) *la partie commence*].

La phrase matrice

La phrase matrice est une phrase syntaxique qui comporte, au minimum, une phrase enchâssante et une phrase subordonnée.

Ex. : phrase matrice : [*Bien qu'ils soient fatigués,*] (P subordonnée) [*les marathoniens n'abandonnent pas*] (P enchâssante).

La phrase enchâssante

La phrase enchâssante contrôle la phrase subordonnée. Elle n'est pas supprimable.

Ex. : [*Les cyclistes parcourront 100 km*] (P enchâssante) [*s'il ne pleut pas*] (P subordonnée).

La phrase subordonnée

La phrase subordonnée, aussi appelée *phrase enchâssée*, est une phrase syntaxique qui dépend d'une phrase enchâssante. La phrase subordonnée commence toujours par un subordonnant.

Ex. : [*Depuis que Cédric s'entraîne*] (P subordonnée), [*il a décuplé son énergie*] (P enchâssante).

La subordonnée relative

Le pronom relatif, p. 7

La subordonnée relative est introduite par un subordonnant, le pronom relatif (ex. : *qui, que, lequel*, etc.), qui exerce une fonction syntaxique dans la subordonnée. La subordonnée relative est le plus souvent complément d'un nom et elle appartient au groupe nominal.

Ex. : *Les **reportages** [**qui** portent sur les pays étrangers] me passionnent.* (sub. relative, compl. du N)

- La subordonnée relative peut aussi compléter un pronom ou un adverbe de temps ou de lieu.

  Ex. : *__Celui__ (pron.) [**qui** progresse le plus] est aussi __celui__ (pron.) [**qui** a le mieux travaillé].*

  *En vélo, je n'aime pas circuler __là__ (adv. de lieu) [**où** les routes sont trop étroites].*

- La subordonnée relative est explicative quand elle peut être supprimée sans rendre la phrase incohérente ou contradictoire. Elle est encadrée par des virgules.

  Ex. : *Le golf, [**qui** croît en popularité] (sub. rel. explicative), exige une grande concentration.*

  → *Le golf exige une grande concentration.* (sens cohérent)

- La subordonnée relative est déterminative quand elle ne peut pas être supprimée sans nuire au sens de la phrase enchâssante. Elle n'est pas encadrée par des virgules.

  Ex. : *Les élèves [**qui** n'occupent pas un emploi à temps partiel] (sub. relative déterminative) sont peu nombreux à l'école.*

  → *Les élèves sont peu nombreux à l'école.* (modification du sens de la phrase)

! On confond parfois le subordonnant *que* et le pronom relatif *que*. Seul le pronom relatif possède un antécédent.

Ex. : *Le cégep a reçu le formulaire [**que** j'ai envoyé].*

Le cégep a reçu ***quelque chose*** *: le formulaire que j'ai envoyé.*

j'ai envoyé ***quelque chose*** *: que* reprend l'antécédent *le formulaire.*

Le pronom relatif *que* est complément direct du verbe *ai envoyé.*

La subordonnée est complément du nom *formulaire* parce qu'elle est remplaçable par un adjectif : *le formulaire* ***envoyé***.

*Le cégep demande [**que** je réussisse mon cours de français].*

Le cégep demande ***quelque chose*** *: que je réussisse mon cours de français.*

Toute la subordonnée est CD du verbe *demande*. La conjonction *que* n'a pas de fonction syntaxique.

Vadj / que + 1V. conjugué

La subordonnée complétive

La subordonnée complétive est le plus souvent complément, même si elle peut, à l'occasion, être sujet. Le subordonnant qui l'introduit est généralement la conjonction *que*.

Ex. : *L'enseignante n'a pas encore remarqué* [**que** *je me suis améliorée*].

LA SUBORDONNÉE COMPLÉTIVE COMPLÉMENT DU VERBE

La subordonnée complétive peut être complément du verbe de la phrase enchâssante. Elle est complément direct quand elle peut être remplacée par un GN ou par *cela*. Dans ce cas, elle est introduite par la conjonction *que*.

Ex. : *L'archéologue* **croit** [**qu'** *il est proche du but*] (CD). *L'archéologue croit* **cela** (CD).

La subordonnée complétive est complément indirect du verbe quand elle est généralement introduite par la conjonction *à ce que* ou *de ce que*. La subordonnée peut alors être remplacée par *à cela* ou *de cela*.

Ex. : *Les chercheurs* **s'attendent** [**à ce que** *ce soit la découverte du siècle*] (CI).

- Elle est complément du verbe impersonnel quand le sujet est le pronom *il* sans antécédent.

  Ex. : **Il** *aurait fallu* [**que** *j'entreprenne mon travail plus tôt*].

LA SUBORDONNÉE COMPLÉTIVE INTERROGATIVE

La subordonnée complétive complément du verbe peut être interrogative. Dans ce cas, elle est introduite par un mot interrogatif qui agit comme subordonnant. Elle se distingue de la phrase interrogative, car il s'agit d'une phrase enchâssée.

Ex. : *Je comprends* [**pourquoi** (adv. interrogatif) *il est en retard*].

CLASSES DES MOTS	PRINCIPAUX SUBORDONNANTS INTERROGATIFS
Adverbes	*comment, combien, où, pourquoi, quand*
Pronoms (précédés ou non des prépositions *à, de, par,* etc.)	*qui, que, quoi, lequel, laquelle, lesquels, lesquelles*
Déterminants (précédés ou non des prépositions *à, de, par,* etc.)	*quel, quelle, quels, quelles, combien de*
Conjonction	*si*

■■ Il ne faut pas introduire la subordonnée complétive interrogative par les mots interrogatifs suivants : *est-ce que, qu'est-ce que, qui est-ce qui, qu'est-ce qui, c'est quoi, c'est qui*.

Ex. : ⊘ *On se demande* ***est-ce qu'****un orage se prépare* **?**
On se demande ***si*** *un orage se prépare*.

⊘ *On ignore* ***qui est-ce qui*** *est le coupable* **?**
On ignore ***qui*** *est le coupable*.

■■ La subordonnée complétive interrogative est complément d'un verbe dont le sens exprime un questionnement, une recherche, une découverte.

PRINCIPAUX VERBES UTILISÉS DANS L'INTERROGATION INDIRECTE			
annoncer	*découvrir*	*expliquer*	*remarquer*
apprendre	*demander*	*ignorer*	*révéler*
chercher	*dire*	*montrer*	*savoir*
confirmer	*étudier*	*oublier*	*se souvenir*
décider	*examiner*	*prouver*	*voir*

■■ Contrairement à la phrase interrogative, la phrase graphique qui contient une subordonnée complétive interrogative se termine par un point, et non par un point d'interrogation.

Ex. : *Les élèvent étudient-ils* ? (phrase interrogative)
Je me demande [*si les élèves étudient*]. (subordonnée complétive interrogative)

LA SUBORDONNÉE COMPLÉTIVE EXCLAMATIVE

La subordonnée complétive complément du verbe peut être exclamative. Son subordonnant est un adverbe comme *à quel point, combien, comme, que, si, tant, tellement* ou les déterminants exclamatifs *combien de* et *quel, quelle, quels, quelles*, précédés ou non d'une préposition.

Ex. : *Le jury a constaté* [*comme* (adv. exclamatif) *la violoniste est talentueuse*].
Il a fait remarquer [*avec quelle* (dét. exclamatif) *virtuosité elle a exécuté la sonate*].

■■ La subordonnée complétive exclamative n'exige pas de point d'exclamation. Il ne faut pas la confondre avec la phrase exclamative.

Ex. : *Comme la chanteuse a une belle voix* ! (P exclamative)
Marthe a observé [*comme la chanteuse a une belle voix*]. (sub. complétive exclamative)

◄◄ *La phrase de type exclamatif*, p. 40

LA SUBORDONNÉE COMPLÉTIVE COMPLÉMENT DE L'ADJECTIF

Une subordonnée complétive peut être employée pour compléter un adjectif. Dans ce cas, le subordonnant utilisé est *que, à ce que, de ce que*.

sub. compl. de l'adj.

Ex. : *La cliente n'est pas intéressée [à ce qu'on la sollicite chez elle].*

sub. compl. de l'adj.

Les voyageurs sont heureux [que l'heure du décollage soit confirmée].

LA SUBORDONNÉE COMPLÉTIVE COMPLÉMENT DU NOM

La subordonnée complétive qui complète un nom est introduite par le subordonnant *que*. Elle est remplaçable par *de cela*.

nom — sub. compl. du nom

Ex. : *La seule pensée [qu'il me demande de l'accompagner au bal] me fait frissonner.*

→ *La seule pensée* **de cela** *me fait frissonner.*

LA SUBORDONNÉE COMPLÉTIVE SUJET

La subordonnée complétive peut être le sujet de la phrase enchâssante. Dans ce cas, elle commence par *que* et elle est placée avant la phrase enchâssante.

sub. sujet — P enchâssante

Ex. : *[Que l'examen ait lieu au début du cours] me convient tout à fait.*

sub. sujet — P enchâssante

[Que tu l'aides à réviser son examen] est très apprécié.

LA SUBORDONNÉE COMPLÉTIVE COMPLÉMENT DU PRÉSENTATIF

Le complément du présentatif, p. 49

La subordonnée complétive peut également compléter les présentatifs *c'est, c'était, il y a, voici, voilà*. Ces présentatifs sont alors suivis du subordonnant *que*.

sub. compl. du présentatif

Ex. : *C'est [que je ne suis pas libre ce soir].*

sub. compl. du présentatif

Voilà [que Marie-Julie commence une grippe].

sub. compl. du présentatif

Il y a [que je suis amoureux d'elle].

conjonction ~~de~~ coordonnant
conjonction de subordination } express p.24

La subordonnée complément de phrase

Les subordonnants, p. 24

La subordonnée a la fonction de complément de phrase quand elle complète la phrase enchâssante dans son ensemble, sans être complément d'un mot en particulier. Elle est introduite par un subordonnant qui est une conjonction de subordination souvent composée de *que* ou de *où*. Elle exprime des sens variés : cause, conséquence, but, temps, etc.

P enchâssante — sub. compl. de P

Ex. : *Les bernaches s'envolent [parce que l'hiver approche].*

- La subordonnée complément de phrase est supprimable. Elle est déplaçable à l'intérieur de la phrase enchâssante. Cependant, lorsqu'elle exprime la conséquence, elle doit nécessairement suivre la phrase enchâssante.

Ex. : *[À l'instant où leur avion a atterri], les passagers ont applaudi.*
→ *Les passagers ont applaudi.*
→ *Les passagers ont applaudi [à l'instant où leur avion a atterri].*
→ *Les passagers, [à l'instant où leur avion a atterri], ont applaudi.*

conséquence

Elle fait de la fièvre, [de sorte qu'elle doit rester au lit].
→ ⊘ *[**De sorte qu'elle** doit rester au lit], elle fait de la fièvre.*

- Quand deux subordonnées compléments de phrase sont coordonnées au moyen de subordonnants complexes, le second subordonnant prend la forme simple *que* ou *où*.

P subordonnée — P subordonnée

Ex. : *[Étant donné que plusieurs ont refusé l'invitation] et [que tu n'es pas libre], j'ai décidé d'annuler la fête.*

P subordonnée — ⊘ que — P subordonnée

Ils sont partis [au moment où le soleil a disparu] et [où la partie a repris].

La subordonnée corrélative

Les adverbes et les adjectifs corrélatifs, p. 23

La subordonnée corrélative est une subordonnée enchâssée dans un groupe de la phrase enchâssante. Son subordonnant, *que* ou *pour que*, est en corrélation avec un terme corrélatif de la phrase enchâssante. Ce terme peut être un adverbe de degré (ex. : *aussi*) ou de manière (ex. : *différemment*), ou un adjectif comparatif (ex. : *tel, meilleur*).

GAdj.

Ex. : *Le roman semble plus intéressant [qu'on le disait].*

GV

Le héros se comporte si bien [que son entourage l'admire].

GN

Elle a une douleur telle [que les médicaments semblent inefficaces].

La phrase corrélative est supprimable à condition que le terme corrélatif soit effacé. Elle n'est pas déplaçable devant la phrase enchâssante.

Ex. : *Le roman semble plus intéressant [qu'on le disait].* → *Le roman semble intéressant.*
⊘ ***Qu'on le disait****, le roman semble plus intéressant.*

▪▪ Le cas de *ne… que* est particulier parce qu'il marque la restriction, non la corrélation.
Ex. : *Le vrai bonheur ne dure qu'un petit moment.*

La réduction de la phrase subordonnée

Les phrases subordonnées relative, complétive et complément de phrase peuvent être réduites à des groupes nominaux (GN), à des groupes prépositionnels (GPrép), à des groupes adjectivaux (GAdj) ainsi qu'à des groupes verbaux à l'infinitif (GInf) ou au participe (GPart).

TYPES DE PHRASES SUBORDONNÉES	EXEMPLES DE RÉDUCTION DE PHRASES SUBORDONNÉES
Subordonnée relative	*Il refuse d'acheter une voiture [qui pollue l'environnement].* → *Il refuse d'acheter une voiture polluante.* (GAdj) → *Il refuse d'acheter une voiture polluant l'environnement.* (GPart)
Subordonnée complétive	*La loi exige [qu'un conducteur respecte les limites de vitesse].* → *La loi exige le respect des limites de vitesse par tout conducteur.* (GN) → *La loi exige de respecter les limites de vitesse.* (GPrép)
	Mon ami affirme [qu'il parcourt 300 km en vélo chaque été]. → *Mon ami affirme parcourir 300 km en vélo chaque été.* (GInf)
Subordonnée complément de phrase	*Les canards se sont enfuis [parce qu'ils nous ont vus].* → *Les canards se sont enfuis à notre vue.* (GPrép) → *Les canards se sont enfuis en nous voyant.* (GPart)
	[Lorsque le printemps est revenu], nous avons pu observer les oiseaux migrateurs. → *Le printemps revenu, nous avons pu observer les oiseaux migrateurs.* (GN)

4 Quel signe de ponctuation employer ?

4.1 Faut-il un point, un point d'interrogation, un point d'exclamation ou des points de suspension ?

Une phrase graphique débute par une majuscule et se termine par un point. Il peut s'agir d'un point, d'un point d'interrogation, d'un point d'exclamation ou des points de suspension. Le type de point à utiliser dépend du sens et de la structure de la phrase.

SENS OU TYPE DE LA PHRASE	SIGNES DE PONCTUATION	EXEMPLES
Phrase déclarative	Point	*Mathieu est un bon étudiant.*
Affirmation inachevée, hésitation ou énumération incomplète	Points de suspension	*Je voulais vous demander...* *J'ai acheté des pommes, des poires, des mûres...*
Phrase impérative : ▪ sans marque d'émotion	Point	*Donnez-moi la main.*
▪ avec marque d'émotion	Point d'exclamation	*Aidez-moi, je vous en prie !*
Phrase exclamative	Point d'exclamation	*Comme Élisabeth est drôle !*
Onomatopée ou interjection	Point d'exclamation	*Bang ! Ouf !*
Interrogation : ▪ dans la phrase interrogative	Point d'interrogation	*Pourquoi l'attendez-vous ?*
▪ dans la phrase interrogative indirecte	Point	*On se demande pourquoi vous l'attendez.*

! On ne met pas un point d'interrogation et un point d'exclamation l'un à la suite de l'autre.

Ex. : ⊘ *Qu'est-ce qui m'arrive ?!*

4.2 Faut-il un point, un point-virgule ou un deux-points ?

On met un point ou un point-virgule selon le lien qui unit les idées dans les phrases. On utilise le point-virgule et le deux-points pour l'explication et l'énumération. Le deux-points sert aussi à introduire un discours rapporté direct.

Le discours rapporté, p. 143

LIENS ENTRE LES PHRASES	SIGNES DE PONCTUATION	EXEMPLES
Deux idées distinctes	Point	*Claudia photographie les insectes.* *Elle s'achète un nouvel appareil photo.*
Deux aspects d'une même idée	Point-virgule	*Claudia s'achète un nouvel appareil photo ;* *elle le paie avec ses économies.*
Explication, cause ou conséquence : ▪ sans coordonnant	Deux-points	*Victor participe à la création de jeux vidéo :* *il imagine des personnages.*
▪ avec coordonnant	Point-virgule	*Victor participe à la création de jeux vidéo ;* *c'est pourquoi il imagine des personnages.*
Énumération : ▪ en colonne – 1er modèle	Deux-points, points-virgules et point	*Les randonneurs mettent dans leur sac à dos :* *– une trousse de premiers soins ;* *– des bas ;* *– un imperméable.*
▪ en colonne – 2e modèle	Deux-points *Les tirets*, p. 68	*Matériel nécessaire :* *– trousse de premiers soins* *– bas* *– imperméable*
▪ en texte suivi	Deux-points, virgules* et point *sauf devant *et*	*Ils apportent différentes collations :* *des fruits séchés, des noix, des légumes* *crus et des yogourts.*
Discours rapporté direct	Deux-points	*Le guide affirme : « Nous atteindrons* *le sommet dans deux heures. »*

10. complément du nom

a) Le beluga, aussi appelé baleine blanche, vit dans les eau artique

b) La journaliste de La Presse, Mme Louise Leduc, affirme que si la violence ... »

pas de virgule après le subordonnant "que"

4.3 Faut-il une virgule ?

La juxtaposition des phrases, p. 51
La coordination des phrases, p. 56

On met généraleme[…]hrases pour les séparer (élémen[…]r. On utilise aussi la virgule pou[…]e de mots.

12. MR => pas de virgule
· qui fonctionnent comme des complément de phrase.
ex: En Juillet, s'amorça la grande expédition

On ne met pas de vi[…]e verbe et son complément ou son[…]

Ex. : [*Le chef qui cui*[…]
Je pense [*qu'il*[…]

je parts en voyage.

JUXTAPOSITION ET COORDINATION		
Phrases et groupes juxtaposés + énumérations	Oui *sauf devant *et* (p. 22)	*Le soleil, la plage, la mer et la douceur du climat ont rendu mon séjour des plus agréables.* *Je veux voyager, faire des rencontres, explorer des endroits inconnus et vivre des aventures.*
Phrases et groupes coordonnés : ▪ par *et*, *ou* et *ni* , mais, notamment, voire	Oui* *3 élément + Non	*Michel et Léa sont amis depuis un an.* *Je t'appelle ou je t'envoie un courriel.*
▪ par *mais* – groupes courts	Au choix	*Mon vélo est léger mais cher.* *Ma voiture est ancienne, mais économique.*
– groupes longs ou phrases	Oui	*Je suis franche, mais toujours extrêmement polie.* *J'ai déjà pris l'avion, mais cela fait des années.*
2. a Phrases coordonnées : ▪ par *alors*, *car*, *c'est-à-dire*, *donc*, *enfin*, *puis*, *sinon*, etc.	Oui	*Je suis triste, car mon ami est déménagé.* *Tu dois te dépêcher, sinon tu seras en retard.*
b ▪ par *soit… soit*, *plus… plus*, *moins… moins*, *autant… autant*	Oui	*Soit je pars demain, soit je pars dans une semaine.* *Plus j'écoute cette chanson, plus je l'aime.*

11. organisateurs textuels.

7. Mots répété
9. groupe de mot mit en relief
8. Mots-phrase
3c. ∅ virgule lorsque CP ... fin de P.

3d. CP détaché fin de P.
1) Quand il a la valeur d'un marqueur de modalité
2) Quand il exprime une justification, une conséquence
3) Quand il exprime une opposition
4) quand il exprime une condition proche d'une restriction

PONCTUATION

DÉTACHEMENT		
Compléments de phrase : ▪ déplacés en tête de phrase		… faudra
▪ déplacés en tête de phrase, mais courts		
▪ déplacés entre le sujet et le prédicat		… pas tomber,
▪ déplacés entre le verbe et son complément ou son attribut		… plongée … *Je suis, pour le reste de la journée, occupée à préparer mon examen.*
Groupes détachés en tête de phrase ou mobiles	Oui	*Trempée, Judith court se changer pour ne pas attraper froid.* *Judith, trempée, court se changer.*
Groupes mis en apostrophe (interpellation du destinataire)	Oui	apostrophe *[Karine], raccroche le téléphone immédiatement !* *Dis-moi,* apostrophe *[cher Ali], quand irons-nous au cinéma ?*
Phrases incises et incidentes (verbe + sujet)	Oui (sert à ajouter un commentaire)	*J'ai besoin d'aide,* incise *[dit-il], pour terminer mes rénovations.* *Nous aurons terminé,* incidente *[je crois], à 16 heures.*
Phrases subordonnées : ▪ relatives explicatives (peuvent être supprimées)	Oui	*Mon locataire, [qui vient d'emménager], est graphiste.* Si l'on supprime la subordonnée relative, on ne perd pas l'information essentielle qui est que « mon locataire est graphiste ».
▪ relatives détermina-tives (ne peuvent pas être supprimées)	Non	*Le voisin [dont je te parle] est graphiste.* Si l'on supprime la subordonnée relative, on ne sait plus de quel voisin il s'agit.
EFFACEMENT	**USAGE OU NON DE LA VIRGULE**	**EXEMPLES**
Groupes effacés (ellipse)	Oui	*Isabella aime la crème glacée à la vanille et Frédéric, celle aux cerises.*

4.4 Faut-il des parenthèses ou des crochets ?

Les parenthèses contiennent une explication ou une information qui n'est pas essentielle pour comprendre la phrase. Les crochets contiennent une explication ou une information dans un passage déjà mis entre parenthèses. On utilise aussi les crochets pour marquer la suppression ou l'ajout de mots dans un discours rapporté direct. À chaque signe ouvrant doit correspondre un signe fermant.

- Quand une phrase se termine par une parenthèse fermante, le point se place après la parenthèse. Si les parenthèses contiennent une phrase complète, le point se place avant la parenthèse fermante.

  Ex. : *Je préfère lui en parler plus tard (car la surprise pourrait le choquer).*
  Je préfère lui en parler plus tard. (La surprise pourrait le choquer.)

USAGE DES PARENTHÈSES ET DES CROCHETS	EXEMPLES
Explication ou information secondaire	*Harry Potter étudie à Hogwarts (ou Poudlard).*
Explication ou information secondaire à l'intérieur de parenthèses	*La rencontre avec les nouveaux professeurs (rencontre que tous les apprentis sorciers [Harry inclusivement] attendent avec impatience) aura lieu le lendemain de leur arrivée.*
Discours rapporté direct : ▪ suppression de mots (points de suspension à l'intérieur des crochets)	*La journaliste affirme : « Les lecteurs attendent l'édition française des prochains tomes avec impatience. [...] Ils ne seront pas déçus. »*
▪ ajout de mots pour aider à la compréhension	*« L'auteure [J. K. Rowling] ne se doutait pas que son premier roman connaîtrait un si vif succès », précise la journaliste.*

4.5 Faut-il des guillemets ?

Les guillemets servent à encadrer des paroles ou à mettre en évidence un mot ou une expression particulière. On les utilise aussi pour citer le titre d'un texte ou d'un article tirés d'un livre ou d'une revue.

■■ Quand les guillemets encadrent une phrase complète, le point se met avant les guillemets fermants. Quand ils encadrent un mot ou un groupe de mots à l'intérieur d'une phrase, le point se met après les guillemets fermants.

Ex. : *Son père lui dit : « Je suis fier de toi. »*
Nelligan a écrit « Le vaisseau d'or ».

USAGE DES GUILLEMETS	EXEMPLES
Dialogue* * Dans l'usage, l'emploi des guillemets est facultatif. Souvent, seuls les tirets sont utilisés.	*« Je pars pour Paris, annonça-t-elle. — Quand ? lui demanda-t-il. — Demain matin, répondit-elle. »*
Discours rapporté direct	*« J'ai fait une découverte », dit-elle.*
Mot ou expression à mettre en évidence	*Ses idées « farfelues » ont débouché sur une grande invention.*
Mot ou expression en langue familière ou étrangère	*Matisse trouve ses nouveaux vêtements très « cools ».*
Titre d'un poème, d'un conte ou d'une nouvelle à l'intérieur d'un recueil, titre d'un article de revue ou titre d'un chapitre de livre	*Le « Vaisseau d'or » est tiré des* Œuvres complètes *d'Émile Nelligan.*

4.6 Faut-il des tirets ?

La phrase incidente, p. 55

Les tirets servent à montrer le changement d'interlocuteurs dans un dialogue et à énumérer des éléments. On les utilise aussi pour insérer un commentaire dans une phrase et pour détacher un groupe de mots ou une phrase en les mettant en évidence.

USAGE DES TIRETS	EXEMPLES
Dialogue	*— As-tu des nouvelles de Charlotte ? demande-t-il. — Oui, elle est en pleine forme.*
Énumération	*Mon sac contient : - des espadrilles ; - un pantalon de sport ; - un t-shirt.*
Insertion d'un commentaire	*Le meilleur film que j'ai vu – une œuvre d'art pour la qualité de ses images – porte sur la Chine.*
Groupe de mots ou phrase à mettre en évidence	*Le grand panda – aussi nommé* panda géant *– est l'emblème d'une organisation qui protège la nature.*

5 L'orthographe est-elle correcte ?

5.1 Écrit-on *c*, *ç* ou *cu* devant une voyelle ?

La lettre *c* produit le son dur [k] devant les voyelles *a*, *o*, *u* et le son sifflant [s] devant *e*, *i*, *y*.

- Pour produire le son sifflant [s], il faut écrire un *ç* (*c* cédille) devant *a*, *o*, *u*.
- Pour produire le son dur [k], il faut écrire *cu* devant *e*, *i*, *y*.

LETTRES	DEVANT	SONS	EXEMPLES
c	*a, o, u*	dur [k]	*carton*, *colombe*, *culture*
ç		sifflant [s]	*ça*, *déçu*, *effaçable*, *lançait*, *menaçant*, *rançon*
c	*e, i, y*	sifflant [s]	*ceinture*, *cela*, *célèbre*, *ciseaux*, *cycliste*
cu		dur [k]	*accueil*, *cuirasse*, *cuire*

5.2 Écrit-on *g*, *ge* ou *gu* devant une voyelle ?

La lettre *g* produit le son dur [g] devant les voyelles *a*, *o*, *u* et le son sifflant [ʒ] devant *e*, *i*, *y*.

- Pour produire le son sifflant [ʒ], il faut écrire *ge* devant *a*, *o*, *u*.
- Pour produire le son dur [g], il faut écrire *gu* devant *e*, *i*, *y*.

LETTRES	DEVANT	SONS	EXEMPLES
g	*a, o, u*	dur [g]	*gai, gomme, gustatif*
ge		sifflant [ʒ]	*esturgeon, mangeait, nageur*
g	*e, i, y*	sifflant [ʒ]	*bouger, gilet, gymnastique*
gu		dur [g]	*guetter, guichet, Guylaine*

! Les verbes qui se terminent en *–guer* conservent le *u* au participe présent, mais pas l'adjectif en *–ant* qui est dérivé de ces verbes.

Ex. : *Les randonneurs se fatiguant (p. prés.) rapidement, nous faisons plusieurs haltes.*

Cet exercice est fatigant (adj.).

La distinction entre l'adjectif et le participe présent, p. 15

5.3 Faut-il un *m* ou un *n* devant *b* et *p* ?

Devant les consonnes *b* et *p*, la lettre *n* est remplacée par la lettre *m*.
Ex. : *bambou, cambrioler, complet, emprunt, impossible, pamplemousse*

- Les principales exceptions à cette règle sont : *bonbon, bonbonne, bonbonnière, embonpoint, poudre de perlimpinpin* et *rantanplan*.

5.4 Met-on *s* ou *ss* entre deux voyelles ?

La lettre *s* produit le son sifflant sonore [z] entre deux voyelles tandis que les lettres *ss* produisent le son sifflant sourd [s].

LETTRES	ENTRE DEUX VOYELLES	SONS	EXEMPLES
s	a, e, i, o, u, y	sonore [z]	*analyse, brise, case, dose, hasard, muse, peser, pose*
ss		sourd [s]	*assis, brosser, coussin, essai, hisser, odyssée*

- Il y a quelques exceptions, mais il s'agit le plus souvent de mots composés ne comportant pas de trait d'union.

  Ex. : *asymétrique, contresens, contresigner, imprésario, parasol, susurrer, télésiège, vraisemblable*

5.5 Comment forme-t-on les adverbes en *-ment* ?

On forme de nombreux adverbes en ajoutant le suffixe *-ment* à l'adjectif au féminin. Certains adjectifs ont la même orthographe au masculin et au féminin. D'autres ont une orthographe différente dont il faut tenir compte.

Ex. : *lent* (m.) / *lente* (f.) → *lentement*, *exact* (m.) / *exacte* (f.) → *exactement*

heureux (m.) / *heureuse* (f.) → *heureusement*, *naïf* (m.) / *naïve* (f.) → *naïvement*

- Le *e* final de l'adjectif au féminin se transforme parfois en *é*.

  Ex. : *confuse* → *confusément*, *énorme* → *énormément*, *précise* → *précisément*, *uniforme* → *uniformément*

  ! Certains adverbes comme *brièvement* et *traîtreusement* (☑ *traitreusement*) ont été formés selon cette règle. Dans ces cas, la forme féminine de l'adjectif s'est modifiée (*briève* → *brève*) ou est disparue (*traîtreuse* → *traître*).

- Lorsqu'un adjectif se termine en *-ant* ou en *-ent* au masculin, on forme plutôt l'adverbe avec un double *m* : *-amment* ou *-emment*.

  Ex. : *élégant* → *élégamment*, *prudent* → *prudemment*, *savant* → *savamment*

- Quand les adjectifs se terminent au masculin par les voyelles *i*, *é*, *u*, on forme l'adverbe en ajoutant simplement *-ment* à l'adjectif.

  Ex. : *assidu* → *assidûment* (☑ *assidument*), *éperdu* → *éperdument*, *forcé* → *forcément*, *poli* → *poliment*

  Il y a deux exceptions à cette règle : *gai* → *gaiement*, *gentil* → *gentiment*

5.6 Faut-il une apostrophe ?

L'apostrophe (') remplace les voyelles *a*, *e* ou *i* à la fin de certains mots lorsqu'ils sont suivis d'autres mots qui commencent par une voyelle ou un *h* muet. On nomme *élision* ce remplacement de la voyelle finale.

Ex.: *S'il m'apprécie vraiment, j'aimerais qu'il reste avec moi encore un peu.*

RÈGLES DE L'ÉLISION		EXEMPLES
MOTS ÉLIDÉS	MOTS SUIVANTS	
ce (pronom), *je*, *me*, *te*, *le*, *la*, *se*, *de* et *ne*	Tout mot débutant par une **voyelle** ou un ***h* muet.***	*J'aimais*, *n'égale pas*, *c'était*, *l'hiver* (*h* muet), *m'y* (*y* = pronom) ⊘ ***l'yogourt***, ***l'hibou*** (*h* aspiré)
que et les locutions avec *que* (*parce que*, *dès que*, etc.)	*Sauf les déterminants numéraux *huit*, *onze* et *un*, le mot *oui* et les noms débutant par *y*.	*dès qu'il*, *parce qu'aujourd'hui* dét. numéral ⊘ ***parce qu'un gramme***
lorsque, *quoique*, *puisque*	*il*, *ils*, *elle*, *elles*, *un*, *une*, *en*, *on*, *à*	*lorsqu'elles*, *quoiqu'on*, *puisqu'à*
jusque	*à*, *au*, *en*, *alors*, *ici*, *où*	*jusqu'alors*, *jusqu'à demain*
si	*il*, *ils*	*s'il*, *s'ils*
quelque	*un*, *une*	*quelqu'un*, *quelqu'une*
presque	*île*, ☑ *ile*	*presqu'île* ⊘ ***presqu'arrêté***

■■ On doit faire l'élision devant un mot qui commence par un *h* muet, mais pas devant un mot commençant par un *h* aspiré.

Ex. : *l'hirondelle*, *l'hélice* (= *h* muets)
la harpe, *le hibou* (= *h* aspirés)

Habituellement, les dictionnaires signalent les *h* aspirés au moyen d'une apostrophe ou d'un astérisque placé devant le mot ou sa prononciation : *hibou* → [*ibu].

Au pluriel, les mots commençant par un *h* muet se prononcent avec une liaison qui fait entendre le son sifflant du déterminant *les*. Cette liaison est le signe qu'au singulier, le déterminant s'élide en *l'*.

Ex. : *Les* [z] *hélicoptères* → *L'hélicoptère* (= *h* muet)
⊘ *Les* [z] *hauteurs* → *La hauteur* (= *h* aspiré)

5.7 Quels noms prennent la majuscule ?

On met la majuscule aux noms propres. Un nom propre désigne une réalité unique, par exemple une personne, un animal de compagnie, un peuple ou un lieu.

Ex. : *Olivier, Fido, l'Estrie, la rue Frontenac, le boulevard Taschereau, le Biodôme, les Montréalais, les Laurentides*

■■ On ne met pas la majuscule lorsqu'un nom propre est utilisé comme un nom commun.

Ex. : *un césar, un oscar, une vénus*

RÈGLES PARTICULIÈRES CONCERNANT L'EMPLOI OU NON DE LA MAJUSCULE	
UTILISATION DE LA MAJUSCULE	**UTILISATION DE LA MINUSCULE**
Noms de peuples ou d'habitants d'un lieu. Ex. : *les Franco-Canadiens, les Inuits, les Québécois*	Adjectifs qui qualifient les peuples, habitants d'un lieu et noms de langues. Ex. : *l'espagnol, le français, la littérature française, les populations inuites* ⊘ *le peuple Québécois* ! Les noms de religions ou d'adeptes de religions prennent toujours la minuscule. Ex. : *le bouddhisme, les chrétiens, les musulmans*
Noms de divinités spécifiques. Ex. : *Apollon, Dieu, le Prophète*	Noms de catégories d'êtres surnaturels ou mythologiques. Ex. : *les anges, les dieux grecs, les elfes, les lutins*
Titres de civilité et fonctions lorsqu'on s'adresse directement à une personne. Ex. : *Cher Monsieur Dupont [...] Veuillez, Madame la Présidente, recevoir nos salutations.*	Titres de civilité et fonctions lorsqu'on parle d'une personne. Ex. : *Je crois que monsieur Dupont est d'accord.* *Il faut parler à madame la présidente.*
Noms d'astres, d'un point de vue astronomique. Ex. : *la Grande Ourse, Jupiter, la Lune*	Noms d'astres, d'un point de vue autre qu'astronomique. Ex. : *admirer un coucher de soleil, avoir les pieds sur terre, être dans la lune*

...

UTILISATION DE LA MAJUSCULE	UTILISATION DE LA MINUSCULE
Points cardinaux : ▪ Noms de régions du monde. Ex. : *le Sud-Est asiatique* ▪ Noms ou adjectifs rattachés à des noms propres géographiques. Ex. : *l'Afrique du Sud, le Grand Nord, le pôle Nord, la rue Sherbrooke Est*	Points cardinaux utilisés de façon générale pour indiquer une direction. Ex. : *l'est de Montréal, le nord-ouest du Canada, parcourir le pays du nord au sud, la rive sud du Saint-Laurent, le vent de l'ouest*
Noms d'époques et d'événements historiques et adjectifs placés devant. Ex. : *la Conquête, la Seconde Guerre mondiale* ! Les adjectifs qui suivent les noms d'événements historiques ne prennent pas la majuscule. Ex. : *la Première Guerre mondiale, la Révolution tranquille*	Noms d'époques et d'événements qui ne sont pas clairement délimités dans le temps. Ex. : *l'ancien temps, le romantisme*
Noms de fêtes civiles et religieuses et adjectifs placés devant ces noms. Ex. : *l'Halloween, le Nouvel An, la Saint-Sylvestre, le Vendredi saint* ! Les adjectifs placés après le nom d'une fête civile ou religieuse ne prennent pas la majuscule. Ex. : *le Vendredi saint*	Noms communs à plusieurs fêtes ou événements. Ex. : *les fêtes, le jour de l'An, le jour de mon anniversaire, les fêtes de la Saint-Jean, le lundi de Pâques*
Noms d'organismes, d'institutions ou d'associations uniques. On met généralement une majuscule au premier nom de ces désignations. Ex. : *l'Assemblée nationale, le Cégep du Vieux-Montréal, la Commission scolaire des Mille-Îles, le Parti libéral*	Noms communs à plusieurs organismes, institutions ou associations. Ex. : *une assemblée de parents, un cégep réputé, l'école primaire de Saint-Janvier, le parti au pouvoir*

▪▪ On met une majuscule à la première lettre du premier mot des titres d'œuvres littéraires, d'ouvrages scientifiques, de films, de tableaux, de téléséries, etc.

Ex. : *La grande séduction, Les misérables*

L'usage traditionnel permet aussi la majuscule au premier nom des titres ainsi qu'à l'adjectif qui le précède, s'il y a lieu.

Ex. : *Le Bourgeois gentilhomme, Le Grand Atlas du Canada et du monde, Les Misérables*

■■ On met une majuscule à la première lettre du nom des titres de journaux et de périodiques ainsi qu'au déterminant et à l'adjectif qui les précèdent, s'il y a lieu.

Ex. : *Le Bel Âge, Le Devoir, Le Soleil*

5.8 Faut-il un trait d'union ?

Le trait d'union est utilisé pour lier des éléments dans certains mots composés et certaines locutions.

MOTS LIÉS PAR UN TRAIT D'UNION	EXEMPLES
Nom + nom	*bateau-mouche, porte-fenêtre*
Verbe + pronom personnel ! Entre deux voyelles, on ajoute *-t-* et non *-t'*.	*vas-y, montre-le-lui, écrase-les, manges-en, pense-t-elle, décide-t-il* ⊘ ***pense-t'elle, décide-t'il***
Pronom personnel + *même / mêmes*	*eux-mêmes, moi-même, nous-mêmes, soi-même, toi-même*
Pronom ou nom + *–ci* ou *–là*	*celle-là, celui-ci, ce matin-là, cette table-ci*
ci ou *là* + adverbe de lieu	*ci-contre, ci-dessus, là-bas, là-derrière, là-haut*
au ou *par* + certains adverbes de lieu	*au-dedans, au-dehors, au-delà, par-ci, par-là, par-dessus, par-devant*
Entre deux adjectifs de couleur ne dérivant pas d'un nom.	*un toit gris-vert, le mur blanc-bleu* ⊘ *jaune-orange, gris-souris*
Lorsque la somme de deux numéraux qui se suivent est inférieure à 100, sauf s'ils sont reliés par *et*. ☑ Entre tous les mots servant à écrire un même nombre.	*vingt-cinq, cent quarante-quatre, deux cent vingt et un, mille cent soixante, la quarante et unième personne* ☑ *deux-cent-vingt-et-un, mille-cent-soixante, le vingt-et-unième règlement*

Les mots composés de deux noms ne prennent pas toujours un trait d'union.

Ex. : *âme sœur*, *coin fenêtre*, *nœud papillon*, *pain baguette*, *pain pita*, *papier journal*, *porte accordéon*, *sauce tomate*, *talon aiguille*

Pour savoir s'il faut mettre un trait d'union, il est souvent nécessaire de consulter un dictionnaire.

! ☑ L'orthographe rectifiée recommande de souder de nombreux mots composés, c'est-à-dire de les écrire en un mot, sans trait d'union.

Les rectifications de l'orthographe (le trait d'union), p. 80

5.9 À quel endroit couper un mot en fin de ligne ?

On peut couper un mot en fin de ligne si on n'a pas suffisamment d'espace pour l'écrire en entier. On ajoute alors un trait d'union au point de coupure, puis on place la fin du mot sur la ligne suivante. Il existe certaines règles concernant l'endroit où il est possible ou non de couper un mot.

COUPURES PERMISES	EXEMPLES
Entre deux syllabes.	*qua-li-fi-ca-tif, ex-cla-ma-tion*
Après le premier trait d'union, si les mots sont liés par un ou plusieurs traits d'union.	*ouvre-bouteille, lance-flammes, donne-le-moi* ⊘ *ou-vre-bou-teil-le, lan-ce-flam-mes, donne-le-moi*

COUPURES INTERDITES	EXEMPLES
Au milieu d'une syllabe.	⊘ *inc-endie* *in-cen-die*
Après une syllabe d'une seule lettre en début de mot.	⊘ *a-venir, é-lectoral* *ave-nir, élec-to-ral*
Avant une dernière syllabe en *-e* muet, sauf si cette syllabe comporte quatre lettres.	⊘ *libellu-le, ruptu-re, pédia-tre* *li-bel-lule, rup-ture, pé-diatre*
Avant et après *x* ou *y* placés entre deux voyelles.	⊘ *ma-x-illaire, mo-y-en* *maxil-laire, moyen*
Entre deux voyelles, sauf s'il s'agit d'un préfixe.	⊘ *dévi-ation, étudi-ant* *extra-ordinaire, ultra-absorbant*
Dans un mot composé, ailleurs qu'au trait d'union.	⊘ *pau-se-ca-fé* *pause-café*
À l'endroit où il y a une apostrophe.	⊘ *quelqu'-un, aujourd'-hui* *quel-qu'un, au-jour-d'hui*
Dans un sigle ou un acronyme.	⊘ *OV-NI, UN-ES-CO*
Dans une abréviation.	⊘ *in-cl., c.-à-d.*
Entre deux chiffres composant un nombre.	⊘ *325-000*

5.10 Comment employer l'abréviation ?

Les abréviations et les symboles

L'abréviation se fait généralement en remplaçant les dernières lettres d'un mot par un point abréviatif. La suppression se produit le plus souvent après une consonne ou devant une voyelle. Certaines lettres à l'intérieur d'un mot peuvent aussi être supprimées.

Ex. : *auj.* (aujourd'hui), *qqn* (quelqu'un), *s.* (siècle), *UV* (ultraviolet)

Le symbole est une représentation conventionnelle composée de lettres et de chiffres.

Ex. : *$ CA* (dollar canadien), m^2 (mètre carré)

RÈGLES GÉNÉRALES DE L'ABRÉVIATION	EXEMPLES
L'abréviation a un point abréviatif lorsqu'elle ne contient pas la dernière lettre du mot.	*abrév.* (abréviation), *déc.* (décembre), *m.* (mois), *ex.* (exemple)
L'abréviation n'a pas de point abréviatif quand la dernière lettre du mot est conservée.	*rte* (route), *cie* (compagnie)
Le point abréviatif se confond avec le point en fin de phrase, lorsque les deux coïncident.	*Voir section sur les compl.*

■■ Il faut limiter l'emploi des abréviations aux notes de bas de page, à du texte placé entre parenthèses, aux tableaux, aux figures ainsi qu'aux références bibliographiques.

EXEMPLES D'ABRÉVIATIONS ET DE SYMBOLES			
MOTS OU EXPRESSIONS			
adjectif	*adj.*	exclusivement	*excl.*
appartement	*app.*	*et cætera*	*etc.*
bande dessinée	*BD, B. D.*	fédéral	*féd.*
boulevard	*boul.*	gouvernement	*gouv.*
bureau	*bur.*	habitants	*hab.*
cellulaire	*cell.*	inclusivement	*incl.*
chacun, chacune	*ch.*	maximum	*max.*
copie conforme	*c. c.*	minimum	*min.*
c'est-à-dire	*c.-à-d.*	mois	*janv., fév., avr.,*
compagnie	*cie* ou *c*[ie]		*juil., sept., oct.,*
environ	*env.*		*nov., déc.*

MOTS OU EXPRESSIONS

nota bene	*N. B.* ou ☑ *NB*	quelqu'un	*qqn*
par exemple	*p. ex.*	référence	*réf.*
parce que	*p.c.q.*	rendez-vous	*r.-v.*
post-scriptum	*P.-S.* ou ☑ *PS*	route	*rte*
pour cent	*p. cent, p. 100*	s'il vous plaît	*SVP, svp* ou *s.v.p.*
provincial	*prov.*	téléphone	*tél.*
Québec	*Qc*	variante, variable	*var.*
quelque chose	*qqch.*	vieux	*vx*

UNITÉS DE MESURE

ampère	*A*	litre	*l**
centimètre	*cm*	mètre	*m*
centimètre carré	cm^2	milligramme	*mg*
centimètre cube	cm^3	millilitre	*ml*
degré Celsius	*°C*	millimètre	*mm*
douzaine	*dz* ou *douz.*	minute	*min*
heure	*h*	newton	*N*
kelvin	*K*	potentiel hydrogène	*pH*
kilomètre	*km*	seconde	*s*
kilomètre/heure	*km/h*	volt	*V*
kilowatt	*kW*	*ou L, si confusion possible avec le chiffre 1	

NUMÉROTATION

deuxième, troisième, etc.	2e, 3e, ...	second, seconde	2^{d}, 2^{de}
numéro, numéros	n^{o}, n^{os}	deuxièmement	2°
premier, première	1er, 1re	troisièmement, etc.	3°, ...

CITATIONS ET RÉFÉRENCES

chapitre	*chap.*	ligne	*l.*
éditeur ou édition	*éd.*	page	*p.*
et alii (et autres auteurs)	*et al.*	tome	*t.*
ibidem (même endroit)	*ibid.*	traduction, traducteur	*trad.*
idem (même ouvrage ou même auteur)	*id.*	volume	*vol.*
		vers	*v.*

TITRES DE PERSONNES

Madame	*Mme* ou Mme	Mesdemoiselles	*Mlles* ou Mlles
Mesdames	Mmes	Messieurs	*MM.*
Mademoiselle	*Mlle* ou Mlle	Monsieur	*M.*

Les sigles et les acronymes

Les sigles et les acronymes sont des mots formés de la première lettre de plusieurs mots. Un sigle se prononce une lettre à la fois, tandis qu'un acronyme se prononce comme un mot. Les sigles et les acronymes s'écrivent sans points abréviatifs.

Ex. de sigles : *TPS* (taxe sur les produits et services)
DES (diplôme d'études secondaires)
DEP (diplôme d'études professionnelles)

Ex. d'acronymes : *DEC* (diplôme d'études collégiales)
ONU (Organisation des Nations unies)

- Les sigles et les acronymes s'écrivent généralement tout en majuscules ou avec une majuscule initiale dans le cas des acronymes les plus connus. Ils s'écrivent entièrement en minuscules lorsque l'évolution de la langue en a fait des noms communs.

  Ex. : *cégep* (collège d'enseignement général et professionnel)
  sida (syndrome d'immunodéficience acquise)
  Unesco (United Nations Educational, Scientific and Cultural Organization)

! On ne met pas les accents sur les majuscules d'un sigle ou d'un acronyme, bien que l'usage soit parfois hésitant.

5.11 Comment appliquer les rectifications de l'orthographe ?

La langue française et son orthographe évoluent constamment. Des experts linguistes ont proposé, en 1990, les rectifications de l'orthographe, une série de changements qui diminuent le nombre d'exceptions et qui simplifient l'orthographe.

Ex. : *une charrette*, mais *un chariot* → ☑ *un charriot*
un balai, *un essai*, *un délai*, mais *un relais* → ☑ *un relai*
un trognon, *un grognon*, *un rognon*, mais *un oignon* → ☑ *un ognon*

- Les rectifications de l'orthographe concernent 2500 mots environ, dont la plupart sont rares. En fait, sur les 2000 mots les plus fréquents de la langue française, 58 sont touchés. Depuis 2002, les dictionnaires en intègrent un nombre croissant à chacune de leur réédition.

- Les rectifications de l'orthographe ne sont pas imposées. Elles sont plutôt recommandées par la France, la Belgique, la Suisse et par l'Office québécois de la langue française.

- Les deux façons d'écrire les mots qui font l'objet d'une rectification sont correctes. L'orthographe traditionnelle peut s'utiliser aussi bien et en même temps que l'orthographe rectifiée.

Le trait d'union

Selon l'orthographe rectifiée, le trait d'union n'est plus utilisé dans plusieurs mots composés.

MOTS COMPOSÉS	ORTHOGRAPHE TRADITIONNELLE	☑ ORTHOGRAPHE RECTIFIÉE
Mots étrangers qui sont acceptés en français.	*big-bang, hara-kiri, hot-dog, lock-out, moto-cross*	*bigbang, harakiri, hotdog, lockout, motocross*
Mots composés d'un nom précédé d'un adverbe, d'un verbe ou d'un adjectif.	*bien-être, chauve-souris, couvre-pied, en-tête, faire-part, passe-temps, pique-nique, porte-clés, rond-point, rouge-gorge*	*bienêtre, chauvesouris, couvrepied, entête, fairepart, passetemps, piquenique, porteclé, rondpoint, rougegorge*
Mots composés d'un verbe et de *tout*.	*essuie-tout, fourre-tout, mange-tout*	*essuietout, fourretout, mangetout*
Mots composés avec les préfixes *contre, entre, extra, infra, intra, ultra.*	*auto-école, contre-attaque, hydro-électrique, intra-veineux, ultra-son*	*autoécole, contrattaque, hydroélectrique, intraveineux, ultrason*
Mots composés avec des préfixes qui ne sont pas des mots : *anti-, mini-, micro-, néo-, pseudo-, télé-*, etc.	*anti-tabac, auto-examen, micro-onde, mini-bus, pseudo-science, socio-historique, télé-réalité*	*antitabac, autoexamen, microonde, minibus, pseudoscience, sociohistorique, téléréalité*

- Le trait d'union se met partout dans les nombres écrits en lettres.

  Ex. : ☑ *deux-millions, cent-trente-et-un, trois-cent-quatre-vingt-dix-huit*

  Selon l'orthographe traditionnelle, on met un trait d'union entre les nombres écrits en lettres quand leur somme est inférieure à 100, sauf s'ils comportent un *et*.

  Ex. : *deux millions, cent trente et un, trois cent quatre-vingt-dix-huit*

! Le trait d'union n'est pas supprimé si son retrait modifie la prononciation du mot.
Ex. : *agro-industriel*, *intra-utérin*, etc.

Il est aussi conservé dans les préfixes dérivés de noms propres politiques ou géographiques.
Ex. : *anglo-saxon*, *franco-québécois*

Le pluriel des mots composés ou empruntés à une langue étrangère

Selon les rectifications de l'orthographe, les noms composés d'un verbe et d'un nom ou ceux qui se composent d'une préposition et d'un nom suivent la règle de base. Au singulier, les deux mots qui forment le nom composé s'écrivent au singulier. Au pluriel, seul le dernier mot du nom composé prend la marque du pluriel.

Ex. : *un essuie-main(s), des essuie-main(s)* → ☑ *un essuie-main, des essuie-mains*
un hors-jeu, des hors-jeu(x) → ☑ *un hors-jeu, des hors-jeux*

Les mots empruntés à des langues étrangères prennent un -*s* au pluriel.

Ex. : *minimums*, *paparazzis*, *raviolis*

L'accent circonflexe

L'accent circonflexe (^) sur les voyelles *a, e, o* indique qu'elles doivent se prononcer en ouvrant plus grand la bouche.

Ex. : *cage/âge, peser/pêcher, robe/rôde*

L'accent circonflexe placé sur les voyelles *a, e, i, o* et *u* est souvent la trace d'une graphie ancienne.

Ex. : *hôtel* s'écrivait autrefois *hostel*

C'est pourquoi, selon les rectifications orthographiques, on ne met plus d'accent circonflexe sur les voyelles *i* et *u* – leur prononciation étant la même, avec ou sans accent.

On conserve cependant l'accent circonflexe sur les voyelles *â, ê, ô*, car si on les enlevait, cela entraînerait un changement dans la prononciation.

Ex. : *icône, mât, rêve*

■■ On conserve l'accent circonflexe si une confusion avec un autre mot est possible. C'est le cas pour :

- *dû, mûr, sûr*, au masculin singulier, qui ne doivent pas être confondus avec les mots *du, mur* et *sur*. On écrit toutefois sans accent circonflexe le féminin et le pluriel de *mûr* et *sûr* : *mure, murs, mures* et *sure, surs, sures* ;
- *jeûne*, afin d'éviter la confusion avec *jeune* ;
- certaines formes du verbe ☑ *croitre*, si une confusion avec le verbe *croire* est possible : *je croîs, il croît, ils crûrent*.

- On conserve l'accent circonflexe dans la conjugaison des verbes au passé simple, aux 1re et 2e personnes du pluriel ainsi qu'au subjonctif imparfait et plus-que-parfait.

  Ex. : subjonctif imparfait : *nous vîmes, vous fûtes*
  subj. plus-que-parfait : *qu'il fût parti, qu'elle eût voulu*

L'accent aigu et l'accent grave

L'accent aigu (´) et l'accent grave (`) se placent sur la voyelle *e* pour en changer la prononciation. Sous l'accent aigu, la voyelle *é* se prononce [e]. Sous l'accent grave, la voyelle *è* se prononce [è]. Selon les rectifications orthographiques, l'accent aigu est remplacé par un accent grave pour respecter la prononciation du son è dans certains mots.

Ex. : *événement, sécheresse, crémerie* → ☑ *évènement, sècheresse, crèmerie*

- Les verbes en *-er* qui ont comme modèle *céder* (dont le radical se termine par *é* et une consonne) prennent un *è* plutôt qu'un *é* au futur simple et au conditionnel présent de l'indicatif. Ce changement respecte la prononciation.

  Ex. : Futur simple : *je céderai, tu céderas* → ☑ *je cèderai, tu cèderas*
  Cond. prés. : *nous céderions, vous céderiez* → ☑ *nous cèderions, vous cèderiez*

Le tableau modèle 12b : ☑ céder, p. 182

PRINCIPAUX VERBES CONCERNÉS			
abréger	*différer*	*léguer*	*récupérer*
accéder	*digérer*	*libérer*	*régler*
accélérer	*empiéter*	*modérer*	*régner*
alléger	*espérer*	*obséder*	*rémunérer*
assécher	*exagérer*	*opérer*	*répéter*
avérer	*excéder*	*pénétrer*	*révéler*
céder	*gérer*	*persévérer*	*sécher*
commérer	*incarcérer*	*posséder*	*siéger*
compléter	*incinérer*	*précéder*	*succéder*
concéder	*inquiéter*	*préférer*	*tolérer*
délibérer	*insérer*	*procéder*	*vénérer*
dérégler	*intégrer*	*protéger*	*vociférer*
désespérer	*lécher*	*reconsidérer*	

- Les mots empruntés aux langues étrangères prennent l'accent aigu ou l'accent grave selon la prononciation qu'ils ont en français. Au besoin, leur orthographe est francisée.

  Ex. : *a priori, pizzeria, sombrero* → ☑ *à priori, pizzéria, sombréro*

! La graphie des noms propres n'est pas touchée par les rectifications de l'orthographe.
Ex. : *L'Île-Perrot, le Pont-Brûlé, la Flûte enchantée.*

Le tréma

Le tréma (¨) indique qu'une voyelle est prononcée séparément d'une voyelle voisine. Or, dans les syllabes -*gue* et -*gui*, l'orthographe traditionnelle place le tréma sur les voyelles *e* et *i*. Les rectifications de l'orthographe déplacent le tréma sur la lettre *u*.

Ex. : *aiguë, ambiguë, contiguë, exiguë* → ☑ *aigüe, ambigüe, contigüe, exigüe*

! On ajoute aussi un tréma sur le *u* de *gageure*, qui devient *gageüre*, étant donné que sa prononciation ne ressemble pas à celle du mot *heure*, mais bien à celle du mot *pelure*.

Les consonnes doubles *ll* et *tt*

Le tableau modèle 5: acheter, p. 177

Dans la conjugaison de la plupart des verbes en -*eler* et en -*eter*, le *l* et le *t* ne sont plus redoublés. Pour respecter la prononciation, la conjugaison suit plutôt le modèle des verbes *geler* et *acheter*, selon les rectifications orthographiques.

Ex. : *j'attelle, tu attelles ; j'attellerai* → ☑ *j'attèle, tu attèles ; j'attèlerai*
je pellette, tu pellettes ; je pelletterai → ☑ *je pellète, tu pellètes ; je pellèterai*

PRINCIPAUX VERBES CONCERNÉS		
VERBES EN -*ELER*		
amonceler	*dételer*	*jumeler*
atteler	*écheveler*	*morceler*
chanceler	*ensorceler*	*museler*
ciseler	*épeler*	*niveler*
débosseler	*étinceler*	*renouveler*
déniveler	*ficeler*	*ruisseler*
denteler	*harceler*	
VERBES EN -*ETER*		
breveter	*dépaqueter*	*haleter*
budgéter	*empaqueter*	*pelleter*
cacheter	*épousseter*	*tacheter*
décacheter	*étiqueter*	*voleter*
déchiqueter	*feuilleter*	

- La conjugaison des verbes *jeter* et *appeler* ainsi que de leurs composés (*rejeter, interpeler*, etc.) ne change pas.

  Ex. : *je jetterai, tu jetteras, il jettera*, etc.
  j'appellerais, tu appellerais, il appellerait, etc.

- Les noms en *-ement* de la même famil.ue les verbes présentés dans le tableau de la page précédente ne redoublent plus le *l* et s'écrivent plutôt avec *èl*.

  Ex. : *amoncellement* → ☑ *amoncèlement*
  dénivellement → ☑ *dénivèlement*

La correction d'anomalies

Quelques redoublements de consonnes ont été harmonisés dans certaines séries et familles de mots et des régularités ont ainsi été créées. Quelques anomalies très ciblées ont également été rectifiées.

ORTHOGRAPHE TRADITIONNELLE	ORTHOGRAPHE RECTIFIÉE
battre, combattre, **mais** *combatif, combativité*	*combattif, combattivité*
imbécile, **mais** *imbécillité*	*imbécilité*
grelot, **mais** *grelotter*	*greloter*
exagérer, exercice, examen, **mais** *eczéma*	*exéma*
avoir, falloir, vouloir, **mais** *asseoir, rasseoir*	*assoir, rassoir*
nous appelons, **mais** *nous interpellons*	*nous interpelons*
balai, essai, **mais** *relais*	*relai*
bonhomme, surhomme, **mais** *bonhomie*	*bonhommie*
féerique, québecois	*féérique, québécois*
nénuphar, du mot arabe *ninûfar*	*nénufar*

- Le participe passé du verbe *laisser* reste invariable quand le verbe est conjugué à un temps composé et suivi d'un infinitif. *Laisser* imite alors le verbe *faire*, qui suit déjà cette règle.

  Ex. : *Ce sont des ouvrières que l'on a fait travailler davantage.*

ORTHOGRAPHE TRADITIONNELLE	ORTHOGRAPHE RECTIFIÉE
Ces fleurs, Olivier les a laissées (p. p.) s'épanouir.	*Ces fleurs, Olivier les a laissé (p. p.) s'épanouir.*

Comment écrire les homophones ?

6.1 Comment reconnaître et distinguer les homophones ?

Les homophones sont des mots qui se prononcent de la même façon, mais dont l'orthographe et le sens diffèrent. Ils peuvent donc être confondus les uns avec les autres.

Ex. : *Je* **sais** (V) *que* **c'est** (pron. + V) *incroyable !*

Les homophones peuvent appartenir à différentes classes de mots : noms, déterminants, adjectifs, pronoms, verbes, adverbes, prépositions ou conjonctions. On peut distinguer les homophones en effectuant des remplacements.

Ex. : *Il se* **peut** (pourrait) *qu'il se joigne à nous, même si* **peu** (un petit nombre) *d'entre nous le désirons.*

- Les homophones se distinguent des homographes. Les homographes sont des mots qui se prononcent et s'écrivent généralement de la même façon, mais qui ont un sens différent.

  Ex. : *Il* **court** (V) *depuis un* **court** (adj.) *moment.*

  ! Certains homographes ne se prononcent pas de la même façon. Il s'agit surtout de noms ou d'adjectifs qui se terminent en *-ent*, comme la terminaison des verbes en *-er* à la 3e personne du pluriel, au présent de l'indicatif et du subjonctif.

  Ex. :

un garçon **content**	*(qu')ils/elles* **content**
un livre **excellent**	*(qu')ils/elles* **excellent**
un **résident**	*(qu')ils/elles* **résident**
deux **cents** *personnes*	*un dollar et dix* **cents**
fier *comme un paon*	*se* **fier** *à quelqu'un*

- Les homonymes regroupent les homophones et les homographes.

Les homophones fréquents

ANNEXE 1 : *Le tableau des homophones*, p. 155

On trouve un tableau regroupant un grand nombre d'homophones en annexe. Les homophones y sont classés par ordre alphabétique. Pour aider à les reconnaître, on y précise la classe de chaque homophone et on suggère des remplacements. Les nombreux exemples montrent comment appliquer les suggestions de remplacement.

6.2 Comment écrire *leur, même, quelque/quel que, tel* et *tout* ?

Leur

Lorsque *leur* est pronom, il se place devant le verbe et est invariable. Lorsqu'il est déterminant, il se place devant le nom et s'accorde.

CLASSES DE MOTS	ACCORDS	REMPLACEMENTS POSSIBLES	EXEMPLES
Pronom	**Invariable**.	*lui*	*Il leur raconte une histoire.*
Déterminant	**Variable** en nombre avec le nom qu'il accompagne.	*un/une, des*	*Ils ont chacun leur vélo.* *Je trouve leurs idées géniales !*

- Lorsque *leur* est déterminant, il est le plus souvent au pluriel. Toutefois, il accompagne parfois un nom au singulier si ce nom désigne une chose que les personnes possèdent en un seul exemplaire.

  Ex. : *Ils inclinent leur tête en signe d'approbation.*

  (Chaque personne n'a qu'une tête.)

- Les formes *le leur, la leur* et *les leurs* sont des pronoms possessifs qui reçoivent le genre du nom qu'ils reprennent. Le nombre de ces pronoms dépend du sens.

  Ex. : *J'ai reçu mon bulletin. Les autres élèves ont reçu le leur.*

! Si *le leur, la leur* et *les leurs* n'ont pas de sens possessif, il s'agit de deux pronoms personnels qui se suivent. Dans ce cas, le pronom *leur* reste invariable.

Ex. : *Ils ont oublié de remettre des livres à la bibliothèque. Il faudra les leur demander.*

Même

Lorsque *même* est adverbe, il est invariable. Lorsqu'il est adjectif, il s'accorde. S'il est pronom, il prend le nombre de son antécédent.

CLASSES DE MOTS	ACCORDS	REMPLACEMENTS POSSIBLES	EXEMPLES
Adverbe	**Invariable**.	*aussi, exactement*	*Il mange même des algues !* (aussi) *Même affaiblie par la maladie, elle fait ce qu'on attend d'elle.* (Aussi) *Cela s'est passé ici même.* (exactement)
Adjectif	**Variable** en nombre avec le pronom ou le nom qu'il accompagne.	*identique, semblable* (avant ou après le nom qu'il accompagne)	*Elle porte le même chandail depuis deux jours.* (un chandail identique) *Ce sont les gestes mêmes qu'il faisait sur scène.* (pl. identiques)
Pronom	**Variable** en nombre avec son antécédent.	*ceux-là mêmes, celles-là mêmes*	*Il a reçu des visiteurs ; les mêmes qui sont venus hier.* (pl. ceux-là mêmes)

- Lorsqu'il suit un pronom personnel au pluriel, l'adjectif *même* s'accorde en nombre et il est précédé d'un trait d'union.
  Ex. : *Nous verrons nous-mêmes à ce que la bicyclette soit réparée.*

- Les adverbes *de même, tout de même, quand même*, etc. ainsi que la conjonction *même que* sont invariables.
  Ex. : *Il faudrait tout de même faire un effort.*

Quelque et quel que

Si *quelque* est adverbe, il est invariable. Il s'accorde seulement lorsqu'il est déterminant.

L'adjectif *quel* suivi de *que* s'accorde.

CLASSES DE MOTS	ACCORDS	REMPLACEMENTS POSSIBLES	EXEMPLES
		QUELQUE	
Adverbe	**Invariable**.	*environ, aussi, si*	environ *Nous avons quelque 200 définitions à apprendre avant l'examen.* Si *Quelque fatiguées qu'elles soient, elles poursuivront la compétition.*
Déterminant	**Variable** en nombre avec le nom qu'il accompagne.	*un petit nombre de*	un petit nombre de — pl. *Seulement quelques personnes sont présentes.*
		QUEL QUE	
Adjectif + conjonction	**Variable** en genre et en nombre avec le nom ou le pronom dont il est attribut.	*peu importe quel/quelle* + verbe au futur simple de l'indicatif	Peu importe quelles seront — f. pl. *Quelles que soient les idées que vous aurez, nous en tiendrons compte.*

Tel

Lorsque *tel* est un adjectif ou un déterminant, il s'accorde. Lorsqu'il est pronom, *tel* prend le genre et le nombre de son antécédent.

CLASSES	ACCORDS	REMPLACEMENTS POSSIBLES	EXEMPLES
Adjectif (souvent suivi de *que*)	**Variable** en genre et en nombre avec le nom qu'il complète.	*semblable, si grand*	semblable — f. s. *Une telle attitude est contestable.* m. pl. — si grands *Elle fonde des espoirs tels qu'elle réussira.*
Déterminant	**Variable** en genre et en nombre avec le nom qu'il accompagne.	*chaque, plusieurs*	chaque — f. s. *As-tu vu telle pièce ?* plusieurs — m. pl. *Il rapporte tels commentaires.*
Pronom	**Variable** en genre et en nombre avec son antécédent.	*un autre, une autre*	une autre *On a oublié d'appeler une telle.*

■■ Lorsqu'il est pronom, *tel* s'emploie particulièrement sous les formes *tel ou tel, tel... tel autre* et *un tel*.

Ex. : *Lorsqu'il parle avec ses amis, il ne s'offusque pas que tel ou tel lui fasse des commentaires.*

Une telle nous a raconté une histoire invraisemblable à son sujet.

Tout

Lorsqu'il est déterminant, *tout* s'accorde. Lorsqu'il est pronom, il reprend le genre et le nombre de son antécédent. Il est invariable quand il est adverbe, sauf dans quelques cas particuliers.

CLASSES DE MOTS	ACCORDS	REMPLACEMENTS POSSIBLES	EXEMPLES
Déterminant	**Variable** en genre et en nombre avec le nom qu'il accompagne.	*le/la, les*	La f. s. *Toute plainte sera rejetée.*
Pronom	**Variable** en genre et en nombre avec le nom qu'il reprend.	*la plupart, pour la plupart*	m. pl. pour la plupart *Ces fruits sont mûrs et tous d'excellente qualité.*
Adverbe	**Invariable** devant un adjectif masculin.		tout à fait adj. m. *Mes amis sont tout heureux de leurs vacances.*
	Invariable devant un adjectif féminin débutant par une voyelle ou un *h* muet.	*très, tout à fait*	très adj. f. *Elle est tout amoureuse.* très adj. f. *Elles sont tout habillées.*
	Variable devant un adjectif féminin débutant par une consonne ou un *h* aspiré. Le h muet et le h aspiré, p. 72		adj. f. *Elle est toute confuse.* adj. f. *Elles étaient toutes hérissées.*

■■ Les expressions avec *tout* sont nombreuses.

Ex. : *après tout, à tout coup, en toute liberté, du tout au tout, tous azimuts*

Pour savoir comment les orthographier correctement, la consultation d'un dictionnaire est souvent nécessaire.

6.3 Comment distinguer les noms et les verbes homophones ?

Certains verbes conjugués à la 3e personne de l'indicatif (au présent, à l'imparfait ou au passé simple) se prononcent comme un nom de la même famille de mots, mais ils ne s'écrivent pas de la même façon. Pour les distinguer, on peut conjuguer le verbe à un autre temps ou faire varier le nombre du nom.

Ex. : *il accueille* → *il accueillait* *un accueil* → *des accueils*

EXEMPLES DE NOMS ET DE VERBES HOMOPHONES			
NOMS	VERBES	NOMS	VERBES
un accueil	*il/elle accueille*	*un mari*	*il/elle marie*
un appareil	*il/elle appareille*	*un oubli*	*il/elle oublie*
un appel	*il/elle appelle*	*un parcours*	*il/elle parcourt*
un appui	*il/elle appuie*	*un pari*	*il/elle parie*
un balai	*il/elle balaie*	*une partie*	*il/elle partit*
un choc	*il/elle choque*	*un pli*	*il/elle plie*
un clou	*il/elle cloue*	*un raccourci*	*il/elle raccourcit*
un conseil	*il/elle conseille*	*un rappel*	*il/elle rappelle*
un cours	*il/elle court*	*un recours*	*il/elle recourt*
un cri	*il/elle crie*	*un relais,* ☑ *un relai*	*il/elle relaie*
un défi	*il/elle défie*	*un renvoi*	*il/elle renvoie*
un dégel	*il/elle dégèle*	*un réveil*	*il/elle réveille*
un détail	*il/elle détaille*	*un rôti, une rôtie*	*il/elle rôtit*
un discours	*il/elle discourt*	*un salut*	*il/elle salue*
un disparu, une disparue	*il/elle disparut*	*un secours*	*il secourt*
une éclaircie	*il/elle éclaircit*	*un ski*	*il/elle skie*
un emploi	*il/elle emploie*	*un sommeil*	*il/elle sommeille*
un ennui	*il/elle ennuie*	*un souci*	*il/elle se soucie*
un entretien	*il/elle entretient*	*un soutien*	*il/elle soutient*
un envoi	*il/elle envoie*	*un suivi*	*il/elle suivit*
un essai	*il/elle essaie*	*un transfert*	*il/elle transfère*
une étiquette	*il/elle étiquette,* ☑ *il/elle étiquète*	*un travail*	*il/elle travaille*
un éveil	*il/elle éveille*	*un tri*	*il/elle trie*
une ficelle	*il/elle ficelle,* ☑ *il/elle ficèle*	*un troc*	*il/elle troque*
une garantie	*il/elle garantit*	*un trou*	*il/elle troue*
un gel	*il/elle gèle*	*une vie*	*il/elle vit*
un jouet	*il/elle jouait*	*un vœu*	*il/elle veut*
un maintien	*il/elle maintient*	*un vol*	*il/elle vole*

Comment accorder les mots ?

7.1 Comment le nom varie-t-il ?

Le nom comme donneur d'accord

Le nom, p. 1

Le genre et le nombre du nom varient. Le nom est un donneur d'accord, mais on ne peut pas vraiment dire qu'il s'accorde.

Le nom donne son genre et son nombre au déterminant et à l'adjectif avec lesquels il est en relation. Il donne aussi la 3e personne au verbe lorsqu'il est le noyau du GN qui exerce la fonction de sujet. Ces mots deviennent ainsi des receveurs d'accord.

Ex. : *Le nouveau* ***musée*** *ouvrira ses portes demain.* (m. s.)

Les prochaines ***expositions*** *seront extraordinaires.* (3e pers. pl.)

Le féminin des noms communs

Certains noms varient en genre et changent de terminaison. Ils prennent généralement un *–e* au féminin.

Ex. : *un artisan/une artisane*

D'autres noms forment leur féminin avec une terminaison particulière qui comporte cependant toujours un *–e* final.

Ex. : *un collégien/une collégienne*

un grognon/une grognonne

TERMINAISONS		EXEMPLES	
MASCULIN	FÉMININ	MASCULIN	FÉMININ
-c	*-que*	*laïc*	*laïque*
-e	*-esse*	*prince*	*princesse*
-el	*-elle*	*colonel*	*colonelle*
-en	*-enne*	*cégépien*	*cégépienne*
-er	*-ère*	*boulanger*	*boulangère*
-et	*-ette*	*cadet*	*cadette*
-eur	*-euse*	*joueur*	*joueuse*
-f	*-ve*	*sportif*	*sportive*
-on	*-onne*	*patron*	*patronne*
-teur	*-teuse*	*acheteur*	*acheteuse*
	-trice	*acteur*	*actrice*
	-teure	*auteur*	*auteure*
-x	*-se*	*époux, envieux*	*épouse, envieuse*

! L'usage est hésitant en ce qui concerne la formation du féminin de certains noms qui se terminent par *-teur* au masculin.

Ex. : *metteur en scène → metteuse en scène/metteure en scène*
sculpteur → sculptrice/sculpteure

- Lorsqu'on désigne une femme par sa fonction, sa profession ou le poste qu'elle occupe, on met son titre au féminin.

  Ex. : *une mécanicienne, une camionneuse, une avocate*

- Certains noms communs représentant des personnes, qui se terminent pour la plupart par *-e*, sont à la fois masculins et féminins. C'est le contexte qui permet de faire l'accord des déterminants et des adjectifs en relation avec ces noms.

  Ex. : *Vincent est un élève motivé.* (m.)
  Une brillante élève que cette jeune fille ! (f.)

Le pluriel des noms communs

La plupart des noms communs varient en nombre et prennent généralement un *-s* au pluriel.

Ex. : *des artisans/des artisanes*

Certains noms qui ont une terminaison particulière au singulier ne forment pas leur pluriel en *-s* ou présentent des irrégularités.

PLURIEL PARTICULIER DE CERTAINS NOMS COMMUNS				
TERMINAISONS		EXEMPLES		EXCEPTIONS
SINGULIER	PLURIEL	SINGULIER	PLURIEL	
-s, -x, -z	Invariable	*lynx, nez, prix, refus, repas*	*lynx, nez, prix, refus, repas*	
-al	-aux	*bocal, cheval, fanal, hôpital*	*bocaux, chevaux, fanaux, hôpitaux* ⊘ *chevals* ⊘ *hôpitals*	*aval/avals, bal/bals, cal/cals, carnaval/carnavals, cérémonial/cérémonials, chacal/chacals, corral/corrals, festival/festivals, narval/narvals, pal/pals, récital/récitals, régal/régals*
-ail	-ails	*détail, éventail, portail, rail*	*détails, éventails, portails, rails*	*bail/baux, corail/coraux, émail/émaux, gemmail/gemmaux, soupirail/soupiraux, travail/travaux, vantail/vantaux, vitrail/vitraux*
-ou	-ous	*cou, clou, coucou, écrou, filou, fou, matou, toutou*	*cous, clous, coucous, écrous, filous, fous, matous, toutous*	*bijou/bijoux, caillou/cailloux, chou/choux, genou/genoux, hibou/hiboux, joujou/joujoux, pou/poux*
-au, -eau, -eu, -œu	-x	*tuyau, oiseau, feu, vœu*	*tuyaux, oiseaux, feux, vœux*	*landau/landaus, sarrau/sarraus, bleu/bleus, pneu/pneus*

! Certains noms ne s'emploient jamais au singulier et sont donc toujours au pluriel.

Ex. : *aguets*, *alentours*, *archives*, *décombres*, *dépens*, *fiançailles*, *frais*, *funérailles*, *honoraires*, *mœurs*, *obsèques*, *pleurs*, *pourparlers*, *représailles*, *ténèbres*

■■ Certains mots changent de sens selon qu'ils sont au singulier ou au pluriel. La consultation d'un dictionnaire est souvent nécessaire pour connaître leur signification.

Ex. : *ciseau/ciseaux, eau/eaux, gage/gages, lunette/lunettes, ouïe/ouïes, vacance/vacances*, etc.

■■ Les mots *aïeul, ciel, œil* et *travail* forment leur pluriel en *-eux* ou en *-aux*, mais aussi avec l'ajout d'un *-s*. Selon le cas, leur sens n'est pas le même.

Ex. : *les aïeuls* (grands-parents) / *les aïeux* (ancêtres)
les ciels (aspects du ciel, en peinture) / *les cieux* (espace infini ou paradis)
les œils (boucles, pour la marine) / *les yeux* (organe de la vue)
les travails (appareils pour immobiliser les grands animaux) / *les travaux* (ensemble d'activités)

LE NOMBRE DU NOM SANS DÉTERMINANT

Lorsqu'un nom n'est pas précédé d'un déterminant, on établit son nombre en fonction du sens.

Ex. : *un arbre à feuilles* (un arbre contient plusieurs feuilles)
une tête à chapeau (une tête ne peut porter qu'un seul chapeau)

NOMS SANS DÉTERMINANTS	NOMBRE	EXEMPLES
Le nom possède un sens singulier. Pour s'assurer que le nom possède un sens singulier, on ajoute un déterminant singulier devant puis, au besoin, on change la préposition. Ex. : *des cours d'espagnol* (pour l')	Singulier	*des gens de confiance* *des modes d'emploi* *des paroles d'honneur* *des robes en soie* *des statues en granit*
Le nom possède un sens pluriel. Pour s'assurer que le nom possède un sens pluriel, on ajoute un déterminant pluriel devant puis, au besoin, on change la préposition. Ex. : *une salade de légumes* (avec des)	Pluriel	*une étagère à épices* *un groupe d'étrangers* *un tas de soucis*
Le nom est précédé d'une préposition à sens négatif ou restrictif (*sans, faute de, en l'absence de,* etc.). Pour déterminer le nombre, on remplace la préposition à sens négatif par une préposition à sens positif (*avec, grâce à, en présence de,* etc.) et on ajoute un déterminant. Ex. : *une dictée sans fautes* (avec des)	Singulier	*une poupée sans tête* (avec une) *quelqu'un sans argent* (avec de l')
	Pluriel	*faute de preuves* (avec des) *en l'absence de soins* (avec des)

Lorsque le nom sans déterminant est le complément d'un nom et qu'il est suivi d'un adjectif, l'accord de l'adjectif se fait selon le sens.

Ex. : *Nous avons assisté à des ateliers de musique stimulants.*
Ils se sont inscrits à des cours de cuisine asiatique.

Le pluriel des noms composés

Dans un nom composé de deux noms ou d'un nom et d'un adjectif, les deux mots prennent généralement la marque du pluriel.

Ex. : *ballons-sondes, blocs-moteurs, choux-fleurs, forêts-noires, grands-pères, pots-pourris, radios-réveils, ronds-points, wagons-lits*

Les rectifications de l'orthographe (le pluriel des mots composés), p. 81

- Il arrive parfois que le second nom d'un mot composé reste au singulier.
  Ex. : *timbres-poste, années-lumière*

  Pour savoir si on met le second nom au pluriel, on peut remplacer le trait d'union par une préposition suivie d'un déterminant.
  Ex. : *des pauses-café* (pour le), *des soirées-bénéfice* (pour le)

- Il existe une grande quantité d'irrégularités dans la formation du pluriel des noms composés qui comportent un verbe, un adverbe ou une préposition. La consultation d'un dictionnaire est grandement recommandée.
  - Si le second nom est précédé d'une préposition, il reste au singulier.
    Ex. : *des arcs-en-ciel, des chefs-d'œuvre*
  - Si l'adjectif est pris comme adverbe, il demeure au singulier.
    Ex. : *des nouveau-nés* (nouvellement nés),
    des gens haut placés (placés en haut)

    Dans tous les cas, l'adjectif *nouveau* s'accorde et il n'est pas lié au mot qui le suit par un trait d'union.
    Ex. : *des nouveaux riches, des nouveaux mariés*
  - Les noms composés seulement de verbes ou d'adverbes ne prennent pas la marque du pluriel.
    Ex. : *des couche-tard, des laissez-passer, des lève-tôt, des passe-partout*

- Les expressions verbales qui comportent trois mots et plus ne prennent pas la marque du pluriel.
  Ex. : *des cessez-le-feu, des je-ne-sais-quoi, des on-dit, des ouï-dire,*
  des qu'en-dira-t-on, des sans-le-sou, des va-et-vient, etc.
  Sauf : *des laissés-pour-compte*

- ☑ Dans les mots composés d'un verbe ou d'une préposition puis d'un nom, les rectifications de l'orthographe proposent de mettre le nom au pluriel uniquement si le mot composé est au pluriel.
  Ex. : *une avant-scène/des avant-scènes* — *un garde-chasse/des garde-chasses*
  un après-soleil/des après-soleils — *un presse-papier/des presse-papiers*
  un coupe-feu/des coupe-feux — *un sous-verre/des sous-verres*

  Les rectifications de l'orthographe (le pluriel des mots composés), p. 81

Le pluriel des noms propres

Les noms propres ne prennent généralement pas la marque du pluriel.
Ex. : *les sœurs Tremblay, les nouvelles Toyota, les trois Frédéric dans la classe*

- Les noms propres peuvent cependant prendre un -*s* au pluriel dans les cas suivants.
  - Les noms propres de peuples ou de dynasties.
    Ex. : *les Australiens, les Canadiens, les Capétiens*
  - Certains noms propres de lieux géographiques (archipels, montagnes, etc.).
    Ex. : *les Antilles, les Bermudes, les trois Amériques, les Rocheuses*

7.2 Comment accorder le déterminant ?

L'accord du déterminant

Dans un groupe nominal, le nom donne son genre et son nombre au déterminant qui l'accompagne.

Ex. : *le gilet* (m. s.), *cette jupe* (f. s.), *mes pantalons* (m. pl.), *des chemises* (f. pl.)

- La plupart des déterminants varient en genre et en nombre.
  Ex. : *un/une/des, le/la/les*
- Les déterminants possessifs varient en genre, en nombre et en personne.
  Ex. : *mon/ma/mes/nos/notre, ton/ta/tes/vos/votre, son/sa/ses/leur/leurs*
- Certains déterminants varient seulement en genre ou seulement en nombre.
  Ex. : *pas un/pas une, plus d'un/plus d'une, différents/différentes, autre/autres*
- Plusieurs déterminants quantitatifs sont invariables.
  Ex. : *chaque, plusieurs, beaucoup de, assez de, la plupart de*

L'accord du déterminant numéral

Les déterminants numéraux, p. 13

Les déterminants numéraux sont généralement invariables.
Ex. : *deux voitures, trois bateaux, sept avions*

☑ Selon les rectifications de l'orthographe, tous les nombres s'écrivent avec un ou plusieurs traits d'union.
Ex. : ☑ *deux-cents, deux-cent-dix, deux-mille*

a) - Le déterminant *un* s'accorde en genre avec le nom qu'il détermine.
  Ex. : *un couvercle* (m.), *une couverture* (f.)

■■ Les déterminants *vingt*, *cent* et *mille* sont des cas particuliers.

DÉTERMINANTS NUMÉRAUX	ACCORDS	EXEMPLES
vingt, *cent*	**Variables** devant le nom lorsqu'ils sont multipliés et non suivis d'un autre nombre.	*vingt-huit années, quatre-vingts ans, quatre-vingt-cinq jours, cent feuilles, deux cents, deux cent quinze*
mille	**Invariable** comme déterminant. ! Le mot *mille* est variable lorsqu'il désigne une mesure de distance.	*Deux mille personnes ont assisté au spectacle.* *Deux milles équivalent à 2963 m.*

■■ *Million* et *milliard* sont des noms variables.

Ex. : *Six millions d'habitants, des milliards de dollars.*

■■ Les adjectifs classifiants qui expriment le rang (*premier, première, deuxième, second*, etc.) s'accordent comme les autres adjectifs.

Ex. : *La première coureuse est loin devant.* (f. s.)

! Lorsqu'ils suivent un nom, *vingt* et *cent* sont invariables, car ils expriment un rang.

Ex. : *Le chapitre commence à la page quatre-vingt.* (la quatre-vingtième page) (nom)

7.3 Comment accorder l'adjectif ?

L'accord de l'adjectif

L'adjectif, p. 14

L'adjectif reçoit le genre et le nombre du nom ou du pronom avec lequel il est en relation.

Ex. : *J'aimerais vous présenter une bonne amie de la famille.* (f. s.)

Ils sont très extravagants. (m. pl.)

■■ L'accord de l'adjectif présente quelques cas particuliers.

EMPLOIS DE L'ADJECTIF	ACCORDS	EXEMPLES
Quand l'adjectif qualifie deux ou plusieurs noms coordonnés par *et*. ▪ Si tous les noms sont féminins.	Au féminin pluriel	*Francine* (f. s.) *et Léa* (f. s.) *sont contentes* (f. pl.).
▪ Dans tous les autres cas.	Au masculin pluriel	*Une fille* (f. s.) *et un garçon* (m. s.) *attentionnés* (m. pl.).

EMPLOIS DE L'ADJECTIF	ACCORDS	EXEMPLES
Quand les adjectifs sont coordonnés et renvoient à un nom singulier dans le contexte. Le nom est au pluriel parce que le coordonnant *et* marque l'addition.	Au singulier	*Les langues française et anglaise sont parlées au Québec.* (la langue française et la langue anglaise) *Les deuxième et quatrième appels seront retenus pour le concours.* (le deuxième appel et le quatrième appel)
Quand l'adjectif complète un GN dont le noyau est un nom collectif.	Variable en genre et en nombre avec le nom avec lequel il est en relation, selon le sens	*Une volée de corneilles bruyantes* *Une volée de corneilles circulaire*
Quand l'adjectif change de classe et devient une préposition.	Invariable	*Elle en a plein (prép.) les bras.*
Quand l'adjectif devient un adverbe* et qu'il suit un verbe non attributif. *Ex. : *bas, bon, cher, clair, court, doux, droit, faux, ferme, fort, franc,* etc.	Invariable	*Les voix sonnent juste.* *Les élèves parlent fort.* *Ces fleurs sentent mauvais.*
Quand l'adjectif qualifie un nom propre désignant une ville, une rivière, une automobile, etc.	Variable en genre, selon le nom commun sous-entendu	*Trois-Rivières (ville, f.) est heureuse d'accueillir les touristes.* *Il a une vieille* Volvo *(automobile, f.) bleue*
Quand l'adjectif suit *des plus*.	Au pluriel	*Une soirée des plus raffinées.*

! Il faut éviter de placer à côté d'un nom féminin un adjectif au masculin pluriel dont la prononciation est différente de celle de l'adjectif au féminin pluriel. Dans pareil cas, il est préférable de remplacer cet adjectif par un synonyme.

Ex. : *un garçon et une fille joyeux* → *un garçon et une fille enjoués* (préférable)

Le féminin de l'adjectif

Le féminin de l'adjectif se marque généralement par le simple ajout d'un *–e* à la terminaison du masculin.

Ex. : *un repas chaud/une soupe chaude*

■■ Certains adjectifs forment leur féminin avec une terminaison particulière. Celle-ci comporte cependant toujours un *–e* final.

FÉMININ PARTICULIER DE CERTAINS ADJECTIFS			
TERMINAISONS		EXEMPLES	
MASCULIN	FÉMININ	MASCULIN	FÉMININ
–c	*–che*	*blanc, sec*	*blanche, sèche*
	–que	*caduc, public*	*caduque, publique*
–e	*–e*	*drôle, jeune*	*drôle, jeune*
–eau	*–elle*	*beau, nouveau*	*belle, nouvelle*
–eil	*–eille*	*pareil, vermeil*	*pareille, vermeille*
–el	*–elle*	*naturel, sensationnel*	*naturelle, sensationnelle*
–er	*–ère*	*amer, fier, léger*	*amère, fière, légère*
–et	*–ette*	*coquet, douillet*	*coquette, douillette*
	–ète	*complet, inquiet*	*complète, inquiète*
–eur	*–euse*	*ricaneur, rieur, mangeur*	*ricaneuse, rieuse, mangeuse*
–teur	*–trice*	*migrateur, révélateur*	*migratrice, révélatrice*
–eux	*–euse*	*boueux, courageux*	*boueuse, courageuse*
–f	*–ve*	*actif, passif, veuf*	*active, passive, veuve*
–gu	*–guë* ☑ *–güe*	*aigu, exigu*	*aiguë, exiguë* ☑ *aigüe, exigüe*
–n	*–gne*	*bénin, malin*	*bénigne, maligne*
–on	*–onne*	*grognon, mignon*	*grognonne, mignonne*
–ot	*–otte*	*sot, vieillot*	*sotte, vieillotte*
	–ote	*idiot, manchot*	*idiote, manchote*
–ou	*–olle*	*fou, mou*	*folle, molle*
–s	*–sse*	*bas, las*	*basse, lasse*
	–se	*indécis, précis*	*indécise, précise*

! D'autres adjectifs ont une forme exceptionnelle au féminin.

Ex. : *enchanteur/enchanteresse, favori/favorite, grec/grecque*

Les adjectifs qui se terminent par *-oux* au masculin sont irréguliers.

Ex. : *jaloux/jalouse, doux/douce, roux/rousse*

Les adjectifs *beau, nouveau, fou, mou* et *vieux* prennent les formes *bel, nouvel, fol, mol* et *vieil* s'ils sont placés devant un nom masculin débutant par une voyelle ou un *h* muet.

Ex. : *un bel avenir, un nouvel hôpital, leur fol espoir, un mol oreiller, mon vieil ami*

Le pluriel de l'adjectif

Le pluriel de l'adjectif se marque généralement par le simple ajout d'un *-s* à la terminaison du singulier.

Ex. : *coquin/coquins, enjoué/enjoués, laid/laids, plaisante/plaisantes*

■■ Certains adjectifs qui ont une terminaison particulière au masculin singulier ne forment pas leur pluriel en *-s* ou présentent des irrégularités.

PLURIEL PARTICULIER DE CERTAINS ADJECTIFS			
TERMINAISONS		EXEMPLES	EXCEPTIONS
SINGULIER	PLURIEL		
-al	*-aux*	*normal/normaux, original/originaux*	*bancals, fatals, natals, navals, prénatals* Pour les adjectifs suivants, les deux formes sont acceptées : *austraux/australs, causaux/causals, finaux/finals, glaciaux/glacials, idéaux/idéals, pascaux/pascals*
-eau	*-eaux*	*gémeau/gémeaux, jumeau/jumeaux*	
-s	Invariable	*acquis, indécis, surpris*	
-x	Invariable	*anxieux, envieux*	

Le pluriel des adjectifs composés

Les deux adjectifs qui forment un mot composé reçoivent le genre et le nombre du nom qu'ils accompagnent.

Ex. : *les friandises douces-amères* (f. pl.), *les mets aigres-doux* (m. pl.)

■■ Si le premier des deux mots de l'adjectif composé est un adverbe ou un adjectif employé comme adverbe, seul le second mot prend la marque du pluriel.

Ex. : *les signes avant-coureurs, les personnes haut placées*

■■ Si le premier adjectif adverbial est *grand, premier* ou *fraîche* (☑ *fraiche*), les deux mots se mettent au pluriel, mais *grand* peut parfois rester au singulier.

Ex. : *les enfants premiers-nés* (nés en premier), *les fleurs fraîches écloses* (récemment écloses), *les yeux grand ouverts/grands ouverts*

Les adjectifs invariables

Certains adjectifs changent parfois de classe et deviennent des noms, des adverbes ou des prépositions. Pour les accorder correctement, il faut reconnaître leur classe.

ADJECTIFS	ACCORDS	EXEMPLES
ci-joint	**Adverbe invariable** devant le nom qu'il complète.	*Vous trouverez ci-joint les rapports d'évaluation.*
	Adjectif variable après le nom.	*Voir les explications ci-jointes.*
demi, semi	**Adverbes invariables** et suivis d'un trait d'union.	*des demi-cercles, les semi-remorques*
	Demi est **variable** lorsqu'il est employé comme nom.	*Les deux demies d'un match.*
à demi	**Adverbe invariable** et suivi d'un trait d'union seulement devant le nom.	*Elle est à demi endormie.* *Se parler à demi-mot.*
et demi	**Adjectif variable** en genre seulement.	*Viens à deux heures et demie.*
étant donné, excepté, passé, plein, vu	**Invariables** lorsqu'ils sont employés comme prépositions. Pour vérifier si ces adjectifs sont employés comme prépositions, on peut les remplacer par d'autres prépositions. Ex. : *sauf, après, à cause de*, etc.	Sauf *Excepté ses mocassins, toutes ses chaussures étaient rangées.* Après *Passé 17 heures, les épiceries ont moins de personnel.* À cause de *Vu la situation économique actuelle, il vaudrait mieux dépenser moins.*
	Variables lorsqu'ils sont employés comme adjectifs compléments du nom.	*Ses mocassins exceptés, toutes ses chaussures étaient rangées.* *Il est 22 heures passées.* *Vues de côté, elles ont l'air belles.*
haut	**Adverbe invariable** dans quelques expressions, lorsqu'il est employé devant le groupe du nom.	*Haut les mains !* *Il a réussi cet exploit haut la main.*
mi-	**Adverbe invariable** et toujours suivi d'un trait d'union.	*les paupières mi-closes*

ADJECTIFS	ACCORDS	EXEMPLES
nu	a **Adverbe invariable** devant un nom désignant une partie du corps et suivi d'un trait d'union.	*nu-pieds, nu-tête, nu-mains*
	b **Adjectif variable** après le nom.	*pieds nus, mains nues*
possible	**Adverbe invariable** après *le plus, le moins, le mieux, les meilleurs, les pires*, etc.	*Nous espérons les meilleures réactions possible.*
	Adjectif variable s'il complète le nom.	*Il faut examiner toutes les solutions possibles.*

Les adjectifs de couleur

1. Les adjectifs simples de couleur s'accordent en genre et en nombre avec le nom ou le pronom avec lequel ils sont en relation.

Ex. : *des fleurs jaunes, une maison bleue et brune, des yeux verts*

3. ■■ Si la couleur est exprimée par un nom employé comme adjectif, ce nom est invariable.

Ex. : *une chatte caramel, des accessoires citron, des yeux noisette, des ballons orange*

les adj. dérivés sont variable

2. ! Toutefois, les adjectifs *écarlate, fauve, incarnat, pourpre, mauve* et *rose* prennent la marque du pluriel.

Ex. : *des vêtements fauves, des tulipes pourpres, des tapis écarlates*

4. ■■ Les adjectifs de couleur composés sont invariables.

Ex. : *des chemisiers bleu foncé, une nappe rouge tomate, une voiture gris perle, des douillettes vert sapin*

* adj. simple - adj. simple (vert-bleu)

7.4 Comment accorder le verbe ?

Le verbe, p. 15
Le sujet de la phrase, p. 34

Le verbe reçoit la personne et le nombre du nom noyau du GN sujet ou du pronom sujet.

Ex. : *Les rayons du soleil* (sujet) *traversent la fenêtre.*

Ils (sujet) *ont aimé le film présenté dans leur cours d'histoire.*

! Le verbe s'accorde avec le sujet même si un pronom personnel complément est placé entre le sujet et le verbe.

Ex. : *Mes idées, je les* (CD) *exprimerai à quiconque voudra bien les entendre !*

Le verbe s'accorde avec le sujet même si celui-ci est éloigné ou inversé.

Ex. : *Les oiseaux, depuis le lever du soleil, gazouillent gaiement.*

Dès l'aurore se lèveront les cueilleurs. → *Les cueilleurs se lèveront dès l'aurore.*

■■ L'accord du verbe présente quelques cas particuliers.

SUJET DE LA PHRASE	ACCORD DU VERBE	EXEMPLES
Sujets de personnes différentes* * La 1re pers. l'emporte sur la 2e, la 2e pers. l'emporte sur la 3e.	Au pluriel	*Toi et moi mangerons au restaurant demain soir.* (Toi : 2e pers., moi : 1re pers. → Nous) *Kenny et toi participerez au match de soccer.* (Kenny : 3e pers., toi : 2e pers. → Vous)
Deux ou plusieurs sujets unis par les coordonnants ***et, ainsi que, comme, de même que**** * Ces coordonnants peuvent aussi exprimer une valeur de comparaison.	Au pluriel Au singulier ou au pluriel, selon le cas	*Gina et Francesco étudient souvent ensemble.* *Martine de même que sa mère partiront en voyage cet après-midi.* *Le soccer, comme le basketball, est un sport sans contact.* (comparaison) *Les sports d'hiver, comme le ski et le patin, me permettent d'apprécier cette saison.* (comparaison)
Noms au singulier unis par les coordonnants ***ou*** et ***ni*** ▪ qui expriment une addition	Au pluriel	*La tristesse ou la maladie affectent notre enthousiasme au travail.* *Ni Julie ni Stéphane ne partiront en voyage l'été prochain.*
▪ qui expriment un choix	Au singulier	*Un chien ou un chat sera son prochain animal de compagnie.* *Ni Jeanne ni William n'a obtenu le rôle.*

SUJET DE LA PHRASE	ACCORD DU VERBE	EXEMPLES
Ni l'un ni l'autre	Au singulier ou au pluriel	*Ni l'une ni l'autre ne réussira (réussiront) cet examen difficile.*
Pronom personnel ***on***, pronom démonstratif ***cela*** ou pronoms indéfinis ***rien, personne, tout***, etc.	À la 3e pers. du singulier	*Cela ne contrarie personne d'autre.* *Je crois que tout est parfait.*
Pronoms indéfinis ***plusieurs, la plupart, beaucoup***, etc.	Au pluriel	*La plupart entrent, mais n'achètent rien.*
Pronom ***qui***	Avec le mot que le pronom reprend	*Ce sont de belles vagues qui déferlent sur la plage.*
Nom précédé des déterminants quantitatifs ***plus de, assez de, beaucoup de, trop de, peu de, la plupart de, un grand nombre de, moins de***, etc.	Selon le nombre du nom qui suit	*Plus de personnes peuvent se partager cette lasagne.* *Beaucoup de chance sera nécessaire pour gagner cette épreuve.*
Nom collectif singulier ▪ sans complément	Au singulier	*La foule applaudissait à tout rompre.*
▪ avec un déterminant indéfini suivi d'un complément au pluriel	Au singulier ou au pluriel, selon ce sur quoi l'on veut mettre l'accent	*Une multitude de jeunes garantissait (garantissaient) le succès du concert.* *Une troupe de louveteaux campera (camperont) dans le parc national.*
▪ avec un déterminant défini, démonstratif ou possessif, suivi d'un complément au pluriel	Au singulier	*La volée d'hirondelles traverse le ciel.* *Ce groupe de musiciens réussit toujours à émouvoir les auditeurs.*
Phrase subordonnée ou groupe verbal à l'infinitif	Au singulier	*Que l'autobus arrive à l'heure ne devrait pas vous étonner.* *Revenir de Gaspé en huit heures constitue un exploit douteux.*

8

Comment conjuguer les verbes ?

8.1 Comment conjuguer les verbes aux temps simples et aux temps composés ?

La conjugaison aux temps simples

Le verbe conjugué à un temps simple est formé d'un seul mot. Pour conjuguer un verbe à un temps simple, on ajoute une terminaison à son radical, l'élément qui exprime le sens du verbe. La terminaison indique le mode, le temps, le nombre (singulier ou pluriel) et la personne du verbe (1re, 2e ou 3e personne).

EXEMPLE DE CONJUGAISON AUX TEMPS SIMPLES : *AIMER*

MODES	TEMPS	RADICAUX	TERMINAISONS
Indicatif	Présent	*j'aim* *nous aim*	*e* *ons*
	Imparfait	*j'aim* *nous aim*	*ais* *ions*
	Futur simple	*j'aim* *nous aim*	*erai* *erons*
	Conditionnel présent	*j'aim* *nous aim*	*erais* *erions*
	Passé simple	*j'aim* *nous aim*	*ai* *âmes*
Impératif	Présent	*aim* *aim* *aim*	*e* *ons* *ez*
Subjonctif	Présent	*que j'aim* *que nous aim*	*e* *ions*
Participe	Présent	*aim*	*ant*
	Passé	*aim*	*é, ée, és, ées*
Infinitif	Présent	*aim*	*er*

■■ Plusieurs verbes, surtout ceux qui se terminent en *-er* à l'infinitif, n'ont qu'un seul radical dans toute la conjugaison. D'autres en possèdent deux ou trois, parfois davantage.

Ex. : *parler → il parle, nous parlons, elles parleraient, parlant,* etc.
finir → il finit, nous finirons, elles finissaient, finissant, etc.
vouloir → il veut, nous voulions, elles voudront, voulant, etc.

La conjugaison aux temps composés

Lorsqu'on conjugue un verbe à un temps composé, on utilise un auxiliaire, *avoir* ou *être*, suivi du participe passé du verbe. L'auxiliaire *avoir* est employé plus souvent que l'auxiliaire *être* pour former les temps composés.

Ex. : *Elles ont mangé.* (ont : aux. *avoir* ; mangé : p. p.) *Il était arrivé.* (était : aux. *être* ; arrivé : p. p.)

EXEMPLE DE CONJUGAISON AUX TEMPS COMPOSÉS : *AIMER*

MODES	TEMPS	AUXILIAIRE *AVOIR*		PARTICIPE PASSÉ DU VERBE
Indicatif	Passé composé	au présent	*j'ai* *nous avons*	*aimé* *aimé*
	Plus-que-parfait	à l'imparfait	*j'avais* *nous avions*	*aimé* *aimé*
	Passé antérieur	au passé simple	*j'eus* *nous eûmes*	*aimé* *aimé*
	Futur antérieur	au futur simple	*j'aurai* *nous aurons*	*aimé* *aimé*
	Conditionnel passé	au conditionnel présent	*j'aurais* *nous aurions*	*aimé* *aimé*
Impératif	Passé	à l'impératif présent	*aie* *ayons* *ayez*	*aimé* *aimé* *aimé*
Subjonctif	Passé	au subjonctif présent	*que j'aie* *que nous ayons*	*aimé* *aimé*
Participe	Passé composé	au participe présent	*ayant*	*aimé*
Infinitif	Passé	à l'infinitif présent	*avoir*	*aimé*

8.2 Comment choisir les terminaisons verbales ?

Le système de conjugaison

Pour connaître les terminaisons d'un verbe, on peut observer les régularités du système de conjugaison et établir des relations entre les terminaisons des verbes et les modes, les temps et les personnes auxquels ils sont conjugués.

- Des milliers de verbes en *–er* se conjuguent comme le verbe *aimer* et quelque 300 verbes se conjuguent comme le verbe *finir*.

- On doit prêter attention aux terminaisons suivantes, car elles font l'objet d'erreurs fréquentes.

ERREURS FRÉQUENTES DANS LES TERMINAISONS VERBALES	
Indicatif présent des verbes en *-er* (sauf *aller*), 2e pers. s. Ex. : *tu parles*	Impératif présent des verbes en *-er* (sauf *aller*), 2e pers. s. Ex. : *parle*
Indicatif présent des verbes en *–ier*, 3e pers. s. Ex. : *il/elle crie* (⊘ *il/elle crit*)	Indicatif passé simple des verbes en *–ir*, 3e pers. s. Ex. : *il/elle finit* (⊘ *il/elle finie*)

Le son é à la fin d'un verbe, p. 114

! Plusieurs verbes conjugués à la 2e personne du singulier de l'impératif présent prennent un *–s* à la fin de leur terminaison lorsqu'ils sont suivis des pronoms *y* et *en.*

Les verbes *aller, avoir, savoir* et *vouloir* ainsi que tous les verbes en *–er et* ceux qui se conjuguent comme les modèles *couvrir* et *cueillir* ont cette particularité.

Ex. : *aies-en, couvres-en, cueilles-y, parles-en, vas-y,*

- Certains verbes possèdent des formes homophones aux trois premières personnes du singulier du présent de l'indicatif et du subjonctif. C'est le cas, notamment, des verbes *acquérir, asseoir* (☑ *assoir*), *courir, croire, conclure, fuir, mourir, rire, traire, voir*, etc.

Ex. : *je cours, tu cours, il/elle court* → *que je coure, que tu coures, qu'il/elle coure*
je crois, tu crois, il/elle croit → *que je croie, que tu croies, qu'il/elle croie*
je fuis, tu fuis, il/elle fuit → *que je fuie, que tu fuies, qu'il/elle fuie*
je ris, tu ris, il/elle rit → *que je rie, que tu ries, qu'il/elle rie*
je vois, tu vois, il/elle voit → *que je voie, que tu voies, qu'il/elle voie*

Les tableaux de conjugaison

ANNEXE 2 : *Les tableaux de conjugaison*, p. 169

Pour connaître les terminaisons d'un verbe, on peut aussi consulter des tableaux de conjugaison.

Dans le présent outil de référence, on trouve des tableaux de conjugaison en annexe. Ils sont précédés d'une liste comprenant près de 1000 verbes. Chaque verbe de la liste renvoie à un tableau de conjugaison.

- Si le verbe ne se trouve pas dans la liste et qu'il se termine en *-er*, c'est qu'il suit la première conjugaison dont le modèle est *aimer*.

Le tableau modèle 3 : aimer, p. 176

- Si le verbe se termine en *-ir* et qu'il ne se trouve pas dans la liste, c'est qu'il se conjugue comme le modèle *finir*.

Le tableau modèle 4 : finir, p. 177

8.3 Quel auxiliaire choisir ?

Les auxiliaires *avoir* et *être* dans les temps composés

Les verbes aux temps composés se conjuguent la plupart du temps avec l'auxiliaire *avoir*.

Ex. : *Sans hésiter, l'enseignante **a suggéré** (passé composé) l'annulation de l'examen.*

Un certain nombre de verbes font exception et forment leurs temps composés avec l'auxiliaire *être*. Plusieurs d'entre eux sont des verbes qui expriment un déplacement.

Ex. : *Nous **sommes repartis** (passé composé) aussitôt.*

EXEMPLES DE VERBES TOUJOURS CONJUGUÉS AVEC L'AUXILIAIRE *ÊTRE* AUX TEMPS COMPOSÉS		
advenir *aller* *arriver* *décéder* *demeurer* (être encore) *devenir* *intervenir*	*mourir* *naître* (☑ *naitre*) *partir* *parvenir* *provenir* *redevenir* *repartir*	*rester* *retomber* *revenir* *survenir* *tomber* *venir*

- Les auxiliaires de conjugaison, *avoir* ou *être*, permettent d'identifier le mode, le temps, la personne et le nombre des verbes conjugués aux temps composés. En tant qu'auxiliaires, ils n'ont pas de sens propre.

  Ex. : *j'avais aimé* (indicatif, plus-que-parfait, 1re personne du singulier) [aux. *avoir* : avais]

- Certains verbes forment leurs temps composés avec l'auxiliaire *avoir* ou *être* selon qu'ils sont suivis ou non d'un complément direct.

EXEMPLES DE VERBES CONJUGUÉS AVEC LES AUXILIAIRES *AVOIR* OU *ÊTRE*	
descendre	*J'ai descendu [l'escalier].* (aux. *avoir* : ai ; CD : l'escalier) *Isabelle est descendue immédiatement.* (aux. *être* : est)
entrer	*Tu as inséré [la clé] dans la serrure.* (aux. *avoir* : as ; CD : la clé) *Georges est entré précipitamment.* (aux. *être* : est)
monter	*Il a monté [cette pente abrupte].* (aux. *avoir* : a ; CD : cette pente abrupte) *Nous sommes montés à mon appartement.* (aux. *être* : sommes)
retourner	*J'ai retourné [le pantalon] à l'endroit.* (aux. *avoir* : ai ; CD : le pantalon) *Vous êtes retournées souvent à Cuba.* (aux. *être* : êtes)
sortir, ressortir (sortir à nouveau)	*Tu as sorti [tes vêtements d'hiver].* (aux. *avoir* : as ; CD : tes vêtements d'hiver) *Elles sont sorties par une autre porte.* (aux. *être* : sont)

L'auxiliaire *être* dans la phrase passive

Dans une phrase à la forme passive, on utilise l'auxiliaire *être* dans les temps simples et composés.

Ex. : *Les cadeaux étaient offerts par les grands-parents.* (indicatif imparfait ; *être* à l'imparfait + p. p.)

La fête avait été organisée par les parents. (indicatif plus-que-parfait ; *être* au plus-que-parfait + p. p.)

EXEMPLE DE CONJUGAISON DANS LA PHRASE PASSIVE : *ÊTRE AIMÉ*					
TEMPS SIMPLES			**TEMPS COMPOSÉS**		
INDICATIF					
Présent			**Passé composé**		
je	suis	aimé/aimée	j'	ai été	aimé/aimée
tu	es	aimé/aimée	tu	as été	aimé/aimée
il/elle	est	aimé/aimée	il/elle	a été	aimé/aimée
nous	sommes	aimés/aimées	nous	avons été	aimés/aimées
vous	êtes	aimés/aimées	vous	avez été	aimés/aimées
ils/elles	sont	aimés/aimées	ils/elles	ont été	aimés/aimées
Imparfait			**Plus-que-parfait**		
j'	étais	aimé/aimée	j'	avais été	aimé/aimée
tu	étais	aimé/aimée	tu	avais été	aimé/aimée
il/elle	était	aimé/aimée	il/elle	avait été	aimé/aimée
nous	étions	aimés/aimées	nous	avions été	aimés/aimées
vous	étiez	aimés/aimées	vous	aviez été	aimés/aimées
ils/elles	étaient	aimés/aimées	ils/elles	avaient été	aimée/aimées
Passé simple			**Passé antérieur**		
je	fus	aimé/aimée	j'	eus été	aimé/aimée
tu	fus	aimé/aimée	tu	eus été	aimé/aimée
il/elle	fut	aimé/aimée	il/elle	eut été	aimé/aimée
nous	fûmes	aimés/aimées	nous	eûmes été	aimés/aimées
vous	fûtes	aimés/aimées	vous	eûtes été	aimés/aimées
ils/elles	furent	aimés/aimées	ils/elles	eurent été	aimés/aimées
Futur simple			**Futur antérieur**		
je	serai	aimé/aimée	j'	aurai été	aimé/aimée
tu	seras	aimé/aimée	tu	auras été	aimé/aimée
il/elle	sera	aimé/aimée	il/elle	aura été	aimé/aimée
nous	serons	aimés/aimées	nous	aurons été	aimés/aimées
vous	serez	aimés/aimées	vous	aurez été	aimés/aimées
ils/elles	seront	aimés/aimées	ils/elles	auront été	aimés/aimées
Conditionnel présent			**Conditionnel passé**		
je	serais	aimé/aimée	j'	aurais été	aimé/aimée
tu	serais	aimé/aimée	tu	aurais été	aimé/aimée
il/elle	serait	aimé/aimée	il/elle	aurait été	aimé/aimée
nous	serions	aimés/aimées	nous	aurions été	aimés/aimées
vous	seriez	aimés/aimées	vous	auriez été	aimés/aimées
ils/elles	seraient	aimés/aimées	ils/elles	auraient été	aimés/aimées
IMPÉRATIF					
Présent			**Passé**		
sois	aimé/aimée		aie été	aimé/aimée	
soyons	aimés/aimées		ayons été	aimés/aimées	
soyez	aimés/aimées		ayez été	aimés/aimées	

TEMPS SIMPLES			TEMPS COMPOSÉS		
SUBJONCTIF					
Présent			**Passé**		
que je	sois	aimé/aimée	que j'	aie été	aimé/aimée
que tu	sois	aimé/aimée	que tu	aies été	aimé/aimée
qu'il/elle	soit	aimé/aimée	qu'il/elle	ait été	aimé/aimée
que nous	soyons	aimés/aimées	que nous	ayons été	aimés/aimées
que vous	soyez	aimés/aimées	que vous	ayez été	aimés/aimées
qu'ils/elles	soient	aimés/aimées	qu'ils/elles	aient été	aimés/aimées
PARTICIPE					
Présent			**Passé composé**		**Passé**
étant aimé/ée/és/ées			ayant été aimé/ée/és/ées		été aimé/ée/és/ées
INFINITIF					
Présent			**Passé**		
être aimé/ée/és/ées			avoir été aimé/ée/és/ées		

L'auxiliaire dans la conjugaison des verbes pronominaux

L'accord du participe passé d'un verbe pronominal, p. 119

Dans une phrase comportant un verbe pronominal, on n'utilise pas d'auxiliaire dans les temps simples, mais on utilise l'auxiliaire *être* dans les temps composés. De plus, un pronom personnel complément doit être inséré devant le verbe sans auxiliaire ou l'auxiliaire.

Ex. : Temps simple : *Julie se joint à moi pour éclaircir ce mystère.* (se joint : indicatif présent)

Temps composé : *Elle s'est souvenue pendant longtemps de ses 15 ans.* (s'est souvenue : indicatif passé composé)

EXEMPLE DE CONJUGAISON D'UN VERBE PRONOMINAL : *SE SOUVENIR*					
TEMPS SIMPLES			**TEMPS COMPOSÉS**		
INDICATIF					
Présent			**Passé composé**		
je	me	souviens	je	me suis	souvenu/souvenue
tu	te	souviens	tu	t'es	souvenu/souvenue
il/elle	se	souvient	il/elle	s'est	souvenu/souvenue
nous	nous	souvenons	nous	nous sommes	souvenus/souvenues
vous	vous	souvenez	vous	vous êtes	souvenus/souvenues
ils/elles	se	souviennent	ils/elles	se sont	souvenus/souvenues

TEMPS SIMPLES			TEMPS COMPOSÉS		
INDICATIF					
Imparfait			**Plus-que-parfait**		
je	me	souvenais	je	m'étais	souvenu/souvenue
tu	te	souvenais	tu	t'étais	souvenu/souvenue
il/elle	se	souvenait	il/elle	s'était	souvenu/souvenue
nous	nous	souvenions	nous	nous étions	souvenus/souvenues
vous	vous	souveniez	vous	vous étiez	souvenus/souvenues
ils/elles	se	souvenaient	ils/elles	s'étaient	souvenus/souvenues
Passé simple			**Passé antérieur**		
je	me	souvins	je	me fus	souvenu/souvenue
tu	te	souvins	tu	te fus	souvenu/souvenue
il/elle	se	souvint	il/elle	se fut	souvenu/souvenue
nous	nous	souvînmes	nous	nous fûmes	souvenus/souvenues
vous	vous	souvîntes	vous	vous fûtes	souvenus/souvenues
ils/elles	se	souvinrent	ils/elles	se furent	souvenus/souvenues
Futur simple			**Futur antérieur**		
je	me	souviendrai	je	me serai	souvenu/souvenue
tu	te	souviendras	tu	te seras	souvenu/souvenue
il/elle	se	souviendra	il/elle	se sera	souvenu/souvenue
nous	nous	souviendrons	nous	nous serons	souvenus/souvenues
vous	vous	souviendrez	vous	vous serez	souvenus/souvenues
ils/elles	se	souviendront	ils/elles	se seront	souvenus/souvenues
Conditionnel présent			**Conditionnel passé**		
je	me	souviendrais	je	me serais	souvenu/souvenue
tu	te	souviendrais	tu	te serais	souvenu/souvenue
il/elle	se	souviendrait	il/elle	se serait	souvenu/souvenue
nous	nous	souviendrions	nous	nous serions	souvenus/souvenues
vous	vous	souviendriez	vous	vous seriez	souvenus/souvenues
ils/elles	se	souviendraient	ils/elles	se seraient	souvenus/souvenues
IMPÉRATIF					
Présent			**Passé**		
souviens-toi			sois-toi souvenu/souvenue		
souvenons-nous			soyons-nous souvenus/souvenues		
souvenez-vous			soyez-vous souvenus/souvenues		
SUBJONCTIF					
Présent			**Passé**		
que je	me	souvienne	que je	me sois	souvenu/souvenue
que tu	te	souviennes	que tu	te sois	souvenu/souvenue
qu'il/elle	se	souvienne	qu'il/elle	se soit	souvenu/souvenue
que nous	nous	souvenions	que nous	nous soyons	souvenus/souvenues
que vous	vous	souveniez	que vous	vous soyez	souvenus/souvenues
qu'ils/elles	se	souviennent	qu'ils/elles	se soient	souvenus/souvenues

TEMPS SIMPLES	TEMPS COMPOSÉS	
PARTICIPE		
Présent	**Passé composé**	**Passé**
se souvenant	s'étant souvenu/ue/us/ues	souvenu/ue/us/ues
INFINITIF		
Présent	**Passé**	
se souvenir	s'être souvenu/ue/us/es	

Les auxiliaires d'aspect

Les auxiliaires d'aspect suivis d'un verbe à l'infinitif servent à préciser le moment de réalisation de ce qui est dit, soit le début, le milieu ou la fin.

Ex. : *Tout le monde croyait que j'étais en train de dormir.* (aux. d'aspect : *étais en train de* ; V inf. : *dormir*)

PRINCIPAUX AUXILIAIRES D'ASPECT	MOMENT DE RÉALISATION	EXEMPLES
commencer à, entreprendre de, se mettre à	Au début	*La pluie s'est mise à tomber.*
continuer à/de, être en train de, être en voie de, ne pas cesser de	Au milieu	*La pluie continue de tomber.*
achever de, cesser de, finir de/par, terminer de, venir de	À la fin	*La pluie vient de ruiner les récoltes.*

Les auxiliaires de modalité

Les auxiliaires de modalité, comme *devoir, falloir, pouvoir, vouloir, paraître* (☑ *paraitre*) ou *sembler*, se placent devant un verbe à l'infinitif. Ils précisent le point de vue de l'énonciateur par rapport à ce qui est dit : l'intention, l'obligation, la possibilité, la probabilité, etc.

Ex. : *Juana veut poursuivre des études universitaires.* (aux. de modalité : *veut* ; V inf. : *poursuivre*)

PRINCIPAUX AUXILIAIRES DE MODALITÉ	POINT DE VUE DE L'ÉNONCIATEUR	EXEMPLES
devoir, être dans l'obligation de, être obligé de, être tenu de, falloir, forcer à	Obligation	*Nancy devait convaincre ses parents.*
être capable de, être en état de, être en mesure de, avoir la possibilité de, pouvoir	Possibilité	*Sam est capable d'oublier son rendez-vous.*

PRINCIPAUX AUXILIAIRES DE MODALITÉ	POINT DE VUE DE L'ÉNONCIATEUR	EXEMPLES
apparaître, avoir l'air de, paraître, sembler	Probabilité	*Son regard semblait exprimer la gêne.*
aspirer à, avoir en tête de, avoir envie de, désirer, espérer, souhaiter, viser à, vouloir	Intention	*Les jeunes souhaitent relever le défi.*
être certain de, savoir, ne pas risquer de, se révéler	Certitude	*Avec elle, nous ne risquons pas de perdre.*

8.4 Comment écrire le son *é* à la fin d'un verbe ?

On peut distinguer les différentes finales des verbes qui se prononcent [é] en effectuant des remplacements.

FINALES DES VERBES	INDICATIONS	REMPLACEMENTS POSSIBLES	EXEMPLES
-ai	verbe, indicatif futur simple, 1er pers. s. (*je*)	verbe conjugué à une autre personne	Tu travailleras *Je travaillerai demain sur mon projet.*
	verbe à l'infinitif en *-er*, indicatif passé simple, 1er pers. s. (*je*)	verbe conjugué à une autre personne	Tu amenas *J'amenai mon chien faire un tour au parc.*
-ez	marque générale de la 2e pers. pl. (*vous*)	verbe conjugué à une autre personne	Nous nageons *Vous nagez près de la rive.* Accrochons *Accrochez les manteaux.*
-é, -ée, -és, -ées	participe passé d'un verbe à l'infinitif en *-er*	participe passé d'un verbe à l'infinitif en *-ir* (*finir*) ou en *-re* (*mordre*) Après avoir déterminé qu'il s'agit du participe passé, il faut vérifier son accord.	fini *Victor a rapidement monté sa tente.* mordue *Josiane est blessée à un pied.*
-er	verbe à l'infinitif	verbe à l'infinitif en *-ir* (*finir*) ou en *-re* (*mordre*)	finir *Nous allons terminer nos devoirs.*

L'accord des participes passés, p. 115

Comment accorder les participes passés ?

9.1 Comment reconnaître le participe passé ?

La conjugaison aux temps composés, p. 106

Le participe passé est issu d'un verbe. Il peut être employé avec ou sans auxiliaire. S'il est employé avec l'auxiliaire *avoir* ou *être*, il sert à former tous les temps composés des verbes aux différents modes (ex. : *il a aimé, qu'il ait fini*).

On utilise aussi le participe passé dans toutes les phrases de forme passive (ex. : *il a été vendu*).

S'il est employé sans auxiliaire, le participe passé est un adjectif qui complète un nom. Il peut aussi être attribut du sujet.

Ex. : *J'aime les amandes* ***broyées*** (f. pl.). *Elle est* ***fatiguée*** (f. s.).

Il ne faut pas confondre la forme du participe passé (*chant****é***) avec celle de l'infinitif (*chant****er***).

Le son é à la fin d'un verbe, p. 114

Généralement, pour connaître la terminaison du participe passé au masculin des verbes qui se terminent en *-ir*, *-re* et *-oir* à l'infinitif, on met le participe passé au féminin. À l'oral, la terminaison du participe passé au féminin constitue un indice de sa forme au masculin.

Ex. : *un poisson frit/une banane frite, un œuf pourri/une dent pourrie, un chien assis/une personne assise*

9.2 Comment accorder le participe passé employé seul ?

Employé sans auxiliaire, le participe passé s'accorde en genre et en nombre avec le nom ou le pronom qu'il accompagne. Il s'agit alors d'un adjectif participe.

Ex. : *Fatine, **découragée**, pensait abandonner son projet.* (f. s.)

9.3 Comment accorder le participe passé employé avec l'auxiliaire *être* ?

Le participe passé employé avec l'auxiliaire *être* ou avec un verbe attributif s'accorde en genre et en nombre avec le noyau du GN sujet ou le pronom sujet de la phrase.

Ex. : *Les pommes au fond du panier **semblaient pourries**.* (f. pl.)

*[Le voleur et sa complice] **sont arrêtés** par la policière.* (m. pl.)

*Elle **est assise** devant son ordinateur.* (f. s.)

Le sujet de la phrase, p. 34
Le verbe attributif, p. 16

- Le participe passé employé avec l'auxiliaire *être* reste invariable dans une phrase impersonnelle dont le sujet est le pronom *il*, qui ne reprend aucun mot du texte.
  Ex. : *Il **est arrivé** une aventure incroyable à mes amies !*

- Le participe passé employé avec l'auxiliaire *être* reste invariable quand la phrase a comme sujet :
  – les pronoms indéfinis *personne, quelqu'un, rien* ;
  Ex. : *Personne n'**est pris** au sérieux dans cette affaire.*
  – le pronom interrogatif *qui* ;
  Ex. : *Qui **est capturé** par la police ?*
  – une phrase entière qui peut être remplacée par *cela*.
  Ex. : *Manger dans les classes **était interdit** par la direction.* (Cela)

9.4 Comment accorder le participe passé employé avec l'auxiliaire *avoir* ?

Le participe passé employé avec l'auxiliaire *avoir* est souvent invariable parce que le complément direct du verbe est généralement placé **après** le verbe.

Ex. : *Luce a partagé [sa collation] avec ses amies.* (p. p. inv. ; CD)

Luce vous avait donné [une collation nourrissante]. (CI ; p. p. inv. ; CD)

Le participe passé employé avec l'auxiliaire *avoir* s'accorde toutefois en genre et en nombre avec le pronom qui reprend le GN complément direct si celui-ci est placé **avant** le verbe. Ces pronoms sont *le (l'), la, les, que (qu')* et parfois *m', t', s', nous, vous*.

Ex. : *Luce a partagé sa collation. Elle l' a divisée en deux portions.* (p. p. inv. ; CD, f. s. ; CD ; p. p.)

Ex. : *La collation que Luce a partagée avec ses amis était délicieuse.* (CD ; p. p.)

Le participe passé employé avec l'auxiliaire *avoir* s'accorde aussi avec un GN ayant la fonction de complément direct si celui-ci est placé avant le verbe.

Ex. : *[Quelle collation] France a-t-elle partagée avec ses amies ?* (CD, f. s. ; p. p., f. s.)

Le complément direct du verbe, p. 47

2 ■■ Le participe passé employé avec l'auxiliaire *avoir* est **invariable** dans les cas suivants, où le complément direct est placé **avant** le verbe.

a – Quand le pronom *le (l')* reprend une phrase entière et qu'il a le sens de *cela*.

Ex. : *La récolte est meilleure qu'elle l' avait espéré.* (CD) → *Elle avait espéré cela (que la récolte soit meilleure)*

b – Quand le participe passé est précédé du pronom complément direct *en*.

Ex. : *De superbes cadeaux, Keidra en a souvent reçu.* (CD)

– Quand la phrase est construite avec un verbe impersonnel. Le pronom *il* ne reprend alors aucun autre mot du texte.

Ex. : *On imagine la force [qu'il a fallu à Joey] pour surmonter cette épreuve.* (V impersonnel)

Le verbe impersonnel, p. 17

– Quand le complément direct exprime une mesure, une durée ou un prix, avec un verbe comme : *courir, coûter* (☑ *couter*), *dormir, durer, mesurer, parcourir, peser, régner, valoir, vivre*, etc.

Ex. : *Les quarante kilomètres* **que** *la voiture* **a parcouru** *furent les plus difficiles de tout le voyage.* (CD : que)

! Si le complément direct de ces verbes n'exprime pas une mesure, une durée ou un prix, le verbe s'accorde avec le complément direct.

Ex. : *Les épreuves olympiques* **que** *l'athlète* **a vécues** *l'encouragent à poursuivre son entraînement avec plus d'ardeur.* (f. s. : épreuves ; CD : que)

– Quand le participe passé *fait* est suivi d'un verbe à l'infinitif.

Ex. : *Les comédiens que tu* **as fait auditionner** *s'impatientent dans le corridor.*

☑ Selon les rectifications de l'orthographe, le participe passé *laissé* suivi d'un verbe à l'infinitif reste aussi invariable.

Ex. : *Les fruits que nous* **avons laissé mûrir** *sont délicieux.*

■■ Le participe passé employé avec l'auxiliaire *avoir* suivi d'un verbe à l'infinitif s'accorde avec le complément direct s'il remplit les deux conditions suivantes : le complément doit faire l'action exprimée par le verbe à l'infinitif et il doit être placé avant le verbe.

Si ce n'est pas le cas, le participe passé ne s'accorde pas.

Ex. : *Les coups* **que** *Stefano* **a entendu frapper** *étaient faibles.* (CD : que ; V à l'infinitif : frapper)

Stefano a entendu frapper **quelque chose** : *que*, pronom qui reprend *les coups*, est complément direct du verbe *frapper*.

Ce ne sont pas *les coups* qui ont fait l'action de frapper.
Donc, le participe passé *entendu* ne s'accorde pas.

Ex. : *L'interprète féminine* **que** *j'***ai entendue chanter** *était sensationnelle.* (CD : que ; V à l'infinitif : chanter)

J'ai entendu chanter **quelqu'un** : *que*, pronom qui reprend *l'interprète féminine*, est complément direct du verbe *chanter*.

C'est *l'interprète féminine* qui a fait l'action de chanter.
Donc, le participe passé *entendue* s'accorde.

9.5 Comment accorder le participe passé d'un verbe pronominal ?

Les participes passés des verbes essentiellement pronominaux

Les participes passés des verbes essentiellement pronominaux s'accordent avec le sujet.

Ex. : *Maryse* (sujet, f. s.) ***s'est apitoyée*** *sur son sort.*

Ils (sujet, m. pl.) ***se sont efforcés*** *de participer à cette activité.*

■■ Un verbe essentiellement pronominal est un verbe qui ne s'utilise qu'à la forme pronominale comme *se méfier, s'enfuir, s'absenter*. Le verbe essentiellement pronominal est toujours précédé d'un pronom complément qui reprend le sujet : *me (m'), te (t'), se (s'), nous, vous*. Ce pronom ne peut être supprimé ni remplacé par un autre pronom.

Ex. : *Maryse* ***se*** (pron. complément) *lamente sur son sort.*

⊘ *Maryse* ***lamente*** *sur son sort.*

Le pronom *se* reprend Maryse. Le sujet et le complément du verbe renvoient à la même personne.

Le dictionnaire permet aussi de vérifier si un verbe est essentiellement ou occasionnellement pronominal.

EXEMPLES DE VERBES ESSENTIELLEMENT PRONOMINAUX			
s'absenter	*se désinscrire*	*s'envoler*	*s'obstiner*
s'abstenir	*se désister*	*s'éprendre*	*se prélasser*
s'accroupir	*s'ébattre*	*s'évader*	*se ramifier*
s'affairer	*s'écrouler*	*s'évanouir*	*se raviser*
s'agenouiller	*s'efforcer*	*s'extasier*	*se rebeller*
s'autocensurer	*s'emparer*	*se fier*	*se rebiffer*
se blottir	*s'empiffrer*	*se gargariser*	*se réfugier*
se contorsionner	*s'empresser*	*s'immiscer*	*se réincarner*
se défier	*s'enfuir*	*se méfier*	*se renfrogner*
se démener	*s'ensuivre*	*se méprendre*	*se repentir*
se déprendre	*s'entraider*	*se morfondre*	*se trémousser*

Les participes passés des verbes pronominaux de sens passif

Les participes passés des verbes pronominaux de sens passif s'accordent avec le sujet.

sujet, f. s.
Ex. : *Leur amitié s'est accompa**gnée** de déceptions.*

Un verbe pronominal de sens passif constitue le noyau du groupe verbal d'une phrase de forme passive. Dans cette forme de phrase, le sujet ne fait pas l'action exprimée par le verbe.

Ex. : *Les pâtisseries se sont mang**ées** rapidement à la foire gourmande.*

Pour reconnaître le verbe pronominal de sens passif, on transforme la phrase passive en une phrase active ayant comme sujet *on*. Le sujet devient alors complément direct du verbe et le verbe se conjugue avec l'auxiliaire *avoir*.

sujet
Ex. : *La toile de cet illustre peintre s'est vendue à un prix dérisoire.*

CD
On a vendu la toile de cet illustre peintre à un prix dérisoire.

Les participes passés des verbes occasionnellement pronominaux

Le participe passé d'un verbe occasionnellement pronominal s'accorde avec le complément direct du verbe si celui-ci est placé avant le verbe. Pour savoir si le pronom est CD, on remplace l'auxiliaire *être* par l'auxiliaire *avoir*.

f. s. CD
Ex. : *Maryse s'est plaint**e** de son sort.* (Maryse a plaint elle-même.)

CD avant le verbe
*Les cadeaux qu'elle s'est achet**és** l'ont motivée.* (Elle a acheté les cadeaux.)

Un verbe occasionnellement pronominal est précédé d'un pronom complément qui reprend le sujet : *me (m'), te (t'), se (s'), nous, vous*. Toutefois, ce pronom peut être supprimé lorsque le même verbe est employé dans une autre phrase.

Ex. : *Maryse se plaint de son sort.* (Frédéric plaint Maryse.)

Le participe passé ne s'accorde pas si le pronom est complément indirect.

CI inv.
Ex. : *Nous nous sommes parl**é** franchement, Martin et moi.*

Le participe passé ne s'accorde pas si le complément direct est placé après lui. Cela se produit surtout lorsque les verbes pronominaux possèdent à la fois un complément direct et un complément indirect.

CI CD
Ex. : *Après leur première rencontre, Christian et Rachel se sont offer**t** des fleurs.*

10

Comment améliorer ses textes ?

10.1 Comment fonctionne la communication ?

La communication est une activité de production, de transmission et d'interprétation de messages entre deux ou plusieurs personnes. Ces messages sont généralement en langue orale ou écrite.

Le fonctionnement de la communication

La communication interpersonnelle survient entre deux personnes ou dans un petit groupe, alors que la communication de masse utilise des médias comme la télévision, Internet, la presse écrite, etc.

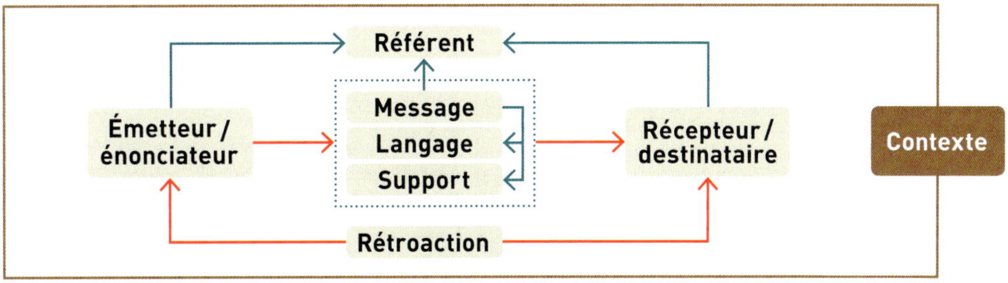

SITUATION DE COMMUNICATION	
COMPOSANTES DE LA COMMUNICATION	**EXEMPLES**
Contexte Le contexte désigne le lieu et le moment de la communication (cadre spatiotemporel) de même que les circonstances qui entourent la situation de communication (cadre socioculturel).	*Par un beau lundi du mois d'avril, les élèves s'attardent dans la cour de l'école pour discuter entre eux après les heures de classe.*
Émetteur / énonciateur L'émetteur est la personne ou le groupe de personnes qui produit le message selon une intention. L'énonciateur est la personne ou le groupe de personnes qui utilise la langue orale ou écrite pour produire son message.	*Juliette aperçoit Steve, l'un de ses bons amis. Elle se dirige vers lui pour lui parler.*
Message Le message est l'information transmise par l'émetteur et interprétée par le récepteur en fonction de leur connaissance de la langue, du référent et du contexte. Le message peut être transmis en direct ou en différé.	*Lorsqu'elle arrive à sa hauteur, elle lui demande en souriant :* *« Bonjour, Steve ! C'est ma fête samedi prochain. Est-ce que tu aimerais venir ? »*
Récepteur / destinataire Le récepteur est la personne ou le groupe de personnes qui reçoit ou interprète le message de l'émetteur. Le destinataire est la personne ou le groupe de personnes à qui s'adresse le message.	*Steve est heureux de l'invitation de Juliette, mais affiche un certain malaise.* (Steve aimerait que sa nouvelle petite amie Francesca l'accompagne, mais il ne sait pas si l'invitation ne concerne que lui.) *Il réfléchit un instant, puis décide de lui demander simplement : « Ça me ferait plaisir d'y aller. Est-ce que Francesca pourrait m'accompagner ? »*
Rétroaction Dans une communication interpersonnelle, l'émetteur observe généralement une réaction du destinataire par rapport à son message.	
Référent Le référent est la réalité réelle ou imaginaire à laquelle renvoie le message. Le référent correspond à tout ce à quoi la langue peut renvoyer : les êtres, les choses, les actions, les attitudes, les sentiments, etc.	*Juliette et Steve partagent la même définition du mot* fête *dans le contexte : une réunion entre amis pour souligner l'anniversaire d'une personne.*

COMPOSANTES DE LA COMMUNICATION	EXEMPLES
Langage Un langage est un système de signes servant à communiquer, par exemple : la langue orale, l'écriture, les gestes, le code de la route, le langage animal, etc.	*Juliette et Steve utilisent la langue française du Québec. Ils ont un langage gestuel différent : Juliette est souriante et Steve est mal à l'aise.*
Support Le support est la forme matérielle qui permet la transmission du message, par exemple : la voix, le papier, l'écran d'un ordinateur, etc.	*Juliette utilise principalement la voix pour transmettre son message et Steve aussi pour y réagir.*

- Lorsqu'un émetteur produit et transmet un message à un récepteur, cela ne signifie pas que la communication est réussie.

PRINCIPAUX FACTEURS DU SUCCÈS DE LA COMMUNICATION	
L'intention de communication	L'émetteur et le récepteur doivent avoir l'intention de communiquer. Il faut aussi que l'intention et le rôle de l'un soient bien interprétés par l'autre.
La connaissance du référent et du contexte	Le succès de la communication requiert une connaissance du milieu, de la culture, des habitudes, de la psychologie, de l'histoire, de la technologie, etc.
La représentation de l'autre	L'émetteur et le récepteur doivent s'efforcer de prendre conscience de l'image qu'ils renvoient. Ils doivent comprendre l'enjeu de la communication.
Le degré de maîtrise du langage et du support	L'habileté des interlocuteurs à communiquer ou à utiliser le support choisi peut varier. Les interlocuteurs doivent s'adapter, par exemple, en fournissant les ressources nécessaires ou en demandant de l'aide.
La pertinence de la rétroaction	Dans la communication interpersonnelle, la rétroaction est le meilleur moyen pour l'énonciateur de savoir si son message est clair. Le récepteur doit fournir à l'émetteur une rétroaction afin de confirmer sa compréhension.

Le choix du genre de texte

Le genre d'un texte correspond à la forme du message oral ou écrit. Ce message possède des caractéristiques distinctives, reconnues par un ensemble de personnes qui partagent une culture commune.

	GENRES ORAUX	GENRES ÉCRITS
Textes courants	Conversation, exposé, discussion, table ronde, débat, entrevue, annonce publicitaire, etc.	Lettre ouverte, courriel, article de journal, éditorial, chronique, manuel scolaire, affiche publicitaire, page Web, blogue, etc.
Textes littéraires	Pièce de théâtre (comédie, drame, tragédie, etc.), improvisation, film, téléroman, dessin animé, etc.	Roman, nouvelle, conte, fable, poésie, scénario de film, texte d'une pièce de théâtre, etc.

Le point de vue

Le point de vue correspond à l'attitude de l'énonciateur à l'égard de son propos ou de son destinataire. Le point de vue peut être subjectif ou neutre.

Ex. : *Évidemment, Charlotte arrive en retard.*

Dans cette phrase, l'énonciateur exprime sa déception ou son insatisfaction à l'égard de Charlotte. L'adverbe *évidemment* marque un point de vue affectif.

Charlotte arrive souvent en retard.

Dans cette phrase, l'énonciateur constate un fait objectif à propos de Charlotte. L'adverbe *souvent* marque un point de vue neutre.

■■ L'énonciation est un acte de communication, orale ou écrite, dans lequel l'énonciateur produit des énoncés. L'énoncé est la plus petite unité d'un message qui a une signification. L'énonciateur du message marque chaque énoncé d'un point de vue particulier.

Ex. : *— Liam, veux-tu faire le travail en équipe avec moi ? demande Ruth.*
— Bien sûr, ça me ferait plaisir, répond-il aussitôt.

Dans cet exemple, il y a deux énoncés, car il s'agit de deux actes de communication.

MARQUES DU POINT DE VUE	EFFETS	EXEMPLES
Pronoms : ▪ 1re personne	Insistance sur l'énonciateur	*J'ai dit la vérité, moi.*
▪ 2e personne	Insistance sur le destinataire (tutoiement ou vouvoiement)	*Accusé, levez-vous.* *Est-ce toi, l'accusé ?*
▪ 3e personne	Effacement des interlocuteurs (neutralité)	*On a murmuré dans la salle dès l'entrée de l'accusé.*
	Objectivité	*Il comparaît devant le juge.*

...

MARQUES DU POINT DE VUE	EFFETS	EXEMPLES
Vocabulaire	Sens dénoté : neutralité	*Regarde le cheval.*
	Sens connoté : affectivité	*Regarde le magnifique cheval.*
Phrases de type interrogatif, exclamatif et impératif	Insistance, soulignement, insinuation	*Charlotte est en retard ! Faut-il l'attendre ?* *Comme c'est beau !* *Attendez votre tour.*
Phrases de forme : ▪ négative	Refus, désapprobation, réfutation	*Ce chien n'a pas attrapé la rage.*
▪ passive	Insistance sur le sujet	*Ce chien est atteint de la rage.*
▪ emphatique	Insistance sur le groupe encadré	*C'est ce chien qui a attrapé la rage.*
▪ impersonnelle	Dépersonnalisation	*Il faut vacciner ce chien.*
Phrases à construction particulière : ▪ phrase à présentatif	Insistance	*Voilà ma chance.*
▪ phrase non verbale	Dépersonnalisation, ordre, consigne générale	*Interdit d'afficher.*
Phrases incidentes et marques du discours rapporté	Commentaire de l'énonciateur	*Une saine alimentation, on nous l'a assez répété, contribue à notre santé.*
	Référence à un autre énonciateur (opinion favorable ou défavorable)	*Il faudrait, selon une importante étude, réduire nos heures de travail.*
Interjections	Forte présence affective de l'énonciateur	*Zut ! Tu viens encore de gagner !*
Auxiliaires de modalité (*devoir, falloir, pouvoir*, etc.)	Atténuation ou accentuation	*Je dois absolument le voir pour lui parler.*
Temps verbaux (conditionnel présent, conditionnel passé, etc.)	Probabilité, possibilité	*J'irai peut-être le voir.* *Il aurait terminé s'il avait commencé plus tôt.*

MARQUES DU POINT DE VUE	EFFETS	EXEMPLES
Adverbes	Atténuation ou accentuation	*Apparemment, occuper un emploi ne nuit pas toujours aux études si on ne dépasse pas 15 heures de travail par semaine.*
	Insistance sur un aspect de l'énoncé	*La population se plaint de l'augmentation du coût de la vie, plus particulièrement de celui de la nourriture.*
	Concession	*Bon, d'accord, j'irai, moi, acheter du lait.*
	Réfutation	*Je ne crois pas au succès de ce projet.*
	Commentaire de l'énonciateur	*Curieusement, les dirigeants blâmés ont reçu une augmentation de salaire.*
Ponctuation et typographie	Mise en évidence d'un groupe ou d'une phrase	*Le maire les a rencontrés – une première. Il s'est dit « préoccupé » par la situation.*
Figures de style	Mise en relief d'une idée *Les figures de style*, p. 153	*Je ne suis pas si brave.* (Je suis craintif.)

10.2 Quelle variété de langue choisir ?

La francophonie

On estime qu'il y a aujourd'hui environ 220 millions de francophones dans le monde, ce qui inclut 72 millions de francophones dont le français n'est pas la langue première. Les principaux pays de la francophonie sont la France, la République démocratique du Congo, l'Algérie, le Canada, le Maroc, le Cameroun, la Tunisie, la Belgique et la Roumanie.

La Francophonie est une organisation internationale regroupant 75 pays ou gouvernements qui ont en commun l'usage du français dans leurs communications.

(Selon l'Organisation internationale de la Francophonie, 2008-2010.)

Les variétés de langue

Une variété de langue est une façon de communiquer qui respecte plus ou moins les règles de la langue et les particularités régionales. On choisit une variété de langue en fonction de la situation de communication, du genre de texte oral ou écrit et du destinataire.

Il existe quatre variétés de langue : standard, soutenue, familière et populaire.

VARIÉTÉS DE LANGUE	EXEMPLES	
	À L'ORAL	À L'ÉCRIT
Standard ▪ Respect des règles de la langue ▪ Vocabulaire correct, courant et juste ▪ Prononciation et orthographe correctes Ex. : *Je ne veux pas l'accompagner.*	Bulletins de nouvelles, émissions d'information, conférences	Presse écrite (journaux, revues), manuels scolaires, courriers électroniques professionnels
Soutenue ▪ Vocabulaire recherché ou savant ▪ Utilisation des figures de style ▪ Phrases longues et complexes ▪ Prononciation soignée Ex. : *Je me refuse à l'accompagner.*	Discours de circonstance (inauguration, funérailles, etc.)	Littérature (romans, nouvelles, etc.), documents honorifiques
Familière ▪ Vocabulaire et phrases simples ▪ Écarts dans l'application des règles de la langue (ex. : omission du *ne* de négation) ▪ Prononciation plus libre Ex. : *Je veux pas aller avec lui.*	Conversations entre amis	Courriels interpersonnels, lettres de correspondance
Populaire ▪ Peu de respect des règles de la langue : - abondance de phrases mal construites ; - utilisation fréquente d'anglicismes, d'impropriétés, de jurons, etc. ▪ Prononciation escamotée ou déformée Ex. : *J'y vas pas avec.*	Certains monologues, téléséries et films mettant en scène des personnages provenant de milieux populaires	Dialogues de théâtre, de cinéma ou de télévision mettant en scène des personnages provenant de milieux populaires, clavardage

10.3 Comment structurer un texte ?

Les types et les genres de textes

Le type d'un texte se rapporte à la séquence textuelle qui y prédomine : narrative, descriptive, argumentative, etc. Les genres de textes où une séquence textuelle est dominante se différencient par des caractéristiques telles que le sujet, le support, la longueur, la complexité, l'écriture, etc.

TYPE DE TEXTE	SÉQUENCE TEXTUELLE DOMINANTE	EXEMPLES DE GENRES	
		TEXTES COURANTS	TEXTES LITTÉRAIRES
Texte narratif	Séquence narrative	Faits divers, récits de vie, journaux de bord	Romans, nouvelles, contes, légendes
Texte descriptif	Séquence descriptive	Modes d'emploi, reportages, itinéraires	Haïkus, portraits, autoportraits
Texte explicatif	Séquence explicative	Manuels scolaires, conférences, exposés	(Les textes explicatifs sont rares en littérature.)
Texte argumentatif	Séquence argumentative	Éditoriaux, lettres ouvertes ou d'opinion	Essais, critiques
Texte dramatique	Séquence dialogale	Entrevues, reportages, lignes ouvertes	Pièces de théâtre, bandes dessinées

La poésie est un genre littéraire qui se structure selon l'une ou l'autre des séquences textuelles.

Les figures de style, p. 153

Les séquences textuelles

Une séquence textuelle est la structure que prend le contenu du texte. Par exemple, la séquence narrative suit le schéma narratif. La séquence dominante dans un texte peut être une séquence narrative, descriptive, explicative, argumentative ou dialogale.

- Des séquences textuelles secondaires peuvent être insérées dans une séquence textuelle dominante. Il s'agit des séquences narrative, descriptive, explicative, argumentative et dialogale. Par exemple, on peut insérer une séquence descriptive qui porte sur un lieu dans une séquence narrative dominante.

La séquence narrative

La séquence narrative se construit autour du schéma narratif. Il comprend, généralement, les parties suivantes : la situation initiale, l'élément déclencheur, le déroulement, le dénouement et la situation finale. Ces parties forment un récit, c'est-à-dire une histoire fictive ou réelle, racontée par un narrateur, à propos de personnages qui vivent des événements (intrigue) dans un temps et un lieu déterminés.

- Certaines parties du schéma narratif sont parfois absentes ou interchangeables. On peut modifier la chronologie d'un récit en commençant par l'élément déclencheur, puis en revenant en arrière pour présenter la situation initiale.
- Un changement important du cours des événements est une péripétie.

■■ Voici un exemple de séquence narrative construite autour du schéma narratif :

TITRE	**L'AUTO-STOPPEUSE**
Situation initiale	Un jeune homme revenait d'un bal de finissants. Il était allé reconduire la jeune fille qui l'accompagnait et allait rejoindre des amis pour l'après-bal. Il ne roulait pas vite, ayant emprunté l'auto de son père pour cette occasion très spéciale.
Élément déclencheur	Il aperçoit soudain, sur le bord de la route, une jeune fille en robe de bal qui faisait de l'auto-stop.
Déroulement 1re péripétie	Il s'arrête pour la faire monter, l'invitant à s'asseoir près de lui. Elle insiste pour monter à l'arrière de la voiture. La croyant timide, il n'insiste pas. La regardant par le rétroviseur, il la voit grelotter dans sa belle, mais trop légère robe rose. Il lui offre gentiment son veston. Elle lui sourit et le remercie. Elle semble se sentir mieux. Après un petit bout de jasette, et vu qu'il était très tard, il veut aller la reconduire jusque chez elle. Il lui demande donc de lui donner son adresse. Ce qu'elle fit. Il connaissait l'endroit.
2e péripétie	La rue était mal éclairée. Il arrive toutefois à destination tout en se disant que la jeune fille aurait quand même pu lui donner quelques indications pour l'aider à repérer l'endroit exact. Il arrête la voiture, sort pour ouvrir la portière et faire descendre sa passagère. Mais personne n'est assis sur le siège arrière. Il se dit que c'est impossible, qu'elle ne pouvait pas être descendue de la voiture. Il regarde partout et ne voit rien ni personne. Intrigué, il décide de sonner à la porte. Une dame vient lui répondre. Il lui explique ce qu'il vient de se passer et lui dit qu'il aimerait bien récupérer son veston. La femme éclate en sanglots. Son mari arrive, l'air contrarié. Il le traite de tous les noms imaginables et finit par lui dire que sa fille est morte depuis trois ans. Il lui montre une photo, et le jeune homme reconnaît sa passagère. L'homme hausse le ton et lui dit de se rendre au cimetière du village. Rendu là-bas, il verra bien la pierre tombale.
Dénouement	Plutôt mal à l'aise, le jeune homme quitte la maison ne sachant plus que penser. Il se rend bien compte qu'il a réveillé ces gens pour leur rappeler des souvenirs douloureux.
Situation finale	Il décide de se rendre au cimetière. Il cherche jusqu'à ce qu'un veston déposé sur une pierre tombale attire son attention. C'est le sien. Et sur la pierre est écrit le nom de sa jeune passagère.

Transcription de la légende, © Bibiane GRENIER.

■■ Le narrateur peut être ou non un personnage de l'histoire qu'il raconte. Lorsqu'il est un participant, le narrateur raconte son histoire ou celle de quelqu'un d'autre à la 1re personne. Lorsqu'il n'est pas un participant de l'histoire, le narrateur est omniscient et raconte l'histoire à la 3e personne.

- En général, il faut moins de temps pour raconter une histoire que pour la vivre. Donc, la durée de la narration et celle de l'histoire ne sont pas les mêmes. De même, le narrateur peut s'attarder plus sur certains événements ou leur accorder moins d'importance en enchaînant plus rapidement.
- Les personnages d'une histoire vivent dans un monde ressemblant plus ou moins au monde réel : c'est l'*univers narratif*. On peut construire, par exemple, un univers policier, fantastique, merveilleux ou de science-fiction selon les personnages, lieux, époques, etc. que l'on choisit.

La séquence descriptive

La séquence descriptive présente une réalité fictive ou réelle : une chose, un être, un concept, etc. Le plus souvent, la description présente un lieu, un objet ou un portrait physique ou psychologique d'une personne.

- Généralement, la séquence descriptive commence par l'identification de la réalité à décrire (*le quoi*). Elle présente ensuite les aspects et les sous-aspects de ce qui est décrit (*le comment*). La séquence descriptive se termine généralement par une référence à la réalité décrite, par une reformulation, une comparaison, etc.
- Des photos, cartes, graphiques, etc. accompagnent parfois le texte ainsi que des discours rapportés de personnes rencontrées sur place.
- Voici un exemple de séquence descriptive :

TITRE	IL ÉTAIT UNE FOIS LE NEVADA
Identification du lieu	Le Nevada ne se résume pas qu'à ses établissements de jeu, qu'à ses bases militaires ou qu'aux discours de Sara Palin. Le 36e État des États-Unis fourmille de lieux inusités où la nature joue sans retenue des matières et des couleurs. Au-delà de Las Vegas, c'est dans le détail qu'il faut approcher ce territoire bordé par la Californie, l'Oregon, l'Idaho, l'Utah et l'Arizona et dominé par le désert du Grand Bassin. Des paysages tels que les ont découverts les premiers pionniers.
Mise en situation	Grand Bassin — La route 93, qui relie Las Vegas au « Great Basin National Park » au nord, tourne le dos aux édifices en verre de la capitale du jeu, qui tient maintenant du mirage. Place au désert du Grand Bassin, le troisième en importance aux États-Unis.
Aspects annoncés	Si je devais décrire l'État du Nevada, en dehors de Las Vegas et du lac Tahoe, deux mots suffiraient : désert et montagne. Ici, nul besoin de parapluie. On peut compter sur 300 jours de soleil. Et il tape fort !
1er aspect : montagnes	À peine sortis de « la cité aux mille tentations », nous apercevons à l'ouest le sommet enneigé du mont Charleston, qui culmine à 3633 m. Qui aurait cru le ski alpin possible à 70 km du Strip ? Treize pistes pour tous les niveaux, en activité de décembre à Pâques.

Discours rapporté	« Le Nevada détient le plus grand nombre de chaînes de montagnes aux États-Unis », précise Chris Chrystal, directrice des relations de presse à la Nevada Commission on Tourism. « On dénombre dans cet État plus de 300 montagnes sur un territoire couvrant 286 351 km^2. Elles sont omniprésentes. » Le sommet le plus élevé, le Boundary Peak, culmine à 4005 m.
2e aspect : désert	Sans crier gare, nous nous engageons dans un désert austère, parsemé de rochers arrondis, d'armoise, de genévriers, d'arbres rabougris, de cactus. Un décor qui rappelle le Far West de Lucky Luke. « I'm a poor lonesome cow-boy… » Facile, ici, d'imaginer un convoi de diligences brinquebalantes dans une vallée assoiffée, les cris du cocher à la vue du truand, le troupeau de mustangs au grand galop soulevant un épais nuage de poussière. Les clichés ont la vie dure ! […]
Référence	« I'm a long long way from home… »

Hélène Clément, *Le Devoir*, 28 août 2010.

La séquence explicative

Une séquence explicative cherche à dire « pourquoi » un fait est survenu, une action a été posée, une déclaration a été faite, etc.

- Généralement, la séquence explicative commence en introduisant l'élément à expliquer (*le pourquoi*). Le développement présente ensuite les éléments de l'explication (*le parce que*). Les procédés explicatifs utilisés dans la phase explicative sont, notamment, la définition, l'exemple, la reformulation, la comparaison et la justification. La séquence explicative se termine habituellement par une référence à l'élément expliqué. Cette conclusion peut être placée au début du texte ou être absente.

- Voici un exemple de séquence explicative :

TITRE	LA TECTONIQUE DES PLAQUES
Introduction Élément à expliquer	Pourquoi la surface de la Terre s'ébranle-t-elle lors de cataclysmes comme les éruptions volcaniques et les tremblements de terre ?
Développement Définition	Le modèle actuel qui explique le fonctionnement interne de la Terre s'appelle la *tectonique des plaques*. Autrefois nommée la *dérive des continents*, cette théorie affirme que huit plaques principales divisent la croûte terrestre et passent sous les océans et les continents.
Justification	Le centre de la Terre est formé d'un magma qui s'apparente à la lave des volcans. Cette masse en ébullition crée une pression sur la croûte terrestre. Au point de rencontre des plaques tectoniques, de gigantesques failles, ou fissures, s'écartent peu à peu sous la pression du

Justification	magma. Comme celui-ci se refroidit en approchant de la surface, il arrive que des plaques se rapprochent et se frottent l'une contre l'autre, ce qui cause des tremblements de terre.
Conclusion Référence	Certains scientifiques croient que, dans environ 430 millions d'années, les continents se rapprocheront au point de n'en former qu'un seul, comme à l'origine de la Terre.

La séquence argumentative

La séquence argumentative vise à persuader de la justesse d'une thèse, c'est-à-dire une idée que l'on soutient avec force. La structure de la séquence et les procédés argumentatifs sont choisis en fonction d'une stratégie argumentative, qui est la façon dont l'énonciateur s'y prend pour persuader le destinataire.

- Généralement, la séquence argumentative comporte une introduction dans laquelle l'énonciateur présente le problème ou énonce sa thèse (prise de position). Dans le développement, l'énonciateur présente son raisonnement à l'aide d'arguments, d'exemples ou de faits pour soutenir sa thèse. Dans sa conclusion, l'énonciateur choisit généralement de reformuler sa thèse, de résumer son raisonnement ou d'élargir le débat.
- La séquence argumentative s'appuie sur l'une des deux stratégies argumentatives suivantes : l'explication argumentative ou la réfutation.
- L'explication argumentative justifie le bien-fondé d'une thèse.

QUELQUES PROCÉDÉS DE L'EXPLICATION ARGUMENTATIVE	
Énonciation de la thèse	On énonce la thèse dans une formule brève et frappante.
Historique	On fait un rappel des faits qui précèdent la situation actuelle.
Justification ou raisonnement	On propose un raisonnement qui repose sur une vérité générale ou un argument sous-entendu. Il doit s'appuyer sur des arguments, qui sont des idées justes et pertinentes.
Comparaison	On rend une idée, une situation ou un fait plus convaincant en le comparant à un élément plus connu ou plus concret.
Exemple	On illustre une idée ou une situation en démontrant comment elle se réalise.
Hypothèse	On prétend au départ qu'une idée est réalisable et on développe le raisonnement à partir de cette hypothèse.
Alternative	On soutient la thèse en montrant qu'on n'a pas le choix, que la perspective inverse serait pire.
Reformulation de la thèse	On répète la thèse dans le développement et la conclusion, mais en d'autres termes.

La réfutation consiste à expliquer pourquoi on rejette une thèse.

QUELQUES PROCÉDÉS DE RÉFUTATION	
Contradiction	On montre que la thèse adverse n'est pas logique ou que le raisonnement sur laquelle elle s'appuie ne tient pas.
Déclaration de la thèse adverse dépassée	On déclare la thèse adverse vieillie ou dépassée. On peut aussi accuser le défenseur de la thèse adverse d'avoir un parti pris.
Opposition	On rend une idée, une situation ou un fait plus convaincant en montrant que le contraire est indésirable.
Exemple contraire	On amène un exemple qui illustre un cas contraire à celui cité par le défenseur de la thèse adverse.
Exception	On trouve un cas où la thèse adverse est prise en défaut.
Absence de preuve	On montre que le raisonnement du défenseur de la thèse adverse ne parvient pas à prouver une thèse ou un argument.
Concession	On donne raison au défenseur de la thèse adverse sur un point quelconque afin d'en tirer avantage.

Après avoir choisi une stratégie argumentative, il faut :
- choisir des procédés qui s'y rapportent ;
- utiliser des marques de point de vue et des figures de style ;
- insérer des discours rapportés ;
- insérer une ou plusieurs séquences textuelles secondaires ;
- diviser les paragraphes et organiser visuellement son texte.

Voici un exemple de séquence argumentative basée sur l'explication argumentative :

TITRE	SOMMET DE L'ONU – LE CANADA À LA TRAÎNE
Introduction Thèse énoncée	Une décennie après l'adoption par l'ONU des huit « Objectifs du millénaire pour le développement », les chefs d'État du monde entier sont réunis pendant trois jours à New York pour faire un bilan d'étape et réitérer leurs engagements. Mais force est d'admettre qu'en matière de lutte contre la pauvreté, plusieurs pays, dont le Canada, ont le verbe plus facile que le geste.
Développement Historique	En 2000, l'ONU avait tenu un grand sommet pour adopter une déclaration dans laquelle les 189 pays membres s'engageaient à atteindre huit grands objectifs de développement avant 2015 : réduire de moitié la pauvreté extrême dans le monde, offrir l'éducation primaire à tous, promouvoir l'égalité hommes femmes, réduire la mortalité infantile, améliorer la santé des mères, combattre la maladie, assurer un environnement durable et mettre en place un partenariat mondial pour le développement.

	Dix ans plus tard, le rapport d'étape constate certains progrès dans l'accès à l'école primaire, la lutte contre le paludisme et le sida ou encore, la disponibilité de l'eau potable. En revanche, il recense
Thèse reformulée	encore plus clairement les retards accentués par la récession au chapitre du développement économique.
Argument 1	Alors que les pays donateurs, dont le Canada, s'étaient engagés à consacrer 0,7 % de leur Revenu national à l'aide aux pays pauvres à l'horizon de 2015, celle-ci stagne à moins de la moitié de l'objectif, soit 0,31 % du revenu national de l'ensemble des pays donateurs. Entre ces deux pourcentages, la différence est de 180 milliards de dollars américains par année !
Exemple	Seuls cinq pays dans le monde respectent cet objectif, ou le dépassent. Ce sont les Pays-Bas (0,82 %), le Danemark (0,88 %), le Luxembourg (1,01 %), la Norvège (1,06 %) et la Suède (1,12 %) qui est pourtant dirigée par un gouvernement de coalition de droite. Quant au Canada, il peine à atteindre 0,3 %, soit moins que la moyenne des pays développés.
Argument 2	En outre, pour des raisons politiques et militaires, une partie très importante de l'aide est canalisée vers quelques pays en particulier. En 2008, par exemple, dix pays ont eu droit, ensemble, à 38 % des sommes totales, dont l'Irak et l'Afghanistan qui ont reçu respectivement quatre fois et deux fois plus que l'Éthiopie, troisième de cette courte liste des pays aidés.
Concession	Bien sûr, l'aide internationale n'est pas seulement une affaire d'argent : il y a la lutte contre la corruption, l'accès aux médicaments génériques, les transferts technologiques et la réforme des règles commerciales indispensable à l'ouverture des marchés aux produits du Sud. Mais, là encore, les progrès observés sont bien maigres au regard des promesses contenues dans les déclarations politiques. [...]
Conclusion Thèse reformulée	Dans la lutte contre la pauvreté comme dans l'épineux dossier du réchauffement climatique, voilà un gouvernement qui n'a cure de ses engagements.

Jean-Robert Sansfaçon, *Le Devoir*, 21 septembre 2010.

La séquence dialogale

La séquence dialogale consiste en un échange de répliques entre deux ou plusieurs interlocuteurs. Leurs intentions de communication consistent à vouloir persuader, plaire, tromper, dominer, etc. Lorsque le personnage se parle à lui-même ou lorsqu'il s'adresse directement au public, il s'agit d'un monologue.

- Le dialogue commence par une phase d'ouverture. Puis, les répliques s'enchaînent dans une phase d'interaction où il peut y avoir une confrontation, un résumé d'une situation, le portrait du caractère des personnages, etc. Le moteur du dialogue entre les interlocuteurs est souvent le désaccord ou l'incompréhension. Le dialogue se termine par une phase de clôture lorsqu'au moins un des interlocuteurs a atteint son objectif.

- Voici un exemple de séquence dialogale :

TITRE	DOM JUAN
Phase d'ouverture Mathurine arrive et surprend Dom Juan en train de séduire Charlotte.	MATHURINE, à Dom Juan : Monsieur, que faites-vous donc là avec Charlotte ? Est-ce que vous lui parlez d'amour aussi ?
Phase d'interaction Dom Juan trompe les deux paysannes et leur parle tout bas à tour de rôle.	DOM JUAN, *bas à Mathurine* : Non, au contraire, c'est elle qui me témoignait une envie d'être ma femme, et je lui répondais que j'étais engagé à vous. CHARLOTTE, *à Dom Juan* : Qu'est-ce donc que vous veut Mathurine ? DOM JUAN, *bas à Charlotte* : Elle est jalouse de me voir vous parler, et voudrait bien que je l'épousasse ; mais je lui dis que c'est vous que je veux. MATHURINE : Quoi ! Charlotte... DOM JUAN, *bas à Charlotte* : C'est en vain que vous lui parlerez ; vous ne lui ôterez point cette fantaisie. [...] DOM JUAN, *bas à Mathurine* : Il n'y a pas moyen de lui faire entendre raison. [...] DOM JUAN, *bas à Charlotte* : Elle est obstinée comme tous les diables ! [...]
Les femmes finissent cependant par s'entendre pour demander à Dom Juan de préciser laquelle il épousera.	CHARLOTTE : Ce n'est pas honnête, Mathurine, d'être jalouse que Monsieur me parle. MATHURINE : C'est moi que Monsieur a vue la première. CHARLOTTE : S'il vous a vue la première, il m'a vue la seconde, et m'a promis de m'épouser. [...] MATHURINE : Mettez-nous d'accord, Monsieur. CHARLOTTE, *à Mathurine* : Vous allez voir. MATHURINE, *à Charlotte* : Vous allez voir vous-même. CHARLOTTE, *à Dom Juan* : Dites. MATHURINE, *à Dom Juan* : Parlez.

Phase de clôture Dom Juan réussit à les tromper encore, mais il doit quitter les lieux.	DOM JUAN, *embarrassé, leur dit à toutes deux* : Que voulez-vous que je vous dise ? Vous soutenez également toutes deux que je vous ai promis de vous prendre pour femmes. Est-ce que chacune de vous ne sait pas ce qui en est, sans qu'il soit nécessaire que je m'explique davantage ? […] J'ai un petit ordre à donner ; je viens vous retrouver dans un quart d'heure. *(Il sort.)*

Molière, *Dom Juan*, Acte II, scène 4.

10.4 Comment diviser un texte en paragraphes ?

Pour diviser un texte, on crée des paragraphes, c'est-à-dire des unités de sens. On peut insérer un retrait nommé *alinéa* au début d'un nouveau paragraphe ou augmenter l'interligne entre les paragraphes pour les distinguer.

On choisit l'emplacement d'un paragraphe en fonction de la structure des séquences textuelles et de leur longueur. On insère, par exemple, un paragraphe entre deux séquences textuelles différentes ou à l'intérieur d'une même séquence textuelle pour distinguer deux procédés.

Un texte peut aussi être divisé au moyen de sous-titres. On peut y ajouter des photos, des tableaux, des illustrations, des figures, des schémas, etc.

10.5 Comment marquer la progression dans un texte ?

La continuité dans un texte, p. 139

Un texte progresse lorsqu'il apporte de nouvelles informations tout en reprenant l'information pour maintenir le fil conducteur. Il faut donc combiner la progression et la continuité. Les marqueurs de relation, parfois nommés *connecteurs*, et les organisateurs textuels marquent la progression dans un texte.

Les marqueurs de relation ou connecteurs

Les marqueurs de relation, aussi appelés *connecteurs*, sont des conjonctions, des adverbes ou des groupes invariables qui se comportent comme des adverbes. Ils contribuent à la progression des séquences textuelles puisqu'ils permettent de faire le lien entre un nouvel énoncé et ce qui précède. De plus, certains connecteurs s'emploient pour marquer l'organisation textuelle et la reprise d'information.

- Les conjonctions de coordination *mais, ou, et, car, ni, or* agissent aussi comme marqueurs de relation lorsqu'elles relient deux énoncés. Ces énoncés sont souvent deux phrases syntaxiques.

  Ex. : *J'ai organisé une journée de ski,* **mais** *la neige annoncée est tombée en pluie.*

  Comme conjonction, *mais* coordonne deux phrases syntaxiques. Comme connecteur, *mais* indique que la conséquence attendue après le premier énoncé, à savoir le plaisir de skier, est renversée par le nouvel énoncé, où le plaisir a été gâché.

- Les conjonctions de subordination agissent aussi comme des marqueurs de relation qui relient deux énoncés.

  Ex. : **Puisque** *la météo s'est trompée, j'ai annulé ma journée de ski.*

  Comme conjonction, *puisque* relie deux phrases syntaxiques. Comme connecteur, *puisque* présente un fait qui n'a pas besoin d'être démontré.

- Les adverbes et les groupes invariables servent parfois à relier un énoncé avec un passage présenté avant. Ils sont souvent placés en début de phrase et suivis d'une virgule.

  Ex. : *L'employé a téléphoné à 10 h 30 pour dire que son fils était malade. Il ne pouvait le conduire à la garderie parce qu'il était contagieux. Sa femme ne pouvait pas s'en occuper, car elle avait d'autres engagements.* **Autrement dit**, *l'employé faisait savoir qu'il ne viendrait pas travailler.*

  Le marqueur de relation *autrement dit* explique brièvement les propos de l'employé. Il est en lien avec l'ensemble des énoncés qui précèdent.

! Certains marqueurs de relation doivent être employés un seul à la fois.

⊘ ***car en effet*** ⊘ ***comme par exemple***
⊘ ***et/ou*** (ou) ⊘ ***voire même***

- La répétition d'un marqueur de relation dans un court passage est le signe d'un problème logique. Il faut alors séparer les énoncés différents et varier le choix des connecteurs.

  Ex. : ⊘ *Ma mère est venue me conduire à l'école* ***parce que*** *j'ai manqué l'autobus* ***parce que*** *je me suis levé en retard.*

  Comme *je me suis levé en retard, j'ai manqué l'autobus.* ***C'est pourquoi*** *ma mère est venue me conduire à l'école.*

Les organisateurs textuels

Les organisateurs textuels sont les marques qui délimitent les séquences textuelles ou les différentes parties à l'intérieur d'une même séquence. Ce sont donc des points de repère. Les organisateurs textuels servent aussi à préciser le contexte en donnant des indications de lieu et de temps.

■■ Parmi les organisateurs textuels, on compte des phrases variables et des groupes prépositionnels qui expriment le point de vue de l'énonciateur sur son propos. Certains marqueurs de relation ou connecteurs agissent aussi comme organisateurs textuels.

EXEMPLES D'ORGANISATEURS TEXTUELS

SENS	PHRASES	MARQUEURS DE RELATION
Début	*commençons par, il était une fois, pour débuter, voici*	*d'abord, en premier lieu, premièrement*
Milieu	*à cela s'ajoute que, nous poursuivons avec, passons à, pour ce qui est de*	*de même, de plus, deuxièmement…, en second lieu, ensuite*
Fin	*au terme de cette discussion, en terminant, pour conclure*	*en conclusion, en définitive, en dernier lieu, enfin*
Changement de sujet	*ce n'est pas tout, concernant, en ce qui a trait à, venons-en à*	*à la réflexion, à propos, à vrai dire, tout compte fait, d'un autre point de vue, or, par ailleurs*
Parenthèse	*ouvrons une parenthèse, voici une anecdote*	*au passage, d'ailleurs, en passant, entre parenthèses, par ailleurs*
Renvoi	*comme on l'a vu précédemment, nous verrons plus loin que, plus bas, plus haut, voir ci-dessous*	*à ce propos, à ce sujet*
Récapitulation	*en quelques mots, pour toutes ces raisons, que conclure de tout cela, retenons que, tout cela pour dire que*	*bref, en bref, en définitive, en résumé, en somme, en substance, en un mot, somme toute*

! Dans un texte électronique, un renvoi peut être marqué au moyen d'un hyperlien, qui fait passer d'un endroit à un autre.

■■ Les marqueurs de relation qui présentent le début, le milieu et la fin d'un texte doivent dépendre d'un mot-clé qui les annonce.

Ex. : *Nous sommes favorables à ce projet pour trois raisons. Premièrement, il… Deuxièmement, le projet… Troisièmement, cette idée…*

■■ Certains organisateurs textuels précisent le temps et le lieu.

EXEMPLES D'ORGANISATEURS TEXTUELS DE TEMPS

AVANT	PENDANT	APRÈS
à l'époque où, alors, auparavant, avant que, depuis que, hier, jusqu'au moment où, l'année précédente, l'autre jour, la veille, peu avant, un jour, une semaine plus tôt	*à l'instant où, à présent, ce jour-là, ces temps-ci, cette année, chaque fois, comme, lorsque, maintenant, quand, soudain, tout de suite, tout le temps*	*à l'avenir, après que, dès demain, en attendant que, jusqu'à ce que, l'année prochaine, la prochaine fois, le lendemain, le moment venu, plus tard, prochainement*

…

EXEMPLES D'ORGANISATEURS TEXTUELS DE TEMPS		
DURÉE	RÉPÉTITION	SUCCESSION
au jour le jour, longtemps, pendant, pendant que, sans cesse, toujours	*à l'occasion, chaque fois que, de temps en temps, parfois, souvent, toutes les fois que*	*à la suite, d'abord, enfin, ensuite, puis*

EXEMPLES D'ORGANISATEURS TEXTUELS DE LIEU		
SITUATION	DIRECTION	DESTINATION
à côté, à gauche, ailleurs, dehors, dessous, en face, ici, là-haut, nulle part, partout	*de gauche à droite, en ligne droite, en sens contraire, par ici*	*à destination, à l'arrivée, au bout, jusque-là*

Le sens des prépositions, p. 19

10.6 Comment assurer la continuité dans un texte ?

Lorsqu'on insère de nouvelles informations au fil du texte, on doit s'assurer de maintenir le lien avec ce qui précède. La continuité dans le texte s'appelle la *reprise de l'information*. Les marques de reprise de l'information sont les pronoms de reprise, la reprise lexicale et les connecteurs (marqueurs de relation).

Les pronoms de reprise de l'information

Les pronoms de reprise de l'information permettent d'enchaîner les idées dans un texte à propos de réalités sans répéter les noms utilisés pour les désigner. On appelle *antécédent* la réalité à laquelle un pronom renvoie.

Ex. : *L'énergie est emmagasinée dans la pile (f. s.). Celle-ci (f. s.) permet d'actionner le moteur.*

- Certains pronoms ne reprennent l'antécédent qu'en partie (reprise partielle) alors que d'autres le reprennent au complet (reprise totale).

  Ex. : *Deux raisons (f. pl.) motivent mon choix. L'une d'elles (f. s.) est mon goût de l'aventure.*
  (Reprise partielle.)

  J'ai mangé un morceau de gâteau. Il était délicieux. (Reprise totale.)

- Certains pronoms ne reprennent que le sens de l'antécédent.

  Ex. : *Mon chien est un caniche. Celui de mon voisin est un labrador.*
  (Ce ne sont pas les mêmes chiens.)

La reprise lexicale de l'information

La reprise de l'information peut se faire à l'aide de pronoms, mais aussi à l'aide d'autres mots ou groupes de mots. Par exemple, on peut utiliser des synonymes, des mots génériques ou spécifiques, des périphrases, des mots de la même famille, etc. On nomme cette façon de faire la *reprise lexicale*.

Ex. : *Le cirque fait le tour du monde avec sa nouvelle production. Il présente plusieurs animaux sauvages. Les tigres, les lions, les léopards en sont les vedettes. Deux clowns animent les intermèdes. Cet arlequin et ce pierrot déclenchent les rires du public. C'est maintenant au tour de notre ville d'accueillir le cirque.*

PROCÉDÉ DE REPRISE LEXICALE	EXEMPLES
La répétition constitue une manière simple d'assurer la reprise de l'information. Le mot répété est parfois précédé d'un déterminant différent.	*Un cheval fit son entrée sur la piste. Le dompteur lui fit sauter des obstacles. Ensuite, le cheval se cabra, puis dansa. À la fin du numéro, la foule applaudit vivement ce cheval.*
PROCÉDÉS DE REPRISE LEXICALE PERMETTANT D'ÉVITER LA RÉPÉTITION	**EXEMPLES**
Utilisation d'un synonyme (mot de sens équivalent)	*L'acrobate se balance sur son trapèze. L'équilibriste se prépare à un saut périlleux.*
Utilisation d'un mot générique (sens général) ou spécifique (sens précis)	spécifique: *Le cheval* trotte sur la piste. générique: *L'animal se tient la tête haute.*
Utilisation d'un mot marquant la relation entre le tout et ses parties	tout: *L'équipe est découragée : deux de ses meilleures* parties: *joueuses sont blessées.*
Utilisation d'un mot synthétique	*Sarah fait de la fièvre. Son cas est mystérieux.*
Utilisation d'une périphrase (groupe de mots de sens équivalent)	*Le fidèle compagnon de l'écuyère s'élance sur la piste.* (le cheval)
Utilisation d'un mot de la même famille, de la même classe ou d'une autre classe	*Il est parfois difficile de dompter un animal. Un dompteur doit être patient.*
Utilisation d'un adverbe de temps, de lieu, de manière, etc.	*Annie est partie en Belgique. Victor reste ici.*

Les connecteurs de reprise de l'information

Les connecteurs de reprise de l'information sont des marqueurs de relation qui renvoient à ce qui a été dit précédemment dans un texte. Ce sont des groupes prépositionnels qui contiennent un déterminant, un pronom ou un adjectif qui assure la continuité avec ce qui précède. Ils sont souvent placés en début de phrase et suivis d'une virgule.

Ex. : *Le camp d'été a décidé de récompenser trois campeurs. Les organisateurs ont choisi de remettre des prix aux trois campeurs les plus dynamiques. Pour ce faire, ils ont organisé un vote secret.*

PRINCIPAUX CONNECTEURS DE REPRISE DE L'INFORMATION		
à ce sujet	*de cette façon*	*pour le reste*
cela dit	*en ce sens*	*pour sa part*
dans ce cas-là	*en plus de cela*	*sans cela*
dans ce sens	*et cela*	*si tel est le cas*
dans le cas contraire	*là encore*	*sur ce plan*
dans le cas présent	*pour cela*	*voilà pourquoi*
de ce côté	*pour cette raison*	*vu sous cet angle*

10.7 Comment assurer la logique et la pertinence dans un texte ?

Le principe de non-contradiction commande de respecter les règles de la logique. Aucune information fournie dans le texte ne doit en contredire une autre.

Le principe de non-contradiction

EXEMPLES DE CONTRADICTIONS	
Séquence narrative	Les faits ou les événements racontés sont invraisemblables dans l'univers narratif présenté. Ex. : *L'aveugle admire le paysage.*
Séquence descriptive	Il y a une impossibilité dans la description. Par exemple, dans une séquence descriptive insérée dans une séquence narrative, le personnage qui raconte sa propre histoire poursuit la description d'un lieu même s'il en est sorti.

EXEMPLES DE CONTRADICTIONS	
Séquence explicative	Les explications présentées sont erronées ou les mots utilisés sont inappropriés. Ex.: *L'eau bout à 0 °C.*
Séquence argumentative	Les arguments présentés nuisent à la thèse ou la contredisent. Ex.: *Je ne suis pas responsable de cet accident. Je me suis endormi au volant, mais cela n'a pas duré plus de quelques secondes.*
Séquence dialogale	Les tours de paroles se succèdent de manière à ce que les paroles ne se rapportent plus aux bons personnages.

Le principe de pertinence

Pour assurer la pertinence dans un texte, il faut clarifier ses intentions de communication et les sous-entendus de la situation de communication. Celui qui écrit le texte doit bien faire coïncider ses intentions avec le contenu du texte et exposer clairement les éléments du contexte. En effet, il arrive souvent que ce qui est évident pour celui qui écrit ne le soit pas pour son ou ses destinataires.

Exemple de non-pertinence dans un dialogue :

Patrick et Zoé marchent ensemble sur le trottoir.
— Quel temps fera-t-il demain, demande Patrick.
— Demain, je porterai une robe rouge, répond Zoé.

10.8 Quels temps verbaux choisir ?

Dans un texte, on peut utiliser un système de temps verbaux au présent (temps principal au présent) ou au passé (temps principal au passé simple ou au passé composé). Selon le système verbal utilisé, on harmonise les temps des verbes pour situer les actions, les événements, les faits, etc.

SYSTÈME VERBAL DU PRÉSENT		
ANTÉRIORITÉ	SIMULTANÉITÉ	POSTÉRIORITÉ
Passé simple Passé composé Imparfait Plus-que-parfait Conditionnel passé	**Présent** Conditionnel présent	Futur simple Futur antérieur Conditionnel présent

- Exemple de texte utilisant le système verbal du présent :

La séance d'entraînement au hockey **débute** (présent) *à 6 h. Une heure plus tôt, Louis-Philippe* **s'est réveillé** (passé composé)*, il* **a engouffré** (passé composé) *son petit déjeuner, puis son père l'***a déposé** (passé composé) *à l'aréna du quartier. Tous les jours, le jeune ailier gauche* **rêve** (présent) *qu'il* **deviendra** (futur simple) *un joueur professionnel.*

SYSTÈME VERBAL DU PASSÉ		
ANTÉRIORITÉ	**SIMULTANÉITÉ**	**POSTÉRIORITÉ**
Plus-que-parfait Passé antérieur Conditionnel passé	**Passé simple** **Passé composé** Imparfait Conditionnel passé	Conditionnel présent Conditionnel passé Futur simple Futur antérieur

- Exemple de texte utilisant le système verbal du passé :

La séance d'entraînement au hockey **débuta** (passé simple) *à 6 h. Une heure plus tôt, Louis-Philippe* **s'était réveillé** (plus-que-parfait)*. Son père l'***avait** *ensuite* **déposé** (plus-que-parfait) *à l'aréna du quartier. Tous les jours, le jeune ailier gauche* **rêvait** (imparfait) *qu'il* **deviendrait** (conditionnel présent) *un joueur professionnel.*

- Dans une phrase matrice, le verbe de la phrase enchâssante se met à l'indicatif et celui de la phrase subordonnée au subjonctif ou à l'indicatif, selon le cas.

Ex. : *Alex croit* (indicatif) *[qu'elle* **sort** (indicatif) *avec quelqu'un]* (P subordonnée)*. Alex veut* (indicatif) *[qu'elle* **sorte** (subjonctif) *avec quelqu'un]* (P subordonnée)*.*

10.9 Comment rapporter les paroles de quelqu'un ?

Lorsqu'on cite les paroles d'un autre énonciateur que soi-même, on produit un discours rapporté pour lequel on doit donner la source.

- Lorsqu'on rapporte des paroles mot à mot en utilisant le deux-points et les guillemets, il s'agit d'un discours direct.

Ex. : *Dom Juan* **dit : «** *J'ai un petit ordre à donner.* **»**

- Lorsqu'on rapporte des paroles sans utiliser le deux-points et les guillemets, mais qu'on nomme la source, il s'agit d'un discours indirect si les paroles n'ont pas été modifiées.

  Ex. : *Don Juan disait qu'il avait un petit ordre à donner.*

- Si les paroles rapportées ne font que correspondre approximativement à ce qui a été dit, il s'agit d'un discours indirect libre.

  Ex. : *Don Juan cherchait une façon de partir, alors il a dit qu'il devait aller donner un ordre à quelqu'un.*

- Il existe plusieurs marques du discours rapporté.

QUELQUES MARQUES DU DISCOURS RAPPORTÉ		EXEMPLES
Groupes prépositionnels	*à son avis, d'après, pour, selon, suivant,* etc.	*Selon l'instructeur, l'équipe est prête pour la prochaine partie.*
Verbes introducteurs	*a raison de dire (que), croit (que), déclare (que), dit (que), écrit (que), est d'avis (que), prétend (que), soutient (que),* etc.	*Le premier ministre a déclaré que le sondage ne l'impressionnait pas.*
Phrases incises et incidentes	*affirme un tel, conclut une telle, dit un tel, écrit une telle, prétend un tel, soutient une telle,* etc.	*« Ce n'est pas fini, le baseballeur Yogi Berra l'a répété souvent, tant que ce n'est pas fini. »*
	ainsi qu'un tel le fait remarquer, comme le dit une telle, comme l'observe un tel, etc.	*Comme l'a fait remarquer Nicolas, nous avons besoin d'un autre joueur.*
Signes de ponctuation	Deux-points	*Martine : « Je partirai bientôt. »*
	Guillemets	*« Appelle-moi », demande Claude.*
	Tirets	*— Qu'est-ce qui se passe ?* *— Je ne le sais pas plus que toi !*

- La marque du discours rapporté indique souvent le point de vue l'énonciateur.

  Ex. : *Mon entraîneur a raison de dire que je devrai travailler fort à l'avenir.*

11 Comment améliorer le vocabulaire dans un texte ?

11.1 Comment choisir le bon mot ?

Le sens contextuel d'un mot

Lorsqu'on choisit d'utiliser un mot, il faut s'assurer qu'il est accepté en français et bien formé. Son sens doit aussi être juste et approprié au contexte.

Ex. : *La direction a exprimé son **refus**.*

⊘ *La direction a exprimé sa* ***non-autorisation****.* (Mot inexistant.)

⊘ *La direction a exprimé sa* ***refusation****.* (Mot mal formé.)

⊘ *La direction a exprimé son* ***entêtement****.* (Mot inapproprié au contexte.)

- La plupart des mots possèdent plusieurs sens. C'est la *polysémie*. Le contexte permet de distinguer le sens d'un mot parmi tous les sens possibles.

MOT *CERVEAU* EMPLOYÉ DANS DIFFÉRENTS CONTEXTES	DÉFINITIONS
Il y a des milliards de neurones dans un cerveau.	Masse nerveuse contenue dans le crâne.
Les mathématiques me creusent le cerveau.	Centre des facultés intellectuelles.
Un cerveau ne vaut rien sans l'expérience.	Intelligence.
Le cerveau de la bande était un type renfermé.	Personne organisatrice.

Le sens propre et le sens figuré d'un mot

Lorsqu'un mot correspond à la réalité qu'il représente, on dit de ce mot qu'il est employé au *sens propre*. On emploie un mot au sens propre quand on désire fournir une information claire et directe.

Ex. : *Le **vent** (sens propre) souffle et refroidit la température.*

...

On dit d'un mot qu'il est employé au *sens figuré* lorsque seule une association d'idées permet de comprendre la réalité qu'il représente et qu'une image est créée. On sait qu'un mot est employé au sens figuré lorsque son sens propre semble invraisemblable dans le contexte.

Ex. : *Un vent de panique gagna la foule.* (vent : sens figuré)

Le sens neutre et le sens connoté d'un mot

Un mot est employé au sens neutre lorsqu'il n'exprime pas de sentiments et qu'il ne révèle aucun point de vue. Inversement, le sens connoté d'un mot communique des émotions, des perceptions ainsi qu'un point de vue. Le sens connoté peut être favorable (mélioratif) ou défavorable (péjoratif).

Ex. : *auto* = voiture (sens neutre) *tacot* = vieille voiture (sens connoté (péjoratif))

Les néologismes et les archaïsmes

Les découvertes, les innovations technologiques et la création de nouveaux produits de consommation amènent à créer de nouveaux mots ou à donner à des mots existants un sens nouveau. Ces mots sont des *néologismes*.

Ex. : *blogue* – mot créé en 2000, qui désigne une page Web personnelle contenant de courts textes pour exprimer son point de vue.

capitaine de soirée – sens nouveau d'un mot, qui désigne un conducteur s'engageant à raccompagner les autres en fin de soirée.

Parallèlement, d'autres mots vieillissent et cessent peu à peu d'être utilisés. On les appelle des *archaïsmes*. On évite généralement leur emploi.

Ex. : *bièvre → castor* *ouïr → entendre* *renauder → rouspéter*

■■ Dans un texte, on utilise parfois les néologismes ou les archaïsmes pour situer l'histoire dans le contexte d'aujourd'hui ou d'autrefois.

Ex. : *Il visitait le centre des technologies en s'informant grâce à la baladodiffusion.* (baladodiffusion : néologisme)

Qu'ouïs-je céans ? (Qu'est-ce que j'entends ici ?) (ouïs, céans : archaïsmes)

! Il faut éviter d'utiliser les marques de commerce pour désigner des objets communs.

Ex. : ⊘ *Je n'ai pas de* ***kleenex****. Je n'ai pas de* ***mouchoir****.*

Les anglicismes

Un *anglicisme* est un mot emprunté à la langue anglaise. Certains anglicismes ont été francisés et sont acceptés dans la langue.

Ex. : *baseball, cowboy, hamburger, jean, rock*

Il faut éviter d'utiliser les anglicismes pour lesquels il existe des mots français équivalents.

Ex. : ⊘ ***baby-sitting*** → *garde d'enfants*
⊘ ***pop corn*** → *maïs soufflé*

Les paronymes

Les paronymes sont des mots qui s'écrivent et se prononcent d'une manière légèrement différente. Leur ressemblance fait qu'ils sont souvent confondus.

Ex. : *Quelqu'un qui quitte son pays pour toujours est un émigrant.*
Une personne qui s'installe dans un autre pays est un immigrant.

EXEMPLES DE PARONYMES FRÉQUENTS	
accident / incident *Il a évité un accident de justesse.* *Malgré un petit incident, la journée s'est bien déroulée.*	**affleurer / effleurer** *Le bateau coulé affleure à la surface.* *Une bestiole m'effleure la jambe.*
affliger / infliger *Un malheur les afflige !* *Ce traitement lui inflige beaucoup de douleur.*	**compréhensible / compréhensif** *Ce brouillon n'est pas compréhensible.* *Tu as des amis très compréhensifs.*
consommer / consumer *Chaque famille consomme plusieurs litres d'eau par jour.* *Le feu se consume lentement près du camp.*	**contacter / contracter** *On se contacte par courrier électronique.* *Mes muscles se contractent sous l'effort.*
décerner / discerner *On va lui décerner la médaille de bronze.* *J'ai peine à le discerner dans le noir.*	**écharde / écharpe** *Elle a une écharde dans le doigt.* *Cette belle écharpe rouge lui va à ravir.*
effraction / infraction *Le malfaiteur a commis un vol par effraction.* *Le chauffard a commis une infraction au code de la route.*	**élucider / éluder** *L'enquêteur a élucidé le mystère.* *Mal à l'aise, le témoin a éludé la question.*

EXEMPLES DE PARONYMES FRÉQUENTS	
éminent / imminent *Un éminent médecin l'a diagnostiqué.* *Les animaux ressentent toujours le danger imminent.*	**enduire / induire** *Mes mains sont enduites de peinture.* *Ses conseils m'ont induite à passer à l'action.*
éruption / irruption *Le volcan est entré en éruption.* *Il a fait irruption dans mon bureau.*	**évoquer / invoquer** *Cette photo m'a évoqué de beaux souvenirs.* *Karim a invoqué un rendez-vous urgent pour justifier son départ.*
infecter / infester *Il faut couvrir ta plaie pour ne pas l'infecter.* *Les égouts de la ville sont infestés de rats.*	**perpétrer / perpétuer** *Deux vols ont été perpétrés dans le quartier.* *Les aînés désirent perpétuer les traditions.*
personnaliser / personnifier *Le décorateur a personnalisé son décor.* *Ruth a personnifié Dame Nature dans la pièce.*	**prolongation / prolongement** *La partie s'est terminée en prolongation.* *Le prolongement de l'autoroute est prévu pour 2020.*
subvenir / survenir *Ils subviennent à leurs propres besoins.* *Les premiers symptômes surviennent après trois jours.*	**vénéneux / venimeux** *Ne mange pas ce champignon vénéneux.* *L'araignée venimeuse tisse sa toile.*

11.2 Comment enrichir son vocabulaire ?

L'étymologie des mots

On nomme *étymologie* la discipline qui étudie l'évolution des mots d'une langue. La majorité des mots de la langue française proviennent du latin.

Certains dictionnaires indiquent l'origine de chaque mot, c'est-à-dire la langue d'où il provient et son orthographe dans cette langue.

Ex. : *pater* (latin) → *père* (français)

La racine *pater-* a servi à créer les mots *paternité, paternel, paternalisme*, mais aussi *grand-père, compère, patron, patrie, Patrick, Patricia*, etc.

La formation des mots

Les procédés de formation des mots sont la dérivation, la composition (incluant le télescopage), l'abrègement, l'emprunt (incluant les anglicismes) et les néologismes.

PROCÉDÉS DE FORMATION DES MOTS	EXEMPLES
Dérivation Mots formés par l'ajout d'un préfixe devant un mot existant ou par l'ajout d'un suffixe à la fin.	*mini– + jupe → minijupe* *climatiser + –tion → climatisation* *in– + vivre + –able → invivable*
Composition Mots formés par l'union de deux ou plusieurs mots existants, écrits en un seul mot ou séparés par un trait d'union ou un espace.	*garde-côte, premier ministre, contrebande*
Télescopage Mots formés généralement par la combinaison du début d'un mot et de la fin d'un autre.	*clavier + bavarder → clavarder* *mobile + internaute → mobinaute*
Abrègement Retranchement de lettres dans un mot. Le nouveau mot formé appartient souvent à la langue familière. *L'abréviation*, p. 77	*colocataire → coloc* *professeur → prof* *quelqu'un → qqn*
Emprunt Mots étrangers introduits dans la langue. Parfois, seul le sens du mot est issu d'une autre langue. Les emprunts à l'anglais se nomment des *anglicismes*. *Les anglicismes*, p. 147	*guitare* (mot arabe) *pizza, pesto* (mots italiens) *caméraman* (mot anglais)
Néologisme Mot nouveau ou sens nouveau d'un mot. *Les néologismes*, p. 146	*sudoku* (jeu de chiffres) *zénitude* (capacité de rester zen)

LES PRÉFIXES ET LES SUFFIXES

En plus de former un nouveau mot, l'ajout d'un préfixe à un mot de base en modifie le sens. Le préfixe varie parfois selon la première lettre du mot devant lequel il est placé. L'ajout d'un suffixe à un mot de base entraîne souvent un changement de la classe du mot ou apporte une nuance de sens.

PRINCIPAUX PRÉFIXES

PRÉFIXES	SENS	EXEMPLES
a–, an–	privation	*apesanteur, anorganique, anormal*
dé–, dis–	privation, négation	*décolorer, disproportion*
in–, il–, im–, ir–	négation	*invalider, illisible, impossibilité, irréel*
mé–, més–	négation, dépréciation	*méprise, mésalliance, mésentente*
pré–	qui vient avant	*prévenir, prédiction, préfabriquer*
re–, ré–	répétition	*redire, reprise, réélection*

PRINCIPAUX SUFFIXES			
CLASSES DE MOTS	**SUFFIXES**	**SENS**	**EXEMPLES**
Verbes	*-er, -ir, -re, -oir*	action	*chanter, finir, vendre, valoir*
Noms et adjectifs	*-ais/-aise, -ois/-oise*	origine (habitant, langue)	*montréalais, québécoise*
	-aison	action	*conjugaison, crevaison*
	-ard/-arde	dépréciation	*braillard, froussarde*
	-et/-ette	diminutif	*garçonnet, jardinet, fillette*
Noms	*-age*	action, ensemble	*fuselage, passage, ramassage*
	-erie	lieu, activité	*chevalerie, laiterie*
	-eur/-euse	qui fait l'action	*chercheur, golfeuse*
	-isme	doctrine, opinion, tournure propre à une langue	*capitalisme, anglicisme, québécisme*
	-ité ou *-té*	qualité, état	*longévité, bonté, liberté*
	-teur/-teuse, -trice	qui fait l'action	*apiculteur, cultivatrice*
	-tion	action	*adaptation, révolution*
	-ure	résultat d'une action	*blessure, engelure*
Adjectifs	*-able*	possibilité	*modelable, périssable*
	-al/-ale	propriété	*provincial, géniale*
	-el/-elle	qui concerne	*manuel, naturelle*
	-eux/-euse	caractéristique	*affectueux, courageuse*
	-ible	possibilité	*admissible, transmissible*
	-ième	rang	*deuxième, millième*
	-ien/-ienne	appartenance, métier	*acadien, historienne*
	-ier/-ière	métier	*cordonnier, jardinière*
	-if/-ive	caractéristique	*actif, descriptive*
	-ique	sciences et techniques	*électronique, statistique*
	-iste	partisans, métier	*capitaliste, dentiste, journaliste*
Adverbes	*-ment*	manière	*calmement, lentement*

LA FAMILLE DE MOTS

Une famille de mots regroupe des mots qui sont unis par leur forme et leur sens. On obtient ces mots principalement par dérivation et par composition. Les mots d'une même famille peuvent appartenir à des classes de mots différentes (noms, adjectifs, verbes, etc.).

Ex. : La famille du mot *sain*

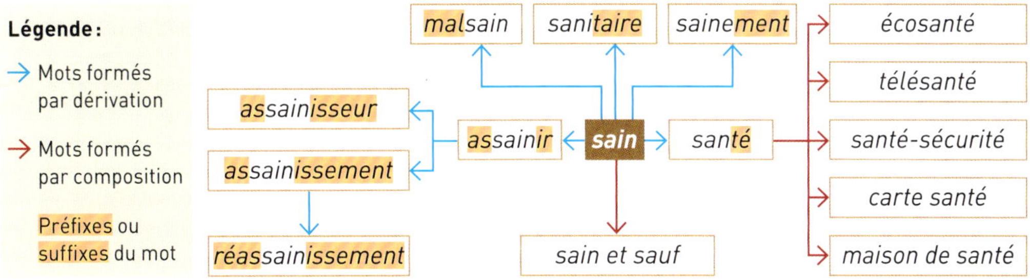

■■ La forme des mots dérivés d'une même famille varie parfois un peu.
Ex. : *sain, sanitaire, santé* *arbre, arbuste, arboricole*

Les relations entre les mots

Lorsqu'on connaît les relations qui existent entre les mots, on peut améliorer la précision de son vocabulaire. On peut aussi se faire une idée du sens d'un mot nouveau. Les relations entre les mots, c'est-à-dire les rapports analogiques, sont établis au moyen de l'inclusion (mots génériques et spécifiques), de la synonymie, de l'antonymie, de l'association d'idées et de la combinaison de mots.

L'ANALOGIE

L'analogie est le rapport qui existe entre les mots. On établit ce rapport par l'association d'idées ou de sens. L'analogie permet, entre autres, de clarifier le sens d'un mot par rapport à des mots voisins. Un ensemble de mots analogiques forme un champ lexical.

Ex. : Le champ lexical du mot *température*

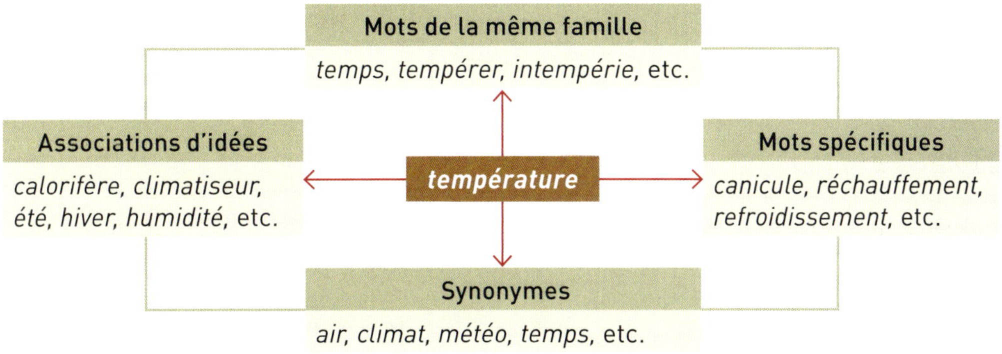

LE CHAMP LEXICAL

Un champ lexical est un groupe de mots, présents dans un même texte, qui se rattachent par analogie à un mot commun, qu'on appelle le *thème*.

Exemple de mots composant le champ lexical du thème de l'affection :

Le premier témoignage d'affection que lui donna Macloune fut l'achat d'une paire de souliers et d'une robe d'indienne à ramages, qu'il apporta un jour de Montréal et qu'il offrit timidement à la pauvre fille, en lui disant, dans son langage particulier :

— Robe, mam'selle, souliers mam'selle. Macloune achète ça pour vous. Vous prendre, hein ?

Et Marie Joyelle avait accepté simplement devant le regard d'inexprimable affection dont l'avait enveloppée Macloune en lui offrant son cadeau.

C'était la première fois que la pauvre Marichette, comme on l'appelait toujours, se voyait l'objet d'une offrande qui ne provenait pas d'un sentiment de pitié. Elle avait compris Macloune, et sans s'occuper de sa laideur et de son baragouinage, son cœur avait été profondément touché.

Honoré Beaugrand, *Macloune*, 1900.

LES MOTS GÉNÉRIQUES ET LES MOTS SPÉCIFIQUES

Un mot générique désigne une catégorie d'êtres ou de choses tandis qu'un mot spécifique désigne un être ou une chose qui entre dans cette catégorie. La relation entre le mot générique et le mot spécifique est une relation d'*inclusion*.

Ex. : Mot générique : *jouet*.
Mots spécifiques : *balle, ballon, bilboquet, bolo, pâte à modeler, toupie*, etc.

LES SYNONYMES ET LES ANTONYMES

Un synonyme est un mot dont le sens se rapproche suffisamment de celui d'un autre mot pour pouvoir le remplacer dans certains contextes.

Ex. : *Mon déguisement est un costume de pirate.*

Un antonyme est un mot dont le sens est à l'opposé d'un autre mot. Si on remplace un mot par son antonyme, on renverse complètement le sens de la phrase.

Ex. : *Jean-François est calme tandis que Joseph est plutôt nerveux.*

Pour être des synonymes ou des antonymes, les mots doivent appartenir à la même classe.

LA COMBINAISON DE MOTS

La combinaison de mots est l'enchaînement des mots les uns à la suite des autres. Tous les mots ne peuvent pas être combinés entre eux. On doit tenir compte de leur sens et des règles de la syntaxe.

Ex. : *la* ***tige*** *de la fleur* → ⊘ *le* ***tronc*** *de la fleur*
Je ***me rappelle*** *Lucie l'an passé.* → ⊘ *Je me rappelle* ***de*** *Lucie l'an passé.*
Je ***me souviens de*** *Lucie l'an passé.*

- Une suite lexicale est un groupe de mots que l'on combine souvent entre eux. Elle peut généralement être modifiée.

  Ex. : *Jouer de la musique* → *Jouer de la* ***bonne*** *musique* ***techno****.*

- Les expressions figées sont des suites lexicales qu'on ne peut pas modifier. Une expression figée doit être comprise dans son ensemble.

  Ex. : *Jouer avec* ***le feu*** → ⊘ *Jouer avec* ***les feux****.*

11.3 Comment utiliser les figures de style ?

Les figures de style (ou procédés stylistiques) donnent un sens figuré à un mot qui possède un sens propre, ce qui crée une image. Les figures de style peuvent être regroupées selon les différentes relations de sens qu'elles établissent entre les mots : sens figuré, proche, répété, opposé, amplifié ou affaibli.

FIGURES DE STYLE FRÉQUENTES		EXEMPLES
SENS FIGURÉ		
Comparaison	Établit un parallèle entre un mot employé au sens propre et un mot employé au sens figuré. Utilise un mot de comparaison : *comme, tel, ressemble à,* etc.	*Tes doigts entre mes mains, comme un nid d'oiseaux blancs.* (Émile Nelligan)
Métaphore	Présente un mot au sens figuré, sans mot de comparaison.	*Ma vitre est un jardin de givre.* (Émile Nelligan)
Personnification	Donne vie à un objet, à une abstraction ou à un être inanimé.	*Les arbres [...] Tordent de désespoir leurs torses fantastiques.* (Émile Nelligan)

FIGURES DE STYLE FRÉQUENTES		EXEMPLES
SENS PROCHE		
Métonymie	Remplace un mot par un autre qui appartient au même lieu ou au même contexte.	*Dans le cristal qui chante, / Verse, verse le vin !* (Émile Nelligan) [cristal : verre]
SENS RÉPÉTÉ		
Répétition expressive	Répète un même mot dans une même phrase ou dans un intervalle très rapproché pour insister davantage.	*Ah ! comme la neige a neigé !* (Émile Nelligan)
SENS OPPOSÉ		
Antithèse	Met en présence deux mots de sens contraire dans le contexte.	*Au portrait qui sourit, comment puis-je pleurer ?* (Émile Nelligan)
SENS AMPLIFIÉ		
Hyperbole	Utilise des mots au sens propre, mais le contexte indique que ce sens est trop exagéré pour être possible.	*Je suis resté toute l'année / Broyé sous un fardeau de fer* (Émile Nelligan)
Gradation	Consiste à énumérer des mots dont le sens va en s'amplifiant ou en diminuant.	*L'heure râle, pleure et s'écoule.* (Émile Nelligan)
Accumulation	Consiste à ajouter des mots, énumérés dans le désordre. Ce procédé laisse l'impression que la liste est interminable.	*Elle a les yeux de ciel, tout donc y sera bleu : / Pignon, châssis, seuil, porte, heu ! / Dedans peut-être un peu.* (Émile Nelligan)
SENS AFFAIBLI		
Litote	Diminue volontairement la force d'une idée, souvent par la négation, afin de lui donner une plus grande importance.	*Ce n'est pas bête.* (C'est brillant.)
Euphémisme	Atténue le caractère négatif ou déplaisant d'un être ou d'une chose en utilisant un mot moins fort ou moins direct que celui auquel on s'attendrait.	*des pays en voie de développement* (des pays pauvres)

Annexe

1

Le tableau des homophones

	HOMOPHONES	CLASSES DE MOTS	REMPLACEMENTS POSSIBLES	EXEMPLES
A	à	préposition	⊘ *avait*	⊘ avait *On nous amène **à** changer nos habitudes.*
	as (l'as, m'as, t'as)	verbe *avoir*, indicatif présent, 2e pers. s. (parfois précédé d'un pronom personnel)	*avais*	avais *Tu **as** réussi cette épreuve.* m'avais *Tu **m'as** surpris.*
	a (l'a, m'a, t'a)	verbe *avoir*, indicatif présent, 3e pers. s. (parfois précédé d'un pronom personnel)	*avait*	avait *On **a** changé nos habitudes.* l'avait *Ce cadeau, il **l'a** beaucoup apprécié.*
	aussi tôt	adverbe complexe	*de si bonne heure, trop tôt*	de si bonne heure *Elle est surprise que la banque ouvre ses portes **aussi tôt**.*
	aussitôt	adverbe	*immédiatement*	immédiatement *Le taxi est arrivé **aussitôt**.*
	à venir	préposition + verbe	*qui + viendra/ viendront*	qui viendront *Cela se produira dans les jours **à venir**.*
	avenir	nom	Précédé d'un déterminant : *le temps, le futur*	Le temps *L'**avenir** nous le dira.*
			Précédé de *à l'* : *dorénavant, prochainement*	dorénavant *Fais attention, à l'**avenir**.*
B	bien tôt	adverbe complexe	*de bonne heure, très tôt*	de bonne heure *Le soleil se lève **bien tôt** ces temps-ci.*
	bientôt	adverbe	*prochainement, d'ici peu, sous peu*	prochainement *Les résultats scolaires seront transmis aux parents **bientôt**.*

...

HOMOPHONES	CLASSES DE MOTS	REMPLACEMENTS POSSIBLES	EXEMPLES
ça	pronom démonstratif	*cela*	Cela *Ça m'est arrivé.*
çà	adverbe (toujours suivi de *et là*)	*ici*	*Pendant ses vacances, il se* ici *promène çà et là.*
sa	déterminant possessif	*la* + nom + *qui lui appartient*	la bicyclette qui lui appartient *Gloria nettoie sa bicyclette.*
ce	déterminant démonstratif	*le* + nom + *que voici*	le repas que voici *Mangez ce repas préparé avec soin !*
	pronom démonstratif	*cela*	Cela *Ce sera un spectacle fantastique !*
se	pronom personnel	*se* + verbe + *soi-même*	se décourager soi-même *Faire ses devoirs sans se décourager.*
c'en, cent, sang, sans, s'en, sens, sent, p. 165			
cet, cette	déterminant démonstratif masculin ou féminin	*le/la* + nom + *que voici*	l'oiseau que voici *Je regarde cet oiseau.* la fleur que voici *Je lui ai offert cette fleur.*
sept	déterminant ou pronom numéral	*deux, trois…*	deux *Il a sept ans.* trois *Sept d'entre eux ont terminé.*
ces	déterminant démonstratif	*ces* + nom + *-ci*, *ces* + nom + *-là*	ces vêtements-ci *Place ces vêtements dans ta commode.*
ses	déterminant possessif	*les* + nom + *qui lui appartiennent*	les colis qui lui appartiennent *Il a expédié ses colis par la poste.*
c'est	pronom démonstratif *ce* + verbe *être*	*cela est*	Cela est *C'est une occasion vraiment formidable.*
s'est	pronom personnel *se* + verbe *être*	*s'est* + participe passé + *lui-même/elle-même* ou *à lui-même/à elle-même*	s'est aventuré lui-même *Mathis s'est aventuré dans des sentiers inconnus.*
sais	verbe *savoir*, indicatif présent, 1re et 2e pers. s.	verbe *savoir* conjugué à un autre temps, ex. : *savais*	savais *Je sais danser le tango.* sauras *Tu sais comment faire.*
sait	verbe *savoir*, indicatif présent, 3e pers. s.	verbe *savoir* conjugué à un autre temps, ex. : *savait*	savait *Mon entraîneur sait me motiver.*

HOMOPHONES	CLASSES DE MOTS	REMPLACEMENTS POSSIBLES	EXEMPLES
c'était	pronom démonstratif *ce* + verbe *être*, indicatif imparfait, 3e pers. s.	*cela était*	*Le soccer, c'était mon sport favori l'an dernier.* (c'était → cela était)
s'était	pronom personnel *se* + verbe *être*, indicatif imparfait, 3e pers. s.	*s'était* + participe passé + *lui-même/elle-même* ou *à lui-même/à elle-même*	*Elle s'était attachée à ce chat errant.* (s'était attachée → s'était attachée elle-même)
-*ci, si, s'y*, p. 166			
cru*	verbe *croire*, participe passé (précédé du verbe *avoir*)	participe passé d'un autre verbe, ex. : *jugé* Après avoir déterminé qu'il s'agit du participe passé, il faut vérifier son accord.	*Elle a cru que c'était le bon moment.* (cru → jugé) *Martine, il l'a crue !* (crue → jugée)
crus*	verbe *croire*, passé simple, 1re et 2e pers. s.	verbe *croire* conjugué à un autre temps, ex. : *croyais*	*Je crus le reconnaître.* (crus → croyais) *Tu le crus tout de suite.* (crus → croiras)
crut*	verbe *croire*, passé simple, 3e pers. s.	verbe *croire* conjugué à un autre temps, ex. : *croyait*	*Il crut pouvoir le vaincre.* (crut → croyait)
cru*	adjectif	*direct, naturel, non cuit* Après avoir déterminé qu'il s'agit de l'adjectif, il faut vérifier son accord.	*J'ai horreur du poisson cru.* (cru → non cuit) *Il lui donne une réponse crue.* (crue → directe)
D dans	préposition	*à l'intérieur de, durant, parmi, selon, suivant, vers*	*Je suis bien dans mon appartement.* (dans → à l'intérieur de)
d'en	préposition *de* + pronom personnel	*de* + verbe à l'infinitif + *de cela* ou *avec cela*	*J'ai le droit d'en manger.* (d'en manger → de manger de cela)
dent	nom	*canine, croc, pointe*	*Max a montré les dents.* (dents → canines)
davantage	adverbe	*plus, encore plus*	*Je veux davantage de dessert.* (davantage → encore plus)
d'avantage, d'avantages	préposition *de* + nom	*d'utilité/d'utilités, d'inconvénient/d'inconvénients*	*Il n'y a pas d'avantage à rester ici.* (d'avantage → d'inconvénient) *J'ai obtenu une foule d'avantages.* (d'avantages → d'inconvénients)

* Sont aussi homophones le participe passé du verbe *croître* (☑ *croitre*) : *crû* ainsi que les trois premières personnes du singulier de ce verbe à l'indicatif passé simple : *crûs, crûs, crût*.

HOMOPHONES	CLASSES DE MOTS	REMPLACEMENTS POSSIBLES	EXEMPLES
don	nom	*cadeau, avantage*	l'avantage *Il a le* ***don*** *de plaire.*
donc	adverbe	*alors, par conséquent*	par conséquent *Il siffle,* ***donc*** *il est heureux.*
dont	pronom relatif	*de qui, duquel, de laquelle*	duquel *Le sujet* ***dont*** *ils discutent est tabou.*
du	déterminant contracté (*de* + *le*) ou partitif	*de ce*	de ce *Le coin* ***du*** *bureau est abimé.* de ce *J'aimerais avoir* ***du*** *café.*
dû	verbe *devoir*, participe passé	participe passé d'un autre verbe, ex. : *fallu, exigé*	fallu *Il a* ***dû*** *attendre que l'orage cesse.*
	adjectif participe	*attribuable* Après avoir déterminé qu'il s'agit du participe passé ou de l'adjectif, il faut vérifier son accord (*dû, dus, due, dues*).	attribuables *Les dépenses sont* ***dues*** *aux imprévus.*
dus	verbe *devoir*, passé simple, 1re et 2e pers. s.	verbe *devoir* conjugué à un autre temps, ex. : *devais*	devais *Je* ***dus*** *prendre l'avion plus tard.* devras *Tu* ***dus*** *lui rendre son livre.*
dut	verbe *devoir*, passé simple, 3e pers. s.	verbe *devoir* conjugué à un autre temps, ex. : *devait*	devait *Elle* ***dut*** *refaire ses bagages.*
des	déterminant indéfini	*un/une* + nom au singulier	un éléphant *Photographier* ***des*** *éléphants.*
	déterminant contracté (*de* + *les*)	*d'un/d'une* + nom	d'une tâche *Elle lui parle* ***des*** *tâches à faire.*
dès	adverbe	*à partir de, depuis, aussitôt*	à partir de *Se lever* ***dès*** *six heures.*
es (l'es, m'es, t'es)	verbe *être*, indicatif présent, 2e pers. s. (parfois précédé d'un pronom personnel)	*étais, seras*	étais *Tu* ***es*** *très chanceux.* me seras *Tu* ***m'es*** *totalement dévouée.*
est (l'est, m'est, s'est, t'est)	verbe *être*, indicatif présent, 3e pers. s. (parfois précédé d'un pronom personnel)	*était, sera*	était *Jean* ***est*** *très confiant.* l'était *Talentueux, Joseph* ***l'est*** *certainement !*

E

HOMOPHONES	CLASSES DE MOTS	REMPLACEMENTS POSSIBLES	EXEMPLES
aie (l'aie, m'aie, t'aie)	verbe *avoir*, subjonctif présent, 1re pers. s. (parfois précédé d'un pronom personnel)	verbe débutant par une consonne au subjonctif présent	*Ils m'engageront pourvu que j'aie* [je possède] *de l'expérience.* *Vous êtes étonnés que j'aie manqué* [je prenne] *mon train.*
aies (l'aies, m'aies, t'aies)	verbe *avoir*, subjonctif présent, 2e pers. s. (parfois précédé d'un pronom personnel)	verbe débutant par une consonne au subjonctif présent	*Je suis surpris que tu aies* [ressentes] *de la peine.* *Il doutera que tu m'aies reconnue.* [me reconnaisses]
ait (l'ait, m'ait, t'ait)	verbe *avoir*, subjonctif présent, 3e pers. s. (parfois précédé d'un pronom personnel)	verbe débutant par une consonne au subjonctif présent	*Ta fameuse recette, il se peut qu'elle l'ait* [la possède] *déjà.* *Je doute qu'il ait pu venir* [vienne] *jusqu'ici.*
aient (l'aient, m'aient, t'aient)	verbe *avoir*, subjonctif présent, 3e pers. pl. (parfois précédé d'un pronom personnel)	verbe débutant par une consonne au subjonctif présent	*Il faudrait qu'elles aient* [trouvent] *de nouvelles idées.* *Il se peut qu'elles l'aient reconnu.* [le reconnaissent]
eu	verbe *avoir*, participe passé	participe passé d'un autre verbe Après avoir déterminé qu'il s'agit du participe passé, il faut vérifier son accord.	*Il ne se souvient plus quand il a eu* [contracté] *cette maladie.* *Ces ennuis, il les a eus* [vécus] *l'an passé.*
eus	verbe *avoir*, passé simple, 1re et 2e pers. s.	verbe *avoir* conjugué à un autre temps, ex. : *avais*	*J'eus* [avais] *tout mon temps.* *Tu eus* [avais] *deux jours pour y penser.*
eut	verbe *avoir*, passé simple, 3e pers. s.	verbe *avoir* conjugué à un autre temps, ex. : *avait*	*Elle eut* [avait] *tout ce dont elle rêvait.*
F fus	verbe *être*, passé simple, 1re et 2e pers. s.	verbe *être* conjugué à un autre temps, ex. : *suis, étais*	*Je fus* [suis] *surpris du résultat.* *À l'époque, tu fus* [étais] *une joueuse épatante.*
fut	verbe *être*, passé simple, 3e pers. s.	verbe *être* conjugué à un autre temps, ex. : *est, était*	*L'édifice fut* [est] *démoli en 1997.*

hors, or, p. 162

HOMOPHONES

I

HOMOPHONES	CLASSES DE MOTS	REMPLACEMENTS POSSIBLES	EXEMPLES
il a	pronom personnel + verbe *avoir*	*il avait*	Il avait *Il a toujours fière allure.*
il l'a	pronom personnel + pronom personnel *le* ou *la* + verbe *avoir*	*il l' + avait*	il l'avait *Ce jouet, il l'a ramassé dans un vieux coffret.*
il la	pronom personnel + pronom personnel	*il ne la* + verbe + *pas*	il ne la nourrit pas *Cette chatte, il la nourrit bien.*

L

HOMOPHONES	CLASSES DE MOTS	REMPLACEMENTS POSSIBLES	EXEMPLES
la	déterminant défini	*une* + nom, *cette* + nom	cette *J'adore la crème glacée.*
	pronom personnel	verbe + *celle-ci*	nettoyons celle-ci *Nous la nettoyons à fond.*
là	adverbe	*ici, là-bas*	ici *J'aime me trouver là.*
-là	adverbe	*ce/cette/ces* + nom + *-ci*	ce tableau-ci *J'aime davantage ce tableau-là.*

l'as, l'a, p. 155

HOMOPHONES	CLASSES DE MOTS	REMPLACEMENTS POSSIBLES	EXEMPLES
laid	adjectif	*beau*	beau *Ce foulard est laid.*
lait	nom	*aliment, liquide*	liquide *Le lait est riche en calcium.*
les	déterminant défini	*ces*	ces *Il admire les montagnes devant lui.*
	pronom personnel	verbe + *celles-ci/ celles-ci*	remettra ceux-ci *Elle les remettra au bon endroit.*

l'es, l'est, l'aies, l'ait, l'aient, p. 158-159
leur, leurs, p. 86

M

HOMOPHONES	CLASSES DE MOTS	REMPLACEMENTS POSSIBLES	EXEMPLES
ma	déterminant possessif	*la* + nom + *qui m'appartient*	la camionnette qui m'appartient *La boîte est dans ma camionnette.*

m'as, m'a, p. 155

HOMOPHONES	CLASSES DE MOTS	REMPLACEMENTS POSSIBLES	EXEMPLES
mes	déterminant possessif	*les* + nom + *qui m'appartiennent*	les vêtements qui m'appartiennent *Je lave mes vêtements.*
mais	conjonction	*cependant, toutefois*	cependant *J'aime les chiens, mais je les crains.*
mets	verbe *mettre*, indicatif présent, 1re et 2e pers. s.	verbe *mettre* conjugué à un autre temps, ex. : *mettais*	mettais *Je mets souvent mon chandail rouge.*
met	verbe *mettre*, indicatif présent, 3e pers. s.	verbe *mettre* conjugué à un autre temps, ex. : *mettait*	mettait *On met nos souvenirs en commun.*

HOMOPHONES	CLASSES DE MOTS	REMPLACEMENTS POSSIBLES	EXEMPLES
mets	nom	*plat, repas*	[repas] *J'ai préparé un* **mets** *délicieux.*

m'es, m'est, m'aies, m'ait, m'aient, p. 158-159
même, mêmes, p. 87

HOMOPHONES	CLASSES DE MOTS	REMPLACEMENTS POSSIBLES	EXEMPLES
mi-	adverbe	*à demi*	[à demi] [à demi] *C'est un récit* **mi-***triste,* **mi-***drôle.*
mi	nom	*do, ré, fa, sol*	[fa] *Une sonate en* **mi** *majeur.*
m'y	pronom personnel *me* + pronom personnel	*me* + verbe + *à cela*	[m'attendais à cela] *Je* **m'y** *attendais.*
		me + verbe + *là*	[me vois là] *Ah, l'Espagne ! Je* **m'y** *vois déjà.*
mie	nom	*mie + de pain*	[mie de pain] *La* **mie** *est délicieuse.*
mis	verbe *mettre*, participe passé	*placé*	[placé] *Il a* **mis** *la plante sur la table.*
	verbe *mettre*, indicatif passé simple, 1re ou 2e pers. s.	verbe *mettre* conjugué à un autre temps, ex. : *mettais*	[mettais] *Je* **mis** *mon doigt sur ses lèvres.*
mit	verbe *mettre*, indicatif passé simple, 3e pers. s.	verbe *mettre* conjugué à un autre temps, ex. : *mettait*	[mettait] *Le voleur* **mit** *l'argent dans un sac.*
mille	déterminant numéral	*cent*	[cent] *J'ai semé* **mille** *fleurs.*
	pronom numéral	*cent*	[Cent] **Mille** *ont poussé.*
	nom	*kilomètre*	[kilomètres] *Il roule à 100* **milles** *à l'heure.*
moi	pronom personnel	*moi-même*	[moi-même] *Je dois penser à* **moi**.
mois	nom	*jour, moment*	[moment] *Un* **mois** *bien différent des autres.*
mon	déterminant possessif	*le* + nom + *qui m'appartient*	[L'armoire qui m'appartient] **Mon** *armoire est pleine à craquer.*
m'ont	pronom personnel *me* + verbe *avoir*, indicatif présent, 3e pers. pl.	*m' + avaient*	[m'avaient] *Elles* **m'ont** *fait rire à en pleurer !*
mont	nom	*sommet*	[sommet] *Il a escaladé le* **mont** *en une journée.*

...

HOMOPHONES	CLASSES DE MOTS	REMPLACEMENTS POSSIBLES	EXEMPLES
N ni	conjonction (dans une phrase négative)	*et pas davantage*	*Je ne mange pas de champignons* [et pas davantage] *ni d'artichauts.*
nid	nom	*refuge, milieu*	[refuge] *Un nid d'hirondelles.*
nie	verbe *nier*, indicatif présent, 1re et 3e pers. s.	verbe *nier* conjugué à un autre temps, ex. : *nierai, niera*	[nierai] *Je nie avoir triché à l'examen.*
	verbe *nier*, subjonctif présent, 1re et 3e pers. s.	autre verbe au subjonctif présent, ex. : *rejette, prétende*	[prétende] *Qu'il nie l'avoir vu ne m'étonne pas.*
nies	verbe *nier*, indicatif présent, 2e pers. s.	verbe *nier* conjugué à un autre temps, ex. : *nieras*	[nieras] *Tu nies en bloc toutes ces accusations.*
	verbe *nier*, subjonctif présent, 2e pers. s.	autre verbe au subjonctif présent, ex. : *rejettes, prétendes*	[prétendes] *Que tu nies l'évidence m'attriste énormément.*
n'y	adverbe *ne* + pronom personnel	*ne* (ou *n'*) + verbe + *pas* + *à cela*	[ne pense pas à cela] *Je n'y pense pas.*
		ne (ou *n'*) + verbe + *pas* + *là*	[n'irez pas là] *Vous n'y irez pas.*
O on	pronom personnel	*chacun, tout le monde*	[Tout le monde] *On a dormi jusqu'au début de l'après-midi.*
ont	verbe *avoir*, indicatif présent, 3e pers. pl.	*avaient*	[avaient] *Elles ont été distraites toute la matinée.*
on n'	pronom personnel + adverbe *ne* (dans une phrase négative)	*il n'*	[Il n'] *On n'aime pas attendre l'autobus plus de 15 minutes.*
or	conjonction	*d'ailleurs, mais*	[Mais] *Il devait nous visiter hier. Or, il n'est arrivé qu'aujourd'hui.*
	nom	*argent*	[argent] *Une montre en or.*
hors	préposition	*en dehors de (tout)*	[en dehors de tout] *Un véhicule hors de contrôle.*

HOMOPHONES	CLASSES DE MOTS	REMPLACEMENTS POSSIBLES	EXEMPLES
ou	conjonction	*ou bien, ou alors*	ou bien *Écouter la radio* ***ou*** *la télévision.*
où	pronom relatif	*là où, à l'endroit où*	là où *Elle se rendra* ***où*** *il faudra.*
	pronom interrogatif	*à quel endroit*	à quel endroit *Je me demande bien* ***où*** *tu irais sans moi.*
P parce que	conjonction	*car, puisque*	car *Je suis heureux* ***parce que*** *tout se déroule comme prévu.*
par ce que	préposition + pronom démonstratif + pronom relatif	*par la chose que*	par la chose que *Tu es surpris* ***par ce que*** *je suis capable de faire.*
peu	adverbe	*ne* + verbe + *pas*	n'apprécions pas *Nous apprécions* ***peu*** *la musique bruyante.*
peu de	déterminant complexe indéfini	*certains/certaines*	Certaines ***Peu de*** *personnes ont assisté au spectacle.*
peux	verbe *pouvoir*, indicatif présent, 1re et 2e pers. s.	verbe *pouvoir* conjugué à un autre temps, ex. : *pourrais*	pourrais *Tu* ***peux*** *avoir beaucoup de succès si tu fais des efforts.*
peut	verbe *pouvoir*, indicatif présent, 3e pers. s.	verbe *pouvoir* conjugué à un autre temps, ex. : *pourrait*	pourrait *Joseph* ***peut*** *avoir autant d'amis qu'il le souhaite.*
peut-être	adverbe	*sans doute, probablement*	probablement *Ces légumes sont* ***peut-être*** *biologiques.*
peut être	verbe *pouvoir*, indicatif présent, 3e pers. s. + verbe *être* à l'infinitif	verbe *pouvoir* conjugué à un autre temps + *être* ex. : *pourrait être*	pourrait être *Cette évaluation* ***peut être*** *difficile.*
plutôt	adverbe	*assez, passablement*	assez *Nous sommes* ***plutôt*** *heureux du résultat des élections.*
		au contraire, plus précisément	au contraire *Nous voulions* ***plutôt*** *visiter le village voisin.*
plus tôt	adverbe complexe	*plus tard*	plus tard *J'espère que l'auditorium ouvrira ses portes* ***plus tôt****.*

...

HOMOPHONES	CLASSES DE MOTS	REMPLACEMENTS POSSIBLES	EXEMPLES
pourquoi	adverbe interrogatif	*pour quelle raison*	Pour quelle raison *Pourquoi fais-tu toujours cela ?*
pour quoi	préposition + pronom interrogatif	*pour* + verbe à l'infinitif + *quoi*	*Écouter le bulletin météo,* pour faire quoi *pour quoi faire ?*
	préposition + pronom relatif (précédé de *ce*)	*la raison pour laquelle*	la raison pour laquelle *Demander ce pour quoi on a été interpellé.*
	préposition + pronom indéfini (suivi de *que ce soit*)	*pour n'importe quoi*	*Ne plus avoir assez de courage* pour n'importe quoi *pour quoi que ce soit.*
	préposition + pronom indéfini (précédé de *pour qui et/ou/ni*)	*pour quelle chose*	pour quelle chose *Pour qui ou pour quoi devrais-je le rencontrer ?*
près	adverbe (souvent suivi de la préposition *de*)	*proche, sur le point de*	sur le point de *Elle était près de perdre patience.*
prêt	adjectif	*préparé*	préparé *Je crois être prêt pour mon examen de français.*
Q quand	conjonction (jamais suivi de *à*)	*lorsque*	*Il est préférable de manger* lorsqu' *seulement quand on a faim.*
quant	préposition (suivi de la préposition *à, au* ou *aux*)	*pour ce qui est de/des, en ce qui concerne le/les*	Pour ce qui est des *Quant aux desserts proposés sur le menu, ils me plaisent assez.*
qu'en	conjonction *que* + préposition (suivi d'un participe présent)	*qu'en même temps que* + verbe à l'indicatif présent	qu'en même temps que j'écoute *Je ne peux étudier qu'en écoutant de la musique.*
quel, quelle, quels, quelles	déterminants interrogatifs ou exclamatifs	**⊘ *qu'il, qu'ils***	⊘ Qu'ils *Quels films as-tu vu dernièrement ?*
qu'elle, qu'elles	conjonction ou pronom relatif *que* + pronom personnel	*qu'il, qu'ils*	qu'il *Il est possible qu'elle se fasse couper les cheveux.*
◀◀ *quel que, quelle que, quels que, quelles que, quelque, quelques*, p. 87			
quelquefois	adverbe	*parfois, de temps en temps*	parfois *Yin rate quelquefois son train.*

HOMOPHONES	CLASSES DE MOTS	REMPLACEMENTS POSSIBLES	EXEMPLES
quelques fois	déterminant quantitatif + nom	*à quelques reprises, deux ou trois fois*	*Elle a tenté de préparer le repas* [à quelques reprises] *quelques fois, mais sans succès.*
qu'il, qu'ils	conjonction ou pronom relatif *que* + pronom personnel	*qu'elle, qu'elles*	[qu'elle] *J'aimerais qu'il participe.*
qui l'	pronom + pronom personnel *le* ou *la*	*qui* + verbe + *cela*	[qui a bousculé cela] *C'est le vent qui l'a bousculé.*
quoique	conjonction	*bien que*	[Bien que] *Quoique je lui fasse entièrement confiance, elle n'est pas sûre d'elle.*
quoi que	pronom indéfini + conjonction	*que* + sujet + verbe + *n'importe quoi*	[que tu entreprennes n'importe quoi] *Tu réussiras quoi que tu entreprennes.*
	pronom indéfini + conjonction (suivi de *ce soit*)	*n'importe quoi*	[n'importe quoi] *Avise-moi, s'il y a quoi que ce soit que je puisse faire pour t'aider.*

sa, ça, çà, p. 156
sais, sait, ses, s'est, ces, c'est, p. 156

S

HOMOPHONES	CLASSES DE MOTS	REMPLACEMENTS POSSIBLES	EXEMPLES
sang	nom	*flot sanguin, liquide corporel*	[flot sanguin] *Le sang coule dans les veines.*
sans	préposition	*dépourvu de, ne comportant pas de*	[dépourvu de] *Un devoir sans fautes.*
s'en	pronom personnel *se* + pronom personnel	*se* + verbe + *de cela*	[se servir de cela] *Le dictionnaire, on peut s'en servir pendant l'examen.*
sens	verbe *sentir*, indicatif présent, 1re ou 2e pers. s.	verbe *sentir* conjugué à un autre temps, ex. : *sentais*	[sentais] *Je sens l'odeur de la mer.*
sent	verbe *sentir*, indicatif présent, 3e pers. s.	verbe *sentir* conjugué à un autre temps, ex. : *sentait*	[sentait] *On sent l'orage approcher.*
c'en	pronom démonstratif *ce* + pronom personnel	*cela + en*	[Cela en] *C'en a tout l'air !*
cent	déterminant numéral	*mille*	[mille] *Elle dormit durant cent ans.*

se, ce, p. 156
s'était, c'était, p. 157

HOMOPHONES	CLASSES DE MOTS	REMPLACEMENTS POSSIBLES	EXEMPLES
si	conjonction ou adverbe	*si par hasard*	*On peut parler en classe* **si par hasard** *si on a l'autorisation de l'enseignant.*
		tellement	**tellement** *Ces personnes sont si gentilles.*
s'y	pronom personnel *se* + pronom personnel	*se* + verbe + préposition + *cela*	**se tromper sur cela** *Il ne faut pas s'y tromper.*
-ci	adverbe	*-là*	**-là** *Cet entraîneur-ci est très motivant.*
sitôt	adverbe (précédé de *pas de*)	*immédiatement*	*Cette tache ne disparaîtra* **immédiatement** *pas de sitôt.*
si tôt	adverbe complexe	*si vite, de si bonne heure, si tard*	*En été, le soleil ne se couche* **de si bonne heure** *pas si tôt.*
soi	pronom personnel	*soi-même*	**soi-même** *Travailler pour soi.*
soie	nom	*toile, fibre textile*	**toile** *Une robe de soie noire.*
sois	verbe *être*, subjonctif présent, 1re et 2e pers. s.	*semble/sembles*	**sembles** *Il faut que tu sois fier de toi.*
soit	verbe *être*, subjonctif présent, 3e pers. s.	*semble*	**semble** *Pourvu que la partie soit époustouflante !*
soit	conjonction	*à savoir, c'est-à-dire, ou*	**ou** *Il y a deux possibilités, soit en* **ou** *parler, soit garder le secret.*
son	déterminant possessif	*le* + nom + *qui lui appartient*	**le manteau qui lui appartient** *Elle a déchiré son manteau.*
son	nom	*blé*	**blé** *Il mange des céréales de son au petit-déjeuner.*
		bruit	**bruit** *J'adore le son du hautbois.*
sont	verbe *être*, indicatif présent, 3e pers. pl.	*étaient*	**étaient** *Elles sont contentes d'avoir été invitées au théâtre.*

HOMOPHONES	CLASSES DE MOTS	REMPLACEMENTS POSSIBLES	EXEMPLES
ta	déterminant possessif	*la* + nom + *qui t'appartient*	*Annabelle ne cesse d'emprunter* la ceinture qui t'appartient *ta ceinture.*
t'as, t'a, p. 155			
tant	adverbe	*tellement, autant*	tellement *Pedro a tant mangé qu'il s'est rendu malade.*
t'en	pronom personnel *te* + pronom personnel	*te* + verbe + *de cela*	*De ses difficultés, tu n'as pas* te soucier de cela *à t'en soucier.*
temps	nom	*un jour, une minute, un mois*	un mois *Il lui faudra du temps pour s'en rendre compte.*
tends	verbe *tendre*, indicatif présent, 1re ou 2e pers. s.	verbe *tendre* conjugué à un autre temps, ex. : *tendais*	tendais *Tu me tends la main.*
tend	verbe *tendre*, indicatif présent, 3e pers. s.	verbe *tendre* conjugué à un autre temps, ex. : *tendait*	tendait *La température tend à s'adoucir.*
tant que	conjonction	*si*	Si *Tant que Charlotte ne fait pas de fièvre, elle est hors de danger.*
en tant que	conjonction	*comme, à titre de, en qualité de*	à titre de *Il a été employé en tant que directeur général.*
tant de… que	déterminant quantitatif + conjonction	*tellement de… que*	tellement de *Elle a vu tant de lieux magnifiques* qu' *qu'elle est difficile à impressionner.*
tes	adjectif possessif	*les* + nom + *qui t'appartiennent*	*Est-ce que tu accepterais de me* les skis qui t'appartiennent *prêter tes skis ?*
taie	nom	*enveloppe*	*Il faudrait vraiment changer* enveloppes *les taies d'oreiller.*

t'es, t'est, t'aie, t'aies, t'ait, t'aient, p. 158-159
tel, telle, tels, telles, p. 88

HOMOPHONES

HOMOPHONES	CLASSES DE MOTS	REMPLACEMENTS POSSIBLES	EXEMPLES
thon	nom	*poisson*	*Je mange un sandwich au* **thon** [poisson]*.*
ton	déterminant possessif	*le* + nom + *qui t'appartient*	*Il faut laisser* **ton** [le chapeau qui t'appartient] *chapeau au vestiaire.*
	nom	*accent, coloris*	*Avoir le même* **ton** [accent]*.* *J'aimerais mieux un* **ton** [coloris] *plus pâle.*
t'ont	pronom personnel *te* + verbe *avoir*	*t'avaient*	*Elles* **t'ont** [t'avaient] *encouragé à poursuivre tes rêves.*
tonds	verbe *tondre*, indicatif présent, 1re ou 2e pers. s.	verbe *tondre* conjugué à un autre temps, ex. : *tondais*	*Je* **tonds** [tondais] *la pelouse de mon voisin.*
tond	verbe *tondre*, indicatif présent, 3e pers. s.	verbe *tondre* conjugué à un autre temps, ex. : *tondait*	*L'éleveur* **tond** [tondait] *ses moutons.*

tous, tout, toute, toutes, p. 89

V

HOMOPHONES	CLASSES DE MOTS	REMPLACEMENTS POSSIBLES	EXEMPLES
ver	nom	*ver de terre*	*Le* **ver** [ver de terre] *contribue à l'aération du sol.*
verre	nom	*récipient*	*Il utilise un* **verre** [récipient] *propre.*
vers	préposition	*en direction de, autour de*	*Il marche* **vers** [en direction de] *la colline.* *Les principaux invités arriveront* **vers** [autour de] *18 heures.*
	nom	*poème*	*Josiane compose des* **vers** [poèmes] *pour exprimer sa joie.*
vert	adjectif	*verdâtre, écologique, jeune*	*Les murs de ma chambre sont* **verts** [verdâtres]*.* *Pour l'avenir de notre planète, mieux vaut être* **vert** [écologique] *!*

Annexe

2 Les tableaux de conjugaison

La liste des verbes

Pour près de 1000 verbes, on trouve dans la liste suivante un tableau de conjugaison.

Les verbes en –*er*
Si le verbe cherché se termine en –*er* et qu'il ne se trouve pas dans la liste, il se conjugue comme le verbe *aimer*, présenté à la page 176.

Les verbes en –*ir*
Si le verbe se termine en –*ir* et qu'il ne se trouve pas dans la liste, il se conjugue comme le verbe *finir*, présenté à la page 177.

Les **verbes en gras** sont des verbes modèles ou des verbes irréguliers courants dont les tableaux de conjugaison sont présentés.

Les tableaux de conjugaison, p. 175 à 203

abattre	10
aboyer	35
abréger	33
abstenir (s')	49
accéder	12ab
accélérer	12ab
accourir	15
accroître	13a
accroitre ☑	13b
accueillir	19
acheter	**5**
achever	29
acquérir	**6**
acquiescer	37
adhérer	12ab
admettre	31
aérer	12ab
afférer	12ab
affilier	17
affliger	33
agacer	37
agencer	37
aimer	**3**
allécher	12ab
alléger	33
aller	**7**
allier	17
allonger	33
aménager	33
amener	29
amonceler	8
amonceler ☑	12b
amorcer	37
amplifier	17
anesthésier	18
annoncer	37
apercevoir	41
apitoyer (s')	35
apparaître	13a
apparaitre ☑	13b
appartenir	49
appeler	**8**
apprécier	17
apprendre	40
approprier	17
appuyer	35
arranger	33
asperger	33
asphyxier (s')	17
assaillir	19
assécher	12ab
asseoir	**9a**
assoir ☑	**9b**
associer	17
atteindre	28
atteler	8
atteler ☑	12b
attendre	42
authentifier	17
autodétruire	14
autofinancer	37
autographier	17
avancer	37
avantager	33
avérer (s')	12ab
avoir	**2**
balancer	37
balayer	36
balbutier	17
battre	**10**
becqueter	8
becqueter ☑	5
bégayer	36
bénéficier	17
bercer	37
boire	**11**
bonifier	17
bosseler	8
bosseler ☑	12b
bouger	33
bouillir	45
boulanger	33
breveter	8
breveter ☑	5

broyer	35
budgéter	8
budgéter ☑	5
cacheter	8
cacheter ☑	5
calligraphier	17
carier	17
carreler	8
céder	**12ab**
célébrer	12ab
certifier	17
chanceler	8
chanceler ☑	12b
changer	33
charger	33
charrier	17
châtier	17
chorégraphier	17
choyer	35
chronométrer	12ab
circonscrire	23
ciseler	5
ciseler ☑	12b
clarifier	17
classifier	17
cliqueter	8
cliqueter ☑	5
codifier	17
coincer	37
colliger	33
colorier	17
combattre	10
commencer	37
commercer	37
commérer	12ab
commettre	31
communier	17
comparaître	13a
comparaitre ☑	13b
complaire	38
compléter	12ab
complexifier	17
comprendre	40
compromettre	31
concéder	12ab
concevoir	41

concilier	17
conclure	42
concurrencer	37
conduire	14
conférer	12ab
confier	17
confondre	42
congédier	17
congeler	5
congeler ☑	12b
connaître	**13a**
connaitre ☑	**13b**
conquérir	6
consentir	45
considérer	12ab
construire	**14**
contenir	49
contraindre	28
contrarier	17
contredire	21
contrefaire	25
contrevenir	49
convaincre	47
convenir	49
converger	33
convier	17
coopérer	12ab
copier	17
correspondre	42
corriger	33
corrompre	42
côtoyer	35
courir	**15**
couvrir	**16**
crémer	12ab
crever	29
crier	**17**
croire	**18**
croître	13a
croitre ☑	13b
cueillir	**19**
cuire	14
dactylographier	17
débattre	10
déblayer	36
débosseler	8

débosseler ☑	12b
débrayer	36
décacheter	8
décacheter ☑	5
décéder	12ab
déceler	13
décélérer	12ab
décevoir	41
décharger	33
déchiqueter	8
déchiqueter ☑	5
décongeler	5
décongeler ☑	12b
déconstruire	14
décontenancer	37
décourager	33
découvrir	16
décréter	12ab
décrier	17
décrire	23
décroître	13a
décroitre ☑	13b
dédicacer	37
dédier	18
dédire	21
dédommager	33
déduire	14
défaillir	19
défaire	25
défendre	42
déférer	12
déficeler	8
déficeler ☑	12b
défier	17
défoncer	37
défrayer	36
dégager	33
dégeler	5
dégeler ☑	12b
dégénérer	12ab
déglacer	37
dégorger	33
délacer	37
délayer	36
déléguer	12ab
délibérer	12ab

délier	17
déloger	33
démanger	33
déménager	33
démener	29
démentir	45
démordre	42
démultiplier	17
démystifier	17
démythifier	17
déneiger	33
dénier	17
déniveler	8
déniveler ☑	12b
dénoncer	37
densifier	17
denteler	8
denteler ☑	12b
dépaqueter	8
dépaqueter ☑	5
départager	33
départir	45
dépecer	37
dépeindre	28
dépendre	42
déplacer	37
déplaire	38
déplier	17
déployer	35
déposséder	12ab
dépoussiérer	12ab
déprécier	17
déprendre	40
déranger	33
dérégler	12ab
déroger	33
désaffilier	17
désagréger	33
désaltérer	12ab
désamorcer	37
désapprendre	40
désavantager	33
descendre	42
désembrayer	36
désengager	33
désengorger	33

geler	5
geler ☑	12b
générer	12ab
gercer	37
gérer	12ab
glacer	37
glorifier	17
gorger (se)	33
gracier	17
gratifier	17
grimacer	37
grincer	37
gruger	33
haleter	5
haleter ☑	12b
harceler	5
harceler ☑	12b
héberger	33
hébéter	12ab
héler	12ab
hoqueter	8
hoqueter ☑	5
horrifier	18
humidifier	17
humilier	17
hypothéquer	12ab
identifier	17
imager	33
immerger	33
immiscer (s')	37
imprégner	12ab
incarcérer	12ab
incendier	17
incinérer	12ab
inclure	42
indifférer	12ab
induire	14
inférer	12ab
infliger	33
influencer	37
ingénier (s')	17
ingérer	12ab
initier	17
injurier	17
inquiéter	12ab
inscrire	23
insérer	12ab
instruire	14
insurger (s')	33
intégrer	12ab
intensifier	17
intercéder	12ab
interdire	21
interférer	12ab
interjeter	7
interpeler ☑	12b
interpeller	8
interpréter	12ab
interroger	33
interrompre	42
intervenir	49
introduire	14
inventorier	17
irradier	17
jauger	33
jeter	8
joindre	**28**
juger	33
jumeler	8
jumeler ☑	12b
justifier	17
lacer	37
lacérer	12ab
lancer	37
langer	33
larmoyer	35
lécher	12ab
légiférer	12ab
léguer	12ab
léser	12ab
lever	**29**
libérer	12ab
licencier	17
lier	17
limoger	33
liquéfier	17
lire	**30**
loger	33
longer	33
louanger	33
louvoyer	35
lubrifier	17
luire	14
macérer	12ab
maintenir	49
malmener	29
manger	33
manier	17
manigancer	37
marier	17
marteler	5
marteler ☑	12b
maudire	4
méconnaître	13a
méconnaitre ☑	13b
méfier	17
mélanger	33
menacer	37
ménager	33
mendier	17
mener	29
mentir	45
méprendre (se)	40
mettre	**31**
mitiger	33
modeler	5
modeler ☑	12b
modérer	12ab
modifier	17
momifier	17
monnayer	36
morceler	8
morceler ☑	12b
mordre	42
morfondre (se)	42
mourir	**32**
mouvoir	39
multiplier	17
museler	8
museler ☑	12b
mystifier	17
mythifier	17
nager	**33**
naître	**34a**
naitre ☑	**34b**
négliger	33
négocier	17
nettoyer	35
nidifier	17
nier	17
niveler	8
niveler ☑	12b
notifier	17
noyer	**35**
nuancer	37
nuire	14
obliger	33
obséder	12ab
obtempérer	12ab
obtenir	49
octroyer	35
offrir	16
ombrager	33
omettre	31
ondoyer	35
opérer	12ab
orthographier	17
oublier	17
outrager	33
ouvrir	16
oxygéner	12ab
pacifier	18
pagayer	36
paître	13a
paitre ☑	13b
pallier	17
paraître	13a
paraitre ☑	13b
parcourir	15
parfaire	25
parier	17
parodier	17
parsemer	29
partager	33
partir	45
parvenir	49
patauger	33
payer	**36**
peindre	28
peler	5
peler ☑	12b
pelleter	8
pelleter ☑	5
pendre	42

renfoncer	37
renforcer	37
rengager	33
rengorger (se)	33
renier	17
renoncer	37
renouveler	8
renouveler ☑	12b
renvoyer	24
repaître	13a
repaitre ☑	13b
répandre	42
repartir	45
repentir (se)	45
repérer	12ab
répertorier	17
répéter	12ab
replacer	37
replier	17
replonger	33
répondre	42
reprendre	40
reproduire	14
reprographier	17
requalifier	17
requérir	6
résilier	17
ressayer	36
ressentir	45
ressortir	45
ressourcer	37
restreindre	28
retendre	42
retenir	49
retordre	42
retranscrire	23
retransmettre	31
réunifier	17
révéler	12ab
revendre	42
revenir	49
revêtir	50
revivifier	17
revivre	51
revoir	52
rincer	37
rire	**43**
romancer	37
rompre	42
ronger	33
rougeoyer	35
rouspéter	12ab
rouvrir	16
rudoyer	35
ruisseler	8
ruisseler ☑	12b
saccager	33
sacrifier	17
satisfaire	25
savoir	**44**
scier	17
sécher	12ab
secourir	15
sécréter	12ab
séduire	14
semer	29
sentir	**45**
servir	45
sidérer	12ab
siéger	33
signifier	17
simplifier	17
singer	33
skier	17
solidifier	17
songer	33
sortir	45
soucier (se)	17
soudoyer	35
souffrir	16
soulager	33
soulever	29
soumettre	31
soupeser	29
sourire	43
souscrire	23
sous-employer	35
sous-entendre	42
sous-payer	36
sous-tendre	42
soustraire	18
soutenir	49
souvenir	49
spécifier	17
stratifier	17
strier	17
stupéfaire	25
stupéfier	17
submerger	33
subvenir	49
succéder	12ab
sucer	37
suffire	14
suggérer	12ab
suivre	**46**
supplier	17
surcharger	33
surélever	29
surfaire	25
surgeler	5
surgeler ☑	12b
surmener	29
surpayer	36
surprendre	40
surprotéger	33
survenir	49
survêtir	50
survivre	51
suspendre	42
tacheter	8
tacheter ☑	5
taire	38
teindre	28
télécopier	17
télégraphier	17
tempérer	12ab
tendre	42
tenir	49
terrifier	17
téter	12ab
tolérer	12ab
tondre	42
tonifier	17
tordre	42
tournoyer	35
tracer	37
traduire	14
traire	18
transcrire	23
transférer	12ab
transiger	33
transmettre	31
transparaître	13a
transparaitre ☑	13b
transpercer	37
tressaillir	19
trier	17
tuméfier	17
tutoyer	35
typographier	17
ulcérer	12ab
unifier	17
urger	33
vaincre	**47**
valoir	**48**
varier	17
végéter	12ab
vendre	42
vénérer	12ab
venger	33
venir	**49**
verdoyer	35
vérifier	17
versifier	17
vêtir	**50**
vidanger	33
violacer	37
vivifier	17
vivre	**51**
vociférer	12ab
voir	**52**
voleter	8
voleter ☑	5
voltiger	33
vouloir	**53**
vouvoyer	35
voyager	33
zébrer	12ab
zézayer	36

Les tableaux modèles

☑ Orthographe rectifiée d'un mot.

Tableau 1 Être

Le verbe *être* est aussi un auxiliaire de conjugaison.

INDICATIF

Présent		Passé composé			Futur simple		Futur antérieur		
je	suis	j'	ai	été	je	serai	j'	aurai	été
tu	es	tu	as	été	tu	seras	tu	auras	été
il/elle	est	il/elle	a	été	il/elle	sera	il/elle	aura	été
nous	sommes	nous	avons	été	nous	serons	nous	aurons	été
vous	êtes	vous	avez	été	vous	serez	vous	aurez	été
ils/elles	sont	ils/elles	ont	été	ils/elles	seront	ils/elles	auront	été

Imparfait		Plus-que-parfait			Conditionnel présent		Conditionnel passé		
j'	étais	j'	avais	été	je	serais	j'	aurais	été
tu	étais	tu	avais	été	tu	serais	tu	aurais	été
il/elle	était	il/elle	avait	été	il/elle	serait	il/elle	aurait	été
nous	étions	nous	avions	été	nous	serions	nous	aurions	été
vous	étiez	vous	aviez	été	vous	seriez	vous	auriez	été
ils/elles	étaient	ils/elles	avaient	été	ils/elles	seraient	ils/elles	auraient	été

Passé simple		Passé antérieur		
je	fus	j'	eus	été
tu	fus	tu	eus	été
il/elle	fut	il/elle	eut	été
nous	fûmes	nous	eûmes	été
vous	fûtes	vous	eûtes	été
ils/elles	furent	ils/elles	eurent	été

SUBJONCTIF

Présent		Passé		
que je	sois	que j'	aie	été
que tu	sois	que tu	aies	été
qu'il/elle	soit	qu'il/elle	ait	été
que nous	soyons	que nous	ayons	été
que vous	soyez	que vous	ayez	été
qu'ils/elles	soient	qu'ils/elles	aient	été

IMPÉRATIF

Présent	Passé	
sois	aie	été
soyons	ayons	été
soyez	ayez	été

INFINITIF

Présent	Passé
être	avoir été

PARTICIPE

Présent	Passé	Passé composé
étant	été	ayant été

Tableau 2 Avoir

Le verbe *avoir* est aussi un auxiliaire de conjugaison.

INDICATIF

Présent

j'	ai
tu	as
il/elle	a
nous	avons
vous	avez
ils/elles	ont

Passé composé

j'	ai	eu
tu	as	eu
il/elle	a	eu
nous	avons	eu
vous	avez	eu
ils/elles	ont	eu

Futur simple

j'	aurai
tu	auras
il/elle	aura
nous	aurons
vous	aurez
ils/elles	auront

Futur antérieur

j'	aurai	eu
tu	auras	eu
il/elle	aura	eu
nous	aurons	eu
vous	aurez	eu
ils/elles	auront	eu

Imparfait

j'	avais
tu	avais
il/elle	avait
nous	avions
vous	aviez
ils/elles	avaient

Plus-que-parfait

j'	avais	eu
tu	avais	eu
il/elle	avait	eu
nous	avions	eu
vous	aviez	eu
ils/elles	avaient	eu

Conditionnel présent

j'	aurais
tu	aurais
il/elle	aurait
nous	aurions
vous	auriez
ils/elles	auraient

Conditionnel passé

j'	aurais	eu
tu	aurais	eu
il/elle	aurait	eu
nous	aurions	eu
vous	auriez	eu
ils/elles	auraient	eu

Passé simple

j'	eus
tu	eus
il/elle	eut
nous	eûmes
vous	eûtes
ils/elles	eurent

Passé antérieur

j'	eus	eu
tu	eus	eu
il/elle	eut	eu
nous	eûmes	eu
vous	eûtes	eu
ils/elles	eurent	eu

IMPÉRATIF

Présent	Passé	
aie	aie	eu
ayons	ayons	eu
ayez	ayez	eu

INFINITIF

Présent	Passé
avoir	avoir eu

PARTICIPE

Présent	Passé	Passé composé
ayant	eu, eue, eus, eues	ayant eu

SUBJONCTIF

Présent

que j'	aie
que tu	aies
qu'il/elle	ait
que nous	ayons
que vous	ayez
qu'ils/elles	aient

Passé

que j'	aie	eu
que tu	aies	eu
qu'il/elle	ait	eu
que nous	ayons	eu
que vous	ayez	eu
qu'ils/elles	aient	eu

Tableau 3 Aimer

Plus de 4000 verbes en *–er* se conjuguent comme le verbe *aimer*.

INDICATIF

Présent

j'	aime
tu	aimes
il/elle	aime
nous	aimons
vous	aimez
ils/elles	aiment

Passé composé

j'	ai	aimé
tu	as	aimé
il/elle	a	aimé
nous	avons	aimé
vous	avez	aimé
ils/elles	ont	aimé

Futur simple

j'	aimerai
tu	aimeras
il/elle	aimera
nous	aimerons
vous	aimerez
ils/elles	aimeront

Futur antérieur

j'	aurai	aimé
tu	auras	aimé
il/elle	aura	aimé
nous	aurons	aimé
vous	aurez	aimé
ils/elles	auront	aimé

Imparfait

j'	aimais
tu	aimais
il/elle	aimait
nous	aimions
vous	aimiez
ils/elles	aimaient

Plus-que-parfait

j'	avais	aimé
tu	avais	aimé
il/elle	avait	aimé
nous	avions	aimé
vous	aviez	aimé
ils/elles	avaient	aimé

Conditionnel présent

j'	aimerais
tu	aimerais
il/elle	aimerait
nous	aimerions
vous	aimeriez
ils/elles	aimeraient

Conditionnel passé

j'	aurais	aimé
tu	aurais	aimé
il/elle	aurait	aimé
nous	aurions	aimé
vous	auriez	aimé
ils/elles	auraient	aimé

Passé simple

j'	aimai
tu	aimas
il/elle	aima
nous	aimâmes
vous	aimâtes
ils/elles	aimèrent

Passé antérieur

j'	eus	aimé
tu	eus	aimé
il/elle	eut	aimé
nous	eûmes	aimé
vous	eûtes	aimé
ils/elles	eurent	aimé

IMPÉRATIF

Présent	Passé	
aime	aie	aimé
aimons	ayons	aimé
aimez	ayez	aimé

INFINITIF

Présent	Passé
aimer	avoir aimé

PARTICIPE

Présent	Passé	Passé composé
aimant	aimé, aimée, aimés, aimées	ayant aimé

SUBJONCTIF

Présent

que j'	aime
que tu	aimes
qu'il/elle	aime
que nous	aimions
que vous	aimiez
qu'ils/elles	aiment

Passé

que j'	aie	aimé
que tu	aies	aimé
qu'il/elle	ait	aimé
que nous	ayons	aimé
que vous	ayez	aimé
qu'ils/elles	aient	aimé

Tableau 4 Finir

Près de 300 verbes en *–ir* se conjuguent comme le verbe *finir*.

INDICATIF

Présent		Passé composé			Futur simple		Futur antérieur		
je	finis	j'	ai	fini	je	finirai	j'	aurai	fini
tu	finis	tu	as	fini	tu	finiras	tu	auras	fini
il/elle	finit	il/elle	a	fini	il/elle	finira	il/elle	aura	fini
nous	finissons	nous	avons	fini	nous	finirons	nous	aurons	fini
vous	finissez	vous	avez	fini	vous	finirez	vous	aurez	fini
ils/elles	finissent	ils/elles	ont	fini	ils/elles	finiront	ils/elles	auront	fini

Imparfait		Plus-que-parfait			Conditionnel présent		Conditionnel passé		
je	finissais	j'	avais	fini	je	finirais	j'	aurais	fini
tu	finissais	tu	avais	fini	tu	finirais	tu	aurais	fini
il/elle	finissait	il/elle	avait	fini	il/elle	finirait	il/elle	aurait	fini
nous	finissions	nous	avions	fini	nous	finirions	nous	aurions	fini
vous	finissiez	vous	aviez	fini	vous	finiriez	vous	auriez	fini
ils/elles	finissaient	ils/elles	avaient	fini	ils/elles	finiraient	ils/elles	auraient	fini

Passé simple		Passé antérieur		
je	finis	j'	eus	fini
tu	finis	tu	eus	fini
il/elle	finit	il/elle	eut	fini
nous	finîmes	nous	eûmes	fini
vous	finîtes	vous	eûtes	fini
ils/elles	finirent	ils/elles	eurent	fini

SUBJONCTIF

Présent		Passé		
que je	finisse	que j'	aie	fini
que tu	finisses	que tu	aies	fini
qu'il/elle	finisse	qu'il/elle	ait	fini
que nous	finissions	que nous	ayons	fini
que vous	finissiez	que vous	ayez	fini
qu'ils/elles	finissent	qu'ils/elles	aient	fini

IMPÉRATIF

Présent	Passé	
finis	aie	fini
finissons	ayons	fini
finissez	ayez	fini

INFINITIF

Présent	Passé
finir	avoir fini

PARTICIPE

Présent	Passé	Passé composé
finissant	fini, finie, finis, finies	ayant fini

Maudire, au participe passé, fait *maudit, maudite, maudits, maudites.*

A Tableau 5 Acheter

INDICATIF

Présent		Passé composé			Futur simple		Futur antérieur		
j'	achète	j'	ai	acheté	j'	achèterai	j'	aurai	acheté
tu	achètes	tu	as	acheté	tu	achèteras	tu	auras	acheté
il/elle	achète	il/elle	a	acheté	il/elle	achètera	il/elle	aura	acheté
nous	achetons	nous	avons	acheté	nous	achètetrons	nous	aurons	acheté
vous	achetez	vous	avez	acheté	vous	achèterez	vous	aurez	acheté
ils/elles	achètent	ils/elles	ont	acheté	ils/elles	achèteront	ils/elles	auront	acheté

Imparfait		Plus-que-parfait			Conditionnel présent		Conditionnel passé		
j'	achetais	j'	avais	acheté	j'	achèterais	j'	aurais	acheté
tu	achetais	tu	avais	acheté	tu	achèterais	tu	aurais	acheté
il/elle	achetait	il/elle	avait	acheté	il/elle	achèterait	il/elle	aurait	acheté
nous	achetions	nous	avions	acheté	nous	achèterions	nous	aurions	acheté
vous	achetiez	vous	aviez	acheté	vous	achèteriez	vous	auriez	acheté
ils/elles	achetaient	ils/elles	avaient	acheté	ils/elles	achèteraient	ils/elles	auraient	acheté

Passé simple		Passé antérieur		
j'	achetai	j'	eus	acheté
tu	achetas	tu	eus	acheté
il/elle	acheta	il/elle	eut	acheté
nous	achetâmes	nous	eûmes	acheté
vous	achetâtes	vous	eûtes	acheté
ils/elles	achetèrent	ils/elles	eurent	acheté

SUBJONCTIF

Présent		Passé		
que j'	achète	que j'	aie	acheté
que tu	achètes	que tu	aies	acheté
qu'il/elle	achète	q u'il/elle	ait	acheté
que nous	achetions	que nous	ayons	acheté
que vous	achetiez	que vous	ayez	acheté
qu'ils/elles	achètent	qu'ils/elles	aient	acheté

IMPÉRATIF

Présent	Passé	
achète	aie	acheté
achetons	ayons	acheté
achetez	ayez	acheté

INFINITIF

Présent	Passé
acheter	avoir acheté

PARTICIPE

Présent	Passé	Passé composé
achetant	acheté, achetée, achetés, achetées	ayant acheté

Tableau 6 Acquérir

INDICATIF

Présent		Passé composé			Futur simple		Futur antérieur		
j'	acquiers	j'	ai	acquis	j'	acquerrai	j'	aurai	acquis
tu	acquiers	tu	as	acquis	tu	acquerras	tu	auras	acquis
il/elle	acquiert	il/elle	a	acquis	il/elle	acquerra	il/elle	aura	acquis
nous	acquérons	nous	avons	acquis	nous	acquerrons	nous	aurons	acquis
vous	acquérez	vous	avez	acquis	vous	acquerrez	vous	aurez	acquis
ils/elles	acquièrent	ils/elles	ont	acquis	ils/elles	acquerront	ils/elles	auront	acquis

Imparfait		Plus-que-parfait			Conditionnel présent		Conditionnel passé		
j'	acquérais	j'	avais	acquis	j'	acquerrais	j'	aurais	acquis
tu	acquérais	tu	avais	acquis	tu	acquerrais	tu	aurais	acquis
il/elle	acquérait	il/elle	avait	acquis	il/elle	acquerrait	il/elle	aurait	acquis
nous	acquérions	nous	avions	acquis	nous	acquerrions	nous	aurions	acquis
vous	acquériez	vous	aviez	acquis	vous	acquerriez	vous	auriez	acquis
ils/elles	acquéraient	ils/elles	avaient	acquis	ils/elles	acquerraient	ils/elles	auraient	acquis

Passé simple		Passé antérieur		
j'	acquis	j'	eus	acquis
tu	acquis	tu	eus	acquis
il/elle	acquit	il/elle	eut	acquis
nous	acquîmes	nous	eûmes	acquis
vous	acquîtes	vous	eûtes	acquis
ils/elles	acquirent	ils/elles	eurent	acquis

SUBJONCTIF

Présent		Passé		
que j'	acquière	que j'	aie	acquis
que tu	acquières	que tu	aies	acquis
qu'il/elle	acquière	qu'il/elle	ait	acquis
que nous	acquérions	que nous	ayons	acquis
que vous	acquériez	que vous	ayez	acquis
qu'ils/elles	acquièrent	qu'ils/elles	aient	acquis

IMPÉRATIF

Présent	Passé	
acquiers	aie	acquis
acquérons	ayons	acquis
acquérez	ayez	acquis

INFINITIF

Présent	Passé
acquérir	avoir acquis

PARTICIPE

Présent	Passé	Passé composé
acquérant	acquis, acquise, acquis, acquises	ayant acquis

Tableau 7 Aller

INDICATIF

Présent		Passé composé			Futur simple		Futur antérieur		
je	vais	je	suis	allé/allée	j'	irai	je	serai	allé/allée
tu	vas	tu	es	allé/allée	tu	iras	tu	seras	allé/allée
il/elle	va	il/elle	est	allé/allée	il/elle	ira	il/elle	sera	allé/allée
nous	allons	nous	sommes	allés/allées	nous	irons	nous	serons	allés/allées
vous	allez	vous	êtes	allés/allées	vous	irez	vous	serez	allés/allées
ils/elles	vont	ils/elles	sont	allés/allées	ils/elles	iront	ils/elles	seront	allés/allées

Imparfait		Plus-que-parfait			Conditionnel présent		Conditionnel passé		
j'	allais	j'	étais	allé/allée	j'	irais	je	serais	allé/allée
tu	allais	tu	étais	allé/allée	tu	irais	tu	serais	allé/allée
il/elle	allait	il/elle	était	allé/allée	il/elle	irait	il/elle	serait	allé/allée
nous	allions	nous	étions	allés/allées	nous	irions	nous	serions	allés/allées
vous	alliez	vous	étiez	allés/allées	vous	iriez	vous	seriez	allés/allées
ils/elles	allaient	ils/elles	étaient	allés/allées	ils/elles	iraient	ils/elles	seraient	allés/allées

Passé simple		Passé antérieur		
j'	allai	je	fus	allé/allée
tu	allas	tu	fus	allé/allée
il/elle	alla	il/elle	fut	allé/allée
nous	allâmes	nous	fûmes	allés/allées
vous	allâtes	vous	fûtes	allés/allées
ils/elles	allèrent	ils/elles	furent	allés/allées

SUBJONCTIF

Présent		Passé		
que j'	aille	que je	sois	allé/allée
que tu	ailles	que tu	sois	allé/allée
qu'il/elle	aille	qu'il/elle	soit	allé/allée
que nous	aillions	que nous	soyons	allés/allées
que vous	ailliez	que vous	soyez	allés/allées
qu'ils/elles	aillent	qu'ils/elles	soient	allés/allées

IMPÉRATIF

Présent	Passé	
va	sois	allé/allée
allons	soyons	allés/allées
allez	soyez	allés/allées

INFINITIF

Présent	Passé
aller	être allé

PARTICIPE

Présent	Passé	Passé composé
allant	allé, allée, allés, allées	étant allé

Tableau 8 Appeler

INDICATIF

Présent		Passé composé			Futur simple		Futur antérieur		
j'	appelle	j'	ai	appelé	j'	appellerai	j'	aurai	appelé
tu	appelles	tu	as	appelé	tu	appelleras	tu	auras	appelé
il/elle	appelle	il/elle	a	appelé	il/elle	appellera	il/elle	aura	appelé
nous	appelons	nous	avons	appelé	nous	appellerons	nous	aurons	appelé
vous	appelez	vous	avez	appelé	vous	appellerez	vous	aurez	appelé
ils/elles	appellent	ils/elles	ont	appelé	ils/elles	appelleront	ils/elles	auront	appelé

Imparfait		Plus-que-parfait			Conditionnel présent		Conditionnel passé		
j'	appelais	j'	avais	appelé	j'	appellerais	j'	aurais	appelé
tu	appelais	tu	avais	appelé	tu	appellerais	tu	aurais	appelé
il/elle	appelait	il/elle	avait	appelé	il/elle	appellerait	il/elle	aurait	appelé
nous	appelions	nous	avions	appelé	nous	appellerions	nous	aurions	appelé
vous	appeliez	vous	aviez	appelé	vous	appelleriez	vous	auriez	appelé
ils/elles	appelaient	ils/elles	avaient	appelé	ils/elles	appelleraient	ils/elles	auraient	appelé

Passé simple		Passé antérieur		
j'	appelai	j'	eus	appelé
tu	appelas	tu	eus	appelé
il/elle	appela	il/elle	eut	appelé
nous	appelâmes	nous	eûmes	appelé
vous	appelâtes	vous	eûtes	appelé
ils/elles	appelèrent	ils/elles	eurent	appelé

SUBJONCTIF

Présent		Passé		
que j'	appelle	que j'	aie	appelé
que tu	appelles	que tu	aies	appelé
qu'il/elle	appelle	qu'il/elle	ait	appelé
que nous	appelions	que nous	ayons	appelé
que vous	appeliez	que vous	ayez	appelé
qu'ils/elles	appellent	qu'ils/elles	aient	appelé

IMPÉRATIF

Présent	Passé	
appelle	aie	appelé
appelons	ayons	appelé
appelez	ayez	appelé

INFINITIF

Présent	Passé
appeler	avoir appelé

PARTICIPE

Présent	Passé	Passé composé
appelant	appelé, appelée, appelés, appelées	ayant appelé

Tableau 9a Asseoir (s'asseoir)

(Voir aussi le tableau suivant.)

INDICATIF

Présent		Passé composé			Futur simple		Futur antérieur		
j'	assois	j'	ai	assis	j'	assoirai	j'	aurai	assis
tu	assois	tu	as	assis	tu	assoiras	tu	auras	assis
il/elle	assoit	il/elle	a	assis	il/elle	assoira	il/elle	aura	assis
nous	assoyons	nous	avons	assis	nous	assoirons	nous	aurons	assis
vous	assoyez	vous	avez	assis	vous	assoirez	vous	aurez	assis
ils/elles	assoient	ils/elles	ont	assis	ils/elles	assoiront	ils/elles	auront	assis

Imparfait		Plus-que-parfait			Conditionnel présent		Conditionnel passé		
j'	assoyais	j'	avais	assis	j'	assoirais	j'	aurais	assis
tu	assoyais	tu	avais	assis	tu	assoirais	tu	aurais	assis
il/elle	assoyait	il/elle	avait	assis	il/elle	assoirait	il/elle	aurait	assis
nous	assoyions	nous	avions	assis	nous	assoirions	nous	aurions	assis
vous	assoyiez	vous	aviez	assis	vous	assoiriez	vous	auriez	assis
ils/elles	assoyaient	ils/elles	avaient	assis	ils/elles	assoiraient	ils/elles	auraient	assis

Passé simple		Passé antérieur		
j'	assis	j'	eus	assis
tu	assis	tu	eus	assis
il/elle	assit	il/elle	eut	assis
nous	assîmes	nous	eûmes	assis
vous	assîtes	vous	eûtes	assis
ils/elles	assirent	ils/elles	eurent	assis

SUBJONCTIF

Présent		Passé		
que j'	assoie	que j'	aie	assis
que tu	assoies	que tu	aies	assis
qu'il/elle	assoie	qu'il/elle	ait	assis
que nous	assoyions	que nous	ayons	assis
que vous	assoyiez	que vous	ayez	assis
qu'ils/elles	assoient	qu'ils/elles	aient	assis

IMPÉRATIF

Présent	Passé
assois	aie assis
assoyons	ayons assis
assoyez	ayez assis

INFINITIF

Présent	Passé
asseoir	avoir assis

PARTICIPE

Présent	Passé	Passé composé
assoyant	assis, assise, assis, assises	étant assis

À la forme pronominale, les temps composés de ce verbe se forment avec l'auxiliaire *être*.

Tableau 9b Assoir (s'assoir) ☑

(Voir aussi le tableau précédent.)

INDICATIF

Présent		Passé composé			Futur simple		Futur antérieur		
j'	assois	j'	ai	assis	j'	assoirai	j'	aurai	assis
tu	assois	tu	as	assis	tu	assoiras	tu	auras	assis
il/elle	assoit	il/elle	a	assis	il/elle	assoira	il/elle	aura	assis
nous	assoyons	nous	avons	assis	nous	assoirons	nous	aurons	assis
vous	assoyez	vous	avez	assis	vous	assoirez	vous	aurez	assis
ils/elles	assoient	ils/elles	ont	assis	ils/elles	assoiront	ils/elles	auront	assis

Imparfait		Plus-que-parfait			Conditionnel présent		Conditionnel passé		
j'	assoyais	j'	avais	assis	j'	assoirais	j'	aurais	assis
tu	assoyais	tu	avais	assis	tu	assoirais	tu	aurais	assis
il/elle	assoyait	il/elle	avait	assis	il/elle	assoirait	il/elle	aurait	assis
nous	assoyions	nous	avions	assis	nous	assoirions	nous	aurions	assis
vous	assoyiez	vous	aviez	assis	vous	assoiriez	vous	auriez	assis
ils/elles	assoyaient	ils/elles	avaient	assis	ils/elles	assoiraient	ils/elles	auraient	assis

Passé simple		Passé antérieur		
j'	assis	j'	eus	assis
tu	assis	tu	eus	assis
il/elle	assit	il/elle	eut	assis
nous	assîmes	nous	eûmes	assis
vous	assîtes	vous	eûtes	assis
ils/elles	assirent	ils/elles	eurent	assis

SUBJONCTIF

Présent		Passé		
que j'	assoie	que j'	aie	assis
que tu	assoies	que tu	aies	assis
qu'il/elle	assoie	qu'il/elle	ait	assis
que nous	assoyions	que nous	ayons	assis
que vous	assoyiez	que vous	ayez	assis
qu'ils/elles	assoient	qu'ils/elles	aient	assis

IMPÉRATIF

Présent	Passé	
assois	aie	assis
assoyons	ayons	assis
assoyez	ayez	assis

INFINITIF

Présent ☑	Passé
assoir	avoir assis

PARTICIPE

Présent	Passé	Passé composé
assoyant	assis, assise, assis, assises	étant assis

À la forme pronominale, les temps composés de ce verbe se forment avec l'auxiliaire *être*.

B Tableau 10 Battre

INDICATIF

Présent		Passé composé			Futur simple		Futur antérieur		
je	bats	j'	ai	battu	je	battrai	j'	aurai	battu
tu	bats	tu	as	battu	tu	battras	tu	auras	battu
il/elle	bat	il/elle	a	battu	il/elle	battra	il/elle	aura	battu
nous	battons	nous	avons	battu	nous	battrons	nous	aurons	battu
vous	battez	vous	avez	battu	vous	battrez	vous	aurez	battu
ils/elles	battent	ils/elles	ont	battu	ils/elles	battront	ils/elles	auront	battu

Imparfait		Plus-que-parfait			Conditionnel présent		Conditionnel passé		
je	battais	j'	avais	battu	je	battrais	j'	aurais	battu
tu	battais	tu	avais	battu	tu	battrais	tu	aurais	battu
il/elle	battait	il/elle	avait	battu	il/elle	battrait	il/elle	aurait	battu
nous	battions	nous	avions	battu	nous	battrions	nous	aurions	battu
vous	battiez	vous	aviez	battu	vous	battriez	vous	auriez	battu
ils/elles	battaient	ils/elles	avaient	battu	ils/elles	battraient	ils/elles	auraient	battu

Passé simple		Passé antérieur		
je	battis	j'	eus	battu
tu	battis	tu	eus	battu
il/elle	battit	il/elle	eut	battu
nous	battîmes	nous	eûmes	battu
vous	battîtes	vous	eûtes	battu
ils/elles	battirent	ils/elles	eurent	battu

SUBJONCTIF

Présent		Passé		
que je	batte	que j'	aie	battu
que tu	battes	que tu	aies	battu
qu'il/elle	batte	qu'il/elle	ait	battu
que nous	battions	que nous	ayons	battu
que vous	battiez	que vous	ayez	battu
qu'ils/elles	battent	qu'ils/elles	aient	battu

IMPÉRATIF

Présent	Passé	
bats	aie	battu
battons	ayons	battu
battez	ayez	battu

INFINITIF

Présent	Passé
battre	avoir battu

PARTICIPE

Présent	Passé	Passé composé
battant	battu, battue, battus, battues	ayant battu

Tableau 11 Boire

INDICATIF

Présent		Passé composé			Futur simple		Futur antérieur		
je	bois	j'	ai	bu	je	boirai	j'	aurai	bu
tu	bois	tu	as	bu	tu	boiras	tu	auras	bu
il/elle	boit	il/elle	a	bu	il/elle	boira	il/elle	aura	bu
nous	buvons	nous	avons	bu	nous	boirons	nous	aurons	bu
vous	buvez	vous	avez	bu	vous	boirez	vous	aurez	bu
ils/elles	boivent	ils/elles	ont	bu	ils/elles	boiront	ils/elles	auront	bu

Imparfait		Plus-que-parfait			Conditionnel présent		Conditionnel passé		
je	buvais	j'	avais	bu	je	boirais	j'	aurais	bu
tu	buvais	tu	avais	bu	tu	boirais	tu	aurais	bu
il/elle	buvait	il/elle	avait	bu	il/elle	boirait	il/elle	aurait	bu
nous	buvions	nous	avions	bu	nous	boirions	nous	aurions	bu
vous	buviez	vous	aviez	bu	vous	boiriez	vous	auriez	bu
ils/elles	buvaient	ils/elles	avaient	bu	ils/elles	boiraient	ils/elles	auraient	bu

Passé simple		Passé antérieur		
je	bus	j'	eus	bu
tu	bus	tu	eus	bu
il/elle	but	il/elle	eut	bu
nous	bûmes	nous	eûmes	bu
vous	bûtes	vous	eûtes	bu
ils/elles	burent	ils/elles	eurent	bu

SUBJONCTIF

Présent		Passé		
que je	boive	que j'	aie	bu
que tu	boives	que tu	aies	bu
qu'il/elle	boive	qu'il/elle	ait	bu
que nous	buvions	que nous	ayons	bu
que vous	buviez	que vous	ayez	bu
qu'ils/elles	boivent	qu'ils/elles	aient	bu

IMPÉRATIF

Présent	Passé	
bois	aie	bu
buvons	ayons	bu
buvez	ayez	bu

INFINITIF

Présent	Passé
boire	avoir bu

PARTICIPE

Présent	Passé	Passé composé
buvant	bu, bue, bus, bues	ayant bu

C Tableau 12a Céder

(Voir aussi le tableau suivant.)

INDICATIF

Présent		Passé composé			Futur simple		Futur antérieur		
je	cède	j'	ai	cédé	je	céderai	j'	aurai	cédé
tu	cèdes	tu	as	cédé	tu	céderas	tu	auras	cédé
il/elle	cède	il/elle	a	cédé	il/elle	cédera	il/elle	aura	cédé
nous	cédons	nous	avons	cédé	nous	céderons	nous	aurons	cédé
vous	cédez	vous	avez	cédé	vous	céderez	vous	aurez	cédé
ils/elles	cèdent	ils/elles	ont	cédé	ils/elles	céderont	ils/elles	auront	cédé

Imparfait		Plus-que-parfait			Conditionnel présent		Conditionnel passé		
je	cédais	j'	avais	cédé	je	céderais	j'	aurais	cédé
tu	cédais	tu	avais	cédé	tu	céderais	tu	aurais	cédé
il/elle	cédait	il/elle	avait	cédé	il/elle	céderait	il/elle	aurait	cédé
nous	cédions	nous	avions	cédé	nous	céderions	nous	aurions	cédé
vous	cédiez	vous	aviez	cédé	vous	céderiez	vous	auriez	cédé
ils/elles	cédaient	ils/elles	avaient	cédé	ils/elles	céderaient	ils/elles	auraient	cédé

Passé simple		Passé antérieur		
je	cédai	j'	eus	cédé
tu	cédas	tu	eus	cédé
il/elle	céda	il/elle	eut	cédé
nous	cédâmes	nous	eûmes	cédé
vous	cédâtes	vous	eûtes	cédé
ils/elles	cédèrent	ils/elles	eurent	cédé

SUBJONCTIF

Présent		Passé		
que je	cède	que j'	aie	cédé
que tu	cèdes	que tu	aies	cédé
qu'il/elle	cède	qu'il/elle	ait	cédé
que nous	cédions	que nous	ayons	cédé
que vous	cédiez	que vous	ayez	cédé
qu'ils/elles	cèdent	qu'ils/elles	aient	cédé

IMPÉRATIF

Présent	Passé	
cède	aie	cédé
cédons	ayons	cédé
cédez	ayez	cédé

INFINITIF

Présent	Passé
céder	avoir cédé

PARTICIPE

Présent	Passé	Passé composé
cédant	cédé, cédée, cédés, cédées	ayant cédé

Tableau 12b Céder ☑

(Voir aussi le tableau précédent.)

INDICATIF

Présent		Passé composé			Futur simple ☑		Futur antérieur		
je	cède	j'	ai	cédé	je	cèderai	j'	aurai	cédé
tu	cèdes	tu	as	cédé	tu	cèderas	tu	auras	cédé
il/elle	cède	il/elle	a	cédé	il/elle	cèdera	il/elle	aura	cédé
nous	cédons	nous	avons	cédé	nous	cèderons	nous	aurons	cédé
vous	cédez	vous	avez	cédé	vous	cèderez	vous	aurez	cédé
ils/elles	cèdent	ils/elles	ont	cédé	ils/elles	cèderont	ils/elles	auront	cédé

Imparfait		Plus-que-parfait			Conditionnel présent ☑		Conditionnel passé		
je	cédais	j'	avais	cédé	je	cèderais	j'	aurais	cédé
tu	cédais	tu	avais	cédé	tu	cèderais	tu	aurais	cédé
il/elle	cédait	il/elle	avait	cédé	il/elle	cèderait	il/elle	aurait	cédé
nous	cédions	nous	avions	cédé	nous	cèderions	nous	aurions	cédé
vous	cédiez	vous	aviez	cédé	vous	cèderiez	vous	auriez	cédé
ils/elles	cédaient	ils/elles	avaient	cédé	ils/elles	cèderaient	ils/elles	auraient	cédé

Passé simple		Passé antérieur		
je	cédai	j'	eus	cédé
tu	cédas	tu	eus	cédé
il/elle	céda	il/elle	eut	cédé
nous	cédâmes	nous	eûmes	cédé
vous	cédâtes	vous	eûtes	cédé
ils/elles	cédèrent	ils/elles	eurent	cédé

IMPÉRATIF

Présent	Passé	
cède	aie	cédé
cédons	ayons	cédé
cédez	ayez	cédé

SUBJONCTIF

Présent		Passé		
que je	cède	que j'	aie	cédé
que tu	cèdes	que tu	aies	cédé
qu'il/elle	cède	qu'il/elle	ait	cédé
que nous	cédions	que nous	ayons	cédé
que vous	cédiez	que vous	ayez	cédé
qu'ils/elles	cèdent	qu'ils/elles	aient	cédé

INFINITIF

Présent	Passé
céder	avoir cédé

PARTICIPE

Présent	Passé	Passé composé
cédant	cédé, cédée, cédés, cédées	ayant cédé

Tableau 13a Connaître

(Voir aussi le tableau suivant.)

INDICATIF

Présent		Passé composé			Futur simple		Futur antérieur		
je	connais	j'	ai	connu	je	connaîtrai	j'	aurai	connu
tu	connais	tu	as	connu	tu	connaîtras	tu	auras	connu
il/elle	connaît	il/elle	a	connu	il/elle	connaîtra	il/elle	aura	connu
nous	connaissons	nous	avons	connu	nous	connaîtrons	nous	aurons	connu
vous	connaissez	vous	avez	connu	vous	connaîtrez	vous	aurez	connu
ils/elles	connaissent	ils/elles	ont	connu	ils/elles	connaîtront	ils/elles	auront	connu

Imparfait		Plus-que-parfait			Conditionnel présent		Conditionnel passé		
je	connaissais	j'	avais	connu	je	connaîtrais	j'	aurais	connu
tu	connaissais	tu	avais	connu	tu	connaîtrais	tu	aurais	connu
il/elle	connaissait	il/elle	avait	connu	il/elle	connaîtrait	il/elle	aurait	connu
nous	connaissions	nous	avions	connu	nous	connaîtrions	nous	aurions	connu
vous	connaissiez	vous	aviez	connu	vous	connaîtriez	vous	auriez	connu
ils/elles	connaissaient	ils/elles	avaient	connu	ils/elles	connaîtraient	ils/elles	auraient	connu

Passé simple		Passé antérieur		
je	connus	j'	eus	connu
tu	connus	tu	eus	connu
il/elle	connut	il/elle	eut	connu
nous	connûmes	nous	eûmes	connu
vous	connûtes	vous	eûtes	connu
ils/elles	connurent	ils/elles	eurent	connu

IMPÉRATIF

Présent	Passé	
connais	aie	connu
connaissons	ayons	connu
connaissez	ayez	connu

SUBJONCTIF

Présent		Passé		
que je	connaisse	que j'	aie	connu
que tu	connaisses	que tu	aies	connu
qu'il/elle	connaisse	qu'il/elle	ait	connu
que nous	connaissions	que nous	ayons	connu
que vous	connaissiez	que vous	ayez	connu
qu'ils/elles	connaissent	qu'ils/elles	aient	connu

INFINITIF

Présent	Passé
connaître	avoir connu

PARTICIPE

Présent	Passé	Passé composé
connaissant	connu, connue, connus, connues	ayant connu

Croître s'écrit traditionnellement avec un accent circonflexe sur le *i* ou le *u*, sauf aux personnes du pluriel de l'indicatif présent et de l'impératif présent ainsi qu'à toutes les personnes de l'indicatif imparfait, du subjonctif présent et au participe présent.

Tableau 13b Connaitre ☑

(Voir aussi le tableau précédent.)

INDICATIF

Présent		Passé composé			Futur simple ☑		Futur antérieur		
je	connai**s**	j'	ai	connu	je	connai**trai**	j'	aurai	connu
tu	connai**s**	tu	as	connu	tu	connai**tras**	tu	auras	connu
il/elle	conna**î**t ☑	il/elle	a	connu	il/elle	connai**tra**	il/elle	aura	connu
nous	connaiss**ons**	nous	avons	connu	nous	connai**trons**	nous	aurons	connu
vous	connaiss**ez**	vous	avez	connu	vous	connai**trez**	vous	aurez	connu
ils/elles	connaiss**ent**	ils/elles	ont	connu	ils/elles	connai**tront**	ils/elles	auront	connu

Imparfait		Plus-que-parfait			Conditionnel présent ☑		Conditionnel passé		
je	connaiss**ais**	j'	avais	connu	je	connai**trais**	j'	aurais	connu
tu	connaiss**ais**	tu	avais	connu	tu	connai**trais**	tu	aurais	connu
il/elle	connaiss**ait**	il/elle	avait	connu	il/elle	connai**trait**	il/elle	aurait	connu
nous	connaiss**ions**	nous	avions	connu	nous	connai**trions**	nous	aurions	connu
vous	connaiss**iez**	vous	aviez	connu	vous	connai**triez**	vous	auriez	connu
ils/elles	connaiss**aient**	ils/elles	avaient	connu	ils/elles	connai**traient**	ils/elles	auraient	connu

Passé simple		Passé antérieur		
je	conn**us**	j'	eus	connu
tu	conn**us**	tu	eus	connu
il/elle	conn**ut**	il/elle	eut	connu
nous	conn**ûmes**	nous	eûmes	connu
vous	conn**ûtes**	vous	eûtes	connu
ils/elles	conn**urent**	ils/elles	eurent	connu

IMPÉRATIF

Présent	Passé	
connai**s**	aie	connu
connaiss**ons**	ayons	connu
connaiss**ez**	ayez	connu

INFINITIF

Présent ☑	Passé
connai**tre**	avoir connu

SUBJONCTIF

Présent		Passé		
que je	connaiss**e**	que j'	aie	connu
que tu	connaiss**es**	que tu	aies	connu
qu'il/elle	connaiss**e**	qu'il/elle	ait	connu
que nous	connaiss**ions**	que nous	ayons	connu
que vous	connaiss**iez**	que vous	ayez	connu
qu'ils/elles	connaiss**ent**	qu'ils/elles	aient	connu

PARTICIPE

Présent	Passé	Passé composé
connaiss**ant**	conn**u**, conn**ue**, conn**us**, conn**ues**	ayant connu

Pour éviter la confusion avec *croire*, le verbe *croitre* s'écrit avec un accent circonflexe aux trois personnes du singulier de l'indicatif présent, au singulier de l'impératif présent, au participe passé et à toutes les personnes du passé simple.

Tableau 14 Construire

INDICATIF

Présent		Passé composé			Futur simple		Futur antérieur		
je	construi**s**	j'	ai	construit	je	construi**rai**	j'	aurai	construit
tu	construi**s**	tu	as	construit	tu	construi**ras**	tu	auras	construit
il/elle	construi**t**	il/elle	a	construit	il/elle	construi**ra**	il/elle	aura	construit
nous	construis**ons**	nous	avons	construit	nous	construi**rons**	nous	aurons	construit
vous	construis**ez**	vous	avez	construit	vous	construi**rez**	vous	aurez	construit
ils/elles	construis**ent**	ils/elles	ont	construit	ils/elles	construi**ront**	ils/elles	auront	construit

Imparfait		Plus-que-parfait			Conditionnel présent		Conditionnel passé		
je	construis**ais**	j'	avais	construit	je	construi**rais**	j'	aurais	construit
tu	construis**ais**	tu	avais	construit	tu	construi**rais**	tu	aurais	construit
il/elle	construis**ait**	il/elle	avait	construit	il/elle	construi**rait**	il/elle	aurait	construit
nous	construis**ions**	nous	avions	construit	nous	construi**rions**	nous	aurions	construit
vous	construis**iez**	vous	aviez	construit	vous	construi**riez**	vous	auriez	construit
ils/elles	construis**aient**	ils/elles	avaient	construit	ils/elles	construi**raient**	ils/elles	auraient	construit

Passé simple		Passé antérieur		
je	construis**is**	j'	eus	construit
tu	construis**is**	tu	eus	construit
il/elle	construis**it**	il/elle	eut	construit
nous	construis**îmes**	nous	eûmes	construit
vous	construis**îtes**	vous	eûtes	construit
ils/elles	construis**irent**	ils/elles	eurent	construit

IMPÉRATIF

Présent	Passé	
construi**s**	aie	construit
construis**ons**	ayons	construit
construis**ez**	ayez	construit

INFINITIF

Présent	Passé
construi**re**	avoir construit

SUBJONCTIF

Présent		Passé		
que je	construis**e**	que j'	aie	construit
que tu	construis**es**	que tu	aies	construit
qu'il/elle	construis**e**	qu'il/elle	ait	construit
que nous	construis**ions**	que nous	ayons	construit
que vous	construis**iez**	que vous	ayez	construit
qu'ils/elles	construis**ent**	qu'ils/elles	aient	construit

PARTICIPE

Présent	Passé	Passé composé
construis**ant**	construi**t**, construi**te**, construi**ts**, construi**tes**	ayant construit

Nuire, *luire*, *reluire* et *suffire* se terminent par *i* au participe passé et sont invariables : *nui*, *lui*, *relui*, *suffi*. *Suffire* s'écrit *je suffis*, *il suffit*, etc. au passé simple alors que *luire* et *reluire* s'écrivent *je (re)luis*... *Frire* n'existe pas à l'imparfait, au passé simple, au subjonctif présent et au participe présent.

Tableau 15 Courir

INDICATIF

Présent		Passé composé			Futur simple		Futur antérieur		
je	cours	j'	ai	couru	je	courrai	j'	aurai	couru
tu	cours	tu	as	couru	tu	courras	tu	auras	couru
il/elle	court	il/elle	a	couru	il/elle	courra	il/elle	aura	couru
nous	courons	nous	avons	couru	nous	courrons	nous	aurons	couru
vous	courez	vous	avez	couru	vous	courrez	vous	aurez	couru
ils/elles	courent	ils/elles	ont	couru	ils/elles	courront	ils/elles	auront	couru

Imparfait		Plus-que-parfait			Conditionnel présent		Conditionnel passé		
je	courais	j'	avais	couru	je	courrais	j'	aurais	couru
tu	courais	tu	avais	couru	tu	courrais	tu	aurais	couru
il/elle	courait	il/elle	avait	couru	il/elle	courrait	il/elle	aurait	couru
nous	courions	nous	avions	couru	nous	courrions	nous	aurions	couru
vous	couriez	vous	aviez	couru	vous	courriez	vous	auriez	couru
ils/elles	couraient	ils/elles	avaient	couru	ils/elles	courraient	ils/elles	auraient	couru

Passé simple		Passé antérieur		
je	courus	j'	eus	couru
tu	courus	tu	eus	couru
il/elle	courut	il/elle	eut	couru
nous	courûmes	nous	eûmes	couru
vous	courûtes	vous	eûtes	couru
ils/elles	coururent	ils/elles	eurent	couru

SUBJONCTIF

Présent		Passé		
que je	coure	que j'	aie	couru
que tu	coures	que tu	aies	couru
qu'il/elle	coure	qu'il/elle	ait	couru
que nous	courions	que nous	ayons	couru
que vous	couriez	que vous	ayez	couru
qu'ils/elles	courent	qu'ils/elles	aient	couru

IMPÉRATIF

Présent	Passé	
cours	aie	couru
courons	ayons	couru
courez	ayez	couru

INFINITIF

Présent	Passé
courir	avoir couru

PARTICIPE

Présent	Passé	Passé composé
courant	couru, courue, courus, courues	ayant couru

Tableau 16 Couvrir

INDICATIF

Présent		Passé composé			Futur simple		Futur antérieur		
je	couvre	j'	ai	couvert	je	couvrirai	j'	aurai	couvert
tu	couvres	tu	as	couvert	tu	couvriras	tu	auras	couvert
il/elle	couvre	il/elle	a	couvert	il/elle	couvrira	il/elle	aura	couvert
nous	couvrons	nous	avons	couvert	nous	couvrirons	nous	aurons	couvert
vous	couvrez	vous	avez	couvert	vous	couvrirez	vous	aurez	couvert
ils/elles	couvrent	ils/elles	ont	couvert	ils/elles	couvriront	ils/elles	auront	couvert

Imparfait		Plus-que-parfait			Conditionnel présent		Conditionnel passé		
je	couvrais	j'	avais	couvert	je	couvrirais	j'	aurais	couvert
tu	couvrais	tu	avais	couvert	tu	couvrirais	tu	aurais	couvert
il/elle	couvrait	il/elle	avait	couvert	il/elle	couvrirait	il/elle	aurait	couvert
nous	couvrions	nous	avions	couvert	nous	couvririons	nous	aurions	couvert
vous	couvriez	vous	aviez	couvert	vous	couvririez	vous	auriez	couvert
ils/elles	couvraient	ils/elles	avaient	couvert	ils/elles	couvriraient	ils/elles	auraient	couvert

Passé simple		Passé antérieur		
je	couvris	j'	eus	couvert
tu	couvris	tu	eus	couvert
il/elle	couvrit	il/elle	eut	couvert
nous	couvrîmes	nous	eûmes	couvert
vous	couvrîtes	vous	eûtes	couvert
ils/elles	couvrirent	ils/elles	eurent	couvert

SUBJONCTIF

Présent		Passé		
que je	couvre	que j'	aie	couvert
que tu	couvres	que tu	aies	couvert
qu'il/elle	couvre	qu'il/elle	ait	couvert
que nous	couvrions	que nous	ayons	couvert
que vous	couvriez	que vous	ayez	couvert
qu'ils/elles	couvrent	qu'ils/elles	aient	couvert

IMPÉRATIF

Présent	Passé	
couvre	aie	couvert
couvrons	ayons	couvert
couvrez	ayez	couvert

INFINITIF

Présent	Passé
couvrir	avoir couvert

PARTICIPE

Présent	Passé	Passé composé
couvrant	couvert, couverte, couverts, couvertes	ayant couvert

Tableau 17 Crier

INDICATIF

Présent		Passé composé			Futur simple		Futur antérieur		
je	crie	j'	ai	crié	je	crierai	j'	aurai	crié
tu	cries	tu	as	crié	tu	crieras	tu	auras	crié
il/elle	crie	il/elle	a	crié	il/elle	criera	il/elle	aura	crié
nous	crions	nous	avons	crié	nous	crierons	nous	aurons	crié
vous	criez	vous	avez	crié	vous	crierez	vous	aurez	crié
ils/elles	crient	ils/elles	ont	crié	ils/elles	crieront	ils/elles	auront	crié

Imparfait		Plus-que-parfait			Conditionnel présent		Conditionnel passé		
je	criais	j'	avais	crié	je	crierais	j'	aurais	crié
tu	criais	tu	avais	crié	tu	crierais	tu	aurais	crié
il/elle	criait	il/elle	avait	crié	il/elle	crierait	il/elle	aurait	crié
nous	criions	nous	avions	crié	nous	crierions	nous	aurions	crié
vous	criiez	vous	aviez	crié	vous	crieriez	vous	auriez	crié
ils/elles	criaient	ils/elles	avaient	crié	ils/elles	crieraient	ils/elles	auraient	crié

Passé simple		Passé antérieur		
je	criai	j'	eus	crié
tu	crias	tu	eus	crié
il/elle	cria	il/elle	eut	crié
nous	criâmes	nous	eûmes	crié
vous	criâtes	vous	eûtes	crié
ils/elles	crièrent	ils/elles	eurent	crié

IMPÉRATIF

Présent	Passé	
crie	aie	crié
crions	ayons	crié
criez	ayez	crié

SUBJONCTIF

Présent		Passé		
que je	crie	que j'	aie	crié
que tu	cries	que tu	aies	crié
qu'il/elle	crie	qu'il/elle	ait	crié
que nous	criions	que nous	ayons	crié
que vous	criiez	que vous	ayez	crié
qu'ils/elles	crient	qu'ils/elles	aient	crié

INFINITIF

Présent	Passé
crier	avoir crié

PARTICIPE

Présent	Passé	Passé composé
criant	crié, criée, criés, criées	ayant crié

Tableau 18 Croire

INDICATIF

Présent		Passé composé			Futur simple		Futur antérieur		
je	crois	j'	ai	cru	je	croirai	j'	aurai	cru
tu	crois	tu	as	cru	tu	croiras	tu	auras	cru
il/elle	croit	il/elle	a	cru	il/elle	croira	il/elle	aura	cru
nous	croyons	nous	avons	cru	nous	croirons	nous	aurons	cru
vous	croyez	vous	avez	cru	vous	croirez	vous	aurez	cru
ils/elles	croient	ils/elles	ont	cru	ils/elles	croiront	ils/elles	auront	cru

Imparfait		Plus-que-parfait			Conditionnel présent		Conditionnel passé		
je	croyais	j'	avais	cru	je	croirais	j'	aurais	cru
tu	croyais	tu	avais	cru	tu	croirais	tu	aurais	cru
il/elle	croyait	il/elle	avait	cru	il/elle	croirait	il/elle	aurait	cru
nous	croyions	nous	avions	cru	nous	croirions	nous	aurions	cru
vous	croyiez	vous	aviez	cru	vous	croiriez	vous	auriez	cru
ils/elles	croyaient	ils/elles	avaient	cru	ils/elles	croiraient	ils/elles	auraient	cru

Passé simple		Passé antérieur		
je	crus	j'	eus	cru
tu	crus	tu	eus	cru
il/elle	crut	il/elle	eut	cru
nous	crûmes	nous	eûmes	cru
vous	crûtes	vous	eûtes	cru
ils/elles	crurent	ils/elles	eurent	cru

IMPÉRATIF

Présent	Passé	
crois	aie	cru
croyons	ayons	cru
croyez	ayez	cru

SUBJONCTIF

Présent		Passé		
que je	croie	que j'	aie	cru
que tu	croies	que tu	aies	cru
qu'il/elle	croie	qu'il/elle	ait	cru
que nous	croyons	que nous	ayons	cru
que vous	croyiez	que vous	ayez	cru
qu'ils/elles	croient	qu'ils/elles	aient	cru

INFINITIF

Présent	Passé
croire	avoir cru

PARTICIPE

Présent	Passé	Passé composé
croyant	cru, crue, crus, crues	ayant cru

Traire et ses composés (*soustraire, distraire, extraire*) n'ont pas de passé simple. Au participe passé, ces verbes suivent les formes suivantes : *trait, traite, traits, traites*.

Tableau 19 Cueillir

INDICATIF

Présent	
je	cueille
tu	cueilles
il/elle	cueille
nous	cueillons
vous	cueillez
ils/elles	cueillent

Passé composé		
j'	ai	cueilli
tu	as	cueilli
il/elle	a	cueilli
nous	avons	cueilli
vous	avez	cueilli
ils/elles	ont	cueilli

Futur simple	
je	cueillerai
tu	cueilleras
il/elle	cueillera
nous	cueillerons
vous	cueillerez
ils/elles	cueilleront

Futur antérieur		
j'	aurai	cueilli
tu	auras	cueilli
il/elle	aura	cueilli
nous	aurons	cueilli
vous	aurez	cueilli
ils/elles	auront	cueilli

Imparfait	
je	cueillais
tu	cueillais
il/elle	cueillait
nous	cueillions
vous	cueilliez
ils/elles	cueillaient

Plus-que-parfait		
j'	avais	cueilli
tu	avais	cueilli
il/elle	avait	cueilli
nous	avions	cueilli
vous	aviez	cueilli
ils/elles	avaient	cueilli

Conditionnel présent	
je	cueillerais
tu	cueillerais
il/elle	cueillerait
nous	cueillerions
vous	cueilleriez
ils/elles	cueilleraient

Conditionnel passé		
j'	aurais	cueilli
tu	aurais	cueilli
il/elle	aurait	cueilli
nous	aurions	cueilli
vous	auriez	cueilli
ils/elles	auraient	cueilli

Passé simple	
je	cueillis
tu	cueillis
il/elle	cueillit
nous	cueillîmes
vous	cueillîtes
ils/elles	cueillirent

Passé antérieur		
j'	eus	cueilli
tu	eus	cueilli
il/elle	eut	cueilli
nous	eûmes	cueilli
vous	eûtes	cueilli
ils/elles	eurent	cueilli

IMPÉRATIF

Présent	Passé	
cueille	aie	cueilli
cueillons	ayons	cueilli
cueillez	ayez	cueilli

INFINITIF

Présent	Passé
cueillir	avoir cueilli

SUBJONCTIF

Présent	
que je	cueille
que tu	cueilles
qu'il/elle	cueille
que nous	cueillions
que vous	cueilliez
qu'ils/elles	cueillent

Passé		
que j'	aie	cueilli
que tu	aies	cueilli
qu'il/elle	ait	cueilli
que nous	ayons	cueilli
que vous	ayez	cueilli
qu'ils/elles	aient	cueilli

PARTICIPE

Présent	Passé	Passé composé
cueillant	cueilli, cueillie, cueillis, cueillies	ayant cueilli

D

Tableau 20 Devoir

INDICATIF

Présent	
je	dois
tu	dois
il/elle	doit
nous	devons
vous	devez
ils/elles	doivent

Passé composé		
j'	ai	dû
tu	as	dû
il/elle	a	dû
nous	avons	dû
vous	avez	dû
ils/elles	ont	dû

Futur simple	
je	devrai
tu	devras
il/elle	devra
nous	devrons
vous	devrez
ils/elles	devront

Futur antérieur		
j'	aurai	dû
tu	auras	dû
il/elle	aura	dû
nous	aurons	dû
vous	aurez	dû
ils/elles	auront	dû

Imparfait	
je	devais
tu	devais
il/elle	devait
nous	devions
vous	deviez
ils/elles	devaient

Plus-que-parfait		
j'	avais	dû
tu	avais	dû
il/elle	avait	dû
nous	avions	dû
vous	aviez	dû
ils/elles	avaient	dû

Conditionnel présent	
je	devrais
tu	devrais
il/elle	devrait
nous	devrions
vous	devriez
ils/elles	devraient

Conditionnel passé		
j'	aurais	dû
tu	aurais	dû
il/elle	aurait	dû
nous	aurions	dû
vous	auriez	dû
ils/elles	auraient	dû

Passé simple	
je	dus
tu	dus
il/elle	dut
nous	dûmes
vous	dûtes
ils/elles	durent

Passé antérieur		
j'	eus	dû
tu	eus	dû
il/elle	eut	dû
nous	eûmes	dû
vous	eûtes	dû
ils/elles	eurent	dû

IMPÉRATIF

Présent	Passé	
dois	aie	dû
devons	ayons	dû
devez	ayez	dû

INFINITIF

Présent	Passé
devoir	avoir dû

SUBJONCTIF

Présent	
que je	doive
que tu	doives
qu'il/elle	doive
que nous	devions
que vous	deviez
qu'ils/elles	doivent

Passé		
que j'	aie	dû
que tu	aies	dû
qu'il/elle	ait	dû
que nous	ayons	dû
que vous	ayez	dû
qu'ils/elles	aient	dû

PARTICIPE

Présent	Passé	Passé composé
devant	dû, due, dus, dues	ayant dû

Seul le participe passé au masculin singulier *dû* s'écrit avec un accent circonflexe. Le participe passé de *redevoir* s'écrit traditionnellement *redû, redue, redus, redues*. Selon les rectifications de l'orthographe, on écrit *redu*.

Tableau 21 Dire

INDICATIF

Présent		Passé composé			Futur simple		Futur antérieur		
je	dis	j'	ai	dit	je	dirai	j'	aurai	dit
tu	dis	tu	as	dit	tu	diras	tu	auras	dit
il/elle	dit	il/elle	a	dit	il/elle	dira	il/elle	aura	dit
nous	disons	nous	avons	dit	nous	dirons	nous	aurons	dit
vous	dites	vous	avez	dit	vous	direz	vous	aurez	dit
ils/elles	disent	ils/elles	ont	dit	ils/elles	diront	ils/elles	auront	dit

Imparfait		Plus-que-parfait			Conditionnel présent		Conditionnel passé		
je	disais	j'	avais	dit	je	dirais	j'	aurais	dit
tu	disais	tu	avais	dit	tu	dirais	tu	aurais	dit
il/elle	disait	il/elle	avait	dit	il/elle	dirait	il/elle	aurait	dit
nous	disions	nous	avions	dit	nous	dirions	nous	aurions	dit
vous	disiez	vous	aviez	dit	vous	diriez	vous	auriez	dit
ils/elles	disaient	ils/elles	avaient	dit	ils/elles	diraient	ils/elles	auraient	dit

Passé simple		Passé antérieur		
je	dis	j'	eus	dit
tu	dis	tu	eus	dit
il/elle	dit	il/elle	eut	dit
nous	dîmes	nous	eûmes	dit
vous	dîtes	vous	eûtes	dit
ils/elles	dirent	ils/elles	eurent	dit

SUBJONCTIF

Présent		Passé		
que je	dise	que j'	aie	dit
que tu	dises	que tu	aies	dit
qu'il/elle	dise	qu'il/elle	ait	dit
que nous	disions	que nous	ayons	dit
que vous	disiez	que vous	ayez	dit
qu'ils/elles	disent	qu'ils/elles	aient	dit

IMPÉRATIF

Présent	Passé	
dis	aie	dit
disons	ayons	dit
dites	ayez	dit

INFINITIF

Présent	Passé
dire	avoir dit

PARTICIPE

Présent	Passé	Passé composé
disant	dit, dite, dits, dites	ayant dit

Contredire, dédire, interdire, médire et *prédire* à la 2e pers. du pluriel de l'indicatif présent prennent la forme *vous contredisez, vous dédisez*, etc.

Tableau 22 Dormir

INDICATIF

Présent		Passé composé			Futur simple		Futur antérieur		
je	dors	j'	ai	dormi	je	dormirai	j'	aurai	dormi
tu	dors	tu	as	dormi	tu	dormiras	tu	auras	dormi
il/elle	dort	il/elle	a	dormi	il/elle	dormira	il/elle	aura	dormi
nous	dormons	nous	avons	dormi	nous	dormirons	nous	aurons	dormi
vous	dormez	vous	avez	dormi	vous	dormirez	vous	aurez	dormi
ils/elles	dorment	ils/elles	ont	dormi	ils/elles	dormiront	ils/elles	auront	dormi

Imparfait		Plus-que-parfait			Conditionnel présent		Conditionnel passé		
je	dormais	j'	avais	dormi	je	dormirais	j'	aurais	dormi
tu	dormais	tu	avais	dormi	tu	dormirais	tu	aurais	dormi
il/elle	dormait	il/elle	avait	dormi	il/elle	dormirait	il/elle	aurait	dormi
nous	dormions	nous	avions	dormi	nous	dormirions	nous	aurions	dormi
vous	dormiez	vous	aviez	dormi	vous	dormiriez	vous	auriez	dormi
ils/elles	dormaient	ils/elles	avaient	dormi	ils/elles	dormiraient	ils/elles	auraient	dormi

Passé simple		Passé antérieur		
je	dormis	j'	eus	dormi
tu	dormis	tu	eus	dormi
il/elle	dormit	il/elle	eut	dormi
nous	dormîmes	nous	eûmes	dormi
vous	dormîtes	vous	eûtes	dormi
ils/elles	dormirent	ils/elles	eurent	dormi

SUBJONCTIF

Présent		Passé		
que je	dorme	que j'	aie	dormi
que tu	dormes	que tu	aies	dormi
qu'il/elle	dorme	qu'il/elle	ait	dormi
que nous	dormions	que nous	ayons	dormi
que vous	dormiez	que vous	ayez	dormi
qu'ils/elles	dorment	qu'ils/elles	aient	dormi

IMPÉRATIF

Présent	Passé	
dors	aie	dormi
dormons	ayons	dormi
dormez	ayez	dormi

INFINITIF

Présent	Passé
dormir	avoir dormi

PARTICIPE

Présent	Passé	Passé composé
dormant	dormi	ayant dormi

Les participes passés d'*endormir* et de *rendormir* varient et font *(r)endormi, (r)endormie, (r)endormis, (r)endormies*.

Tableau 23 Écrire

INDICATIF

Présent		Passé composé			Futur simple		Futur antérieur		
j'	écri**s**	j'	ai	écrit	j'	écri**rai**	j'	aurai	écrit
tu	écri**s**	tu	as	écrit	tu	écri**ras**	tu	auras	écrit
il/elle	écri**t**	il/elle	a	écrit	il/elle	écri**ra**	il/elle	aura	écrit
nous	écriv**ons**	nous	avons	écrit	nous	écri**rons**	nous	aurons	écrit
vous	écriv**ez**	vous	avez	écrit	vous	écri**rez**	vous	aurez	écrit
ils/elles	écriv**ent**	ils/elles	ont	écrit	ils/elles	écri**ront**	ils/elles	auront	écrit

Imparfait		Plus-que-parfait			Conditionnel présent		Conditionnel passé		
j'	écriv**ais**	j'	avais	écrit	j'	écri**rais**	j'	aurais	écrit
tu	écriv**ais**	tu	avais	écrit	tu	écri**rais**	tu	aurais	écrit
il/elle	écriv**ait**	il/elle	avait	écrit	il/elle	écri**rait**	il/elle	aurait	écrit
nous	écriv**ions**	nous	avions	écrit	nous	écri**rions**	nous	aurions	écrit
vous	écriv**iez**	vous	aviez	écrit	vous	écri**riez**	vous	auriez	écrit
ils/elles	écriv**aient**	ils/elles	avaient	écrit	ils/elles	écri**raient**	ils/elles	auraient	écrit

Passé simple		Passé antérieur		
j'	écriv**is**	j'	eus	écrit
tu	écriv**is**	tu	eus	écrit
il/elle	écriv**it**	il/elle	eut	écrit
nous	écriv**îmes**	nous	eûmes	écrit
vous	écriv**îtes**	vous	eûtes	écrit
ils/elles	écriv**irent**	ils/elles	eurent	écrit

SUBJONCTIF

Présent		Passé		
que j'	écriv**e**	que j'	aie	écrit
que tu	écriv**es**	que tu	aies	écrit
qu'il/elle	écriv**e**	qu'il/elle	ait	écrit
que nous	écriv**ions**	que nous	ayons	écrit
que vous	écriv**iez**	que vous	ayez	écrit
qu'ils/elles	écriv**ent**	qu'ils/elles	aient	écrit

IMPÉRATIF

Présent	Passé	
écri**s**	aie	écrit
écriv**ons**	ayons	écrit
écriv**ez**	ayez	écrit

INFINITIF

Présent	Passé
écri**re**	avoir écrit

PARTICIPE

Présent	Passé	Passé composé
écriv**ant**	écri**t**, écri**te**, écri**ts**, écri**tes**	ayant écrit

Tableau 24 Envoyer

INDICATIF

Présent		Passé composé			Futur simple		Futur antérieur		
j'	envoi**e**	j'	ai	envoyé	j'	enver**rai**	j'	aurai	envoyé
tu	envoi**es**	tu	as	envoyé	tu	enver**ras**	tu	auras	envoyé
il/elle	envoi**e**	il/elle	a	envoyé	il/elle	enver**ra**	il/elle	aura	envoyé
nous	envoy**ons**	nous	avons	envoyé	nous	enver**rons**	nous	aurons	envoyé
vous	envoy**ez**	vous	avez	envoyé	vous	enver**rez**	vous	aurez	envoyé
ils/elles	envoi**ent**	ils/elles	ont	envoyé	ils/elles	enver**ront**	ils/elles	auront	envoyé

Imparfait		Plus-que-parfait			Conditionnel présent		Conditionnel passé		
j'	envoy**ais**	j'	avais	envoyé	j'	enver**rais**	j'	aurais	envoyé
tu	envoy**ais**	tu	avais	envoyé	tu	enver**rais**	tu	aurais	envoyé
il/elle	envoy**ait**	il/elle	avait	envoyé	il/elle	enver**rait**	il/elle	aurait	envoyé
nous	envoy**ions**	nous	avions	envoyé	nous	enver**rions**	nous	aurions	envoyé
vous	envoy**iez**	vous	aviez	envoyé	vous	enver**riez**	vous	auriez	envoyé
ils/elles	envoy**aient**	ils/elles	avaient	envoyé	ils/elles	enver**raient**	ils/elles	auraient	envoyé

Passé simple		Passé antérieur		
j'	envoy**ai**	j'	eus	envoyé
tu	envoy**as**	tu	eus	envoyé
il/elle	envoy**a**	il/elle	eut	envoyé
nous	envoy**âmes**	nous	eûmes	envoyé
vous	envoy**âtes**	vous	eûtes	envoyé
ils/elles	envoy**èrent**	ils/elles	eurent	envoyé

SUBJONCTIF

Présent		Passé		
que j'	envoi**e**	que j'	aie	envoyé
que tu	envoi**es**	que tu	aies	envoyé
qu'il/elle	envoi**e**	qu'il/elle	ait	envoyé
que nous	envoy**ions**	que nous	ayons	envoyé
que vous	envoy**iez**	que vous	ayez	envoyé
qu'ils/elles	envoi**ent**	qu'ils/elles	aient	envoyé

IMPÉRATIF

Présent	Passé	
envoi**e**	aie	envoyé
envoy**ons**	ayons	envoyé
envoy**ez**	ayez	envoyé

INFINITIF

Présent	Passé
envoy**er**	avoir envoyé

PARTICIPE

Présent	Passé	Passé composé
envoy**ant**	envoy**é**, envoy**ée**, envoy**és**, envoy**ées**	ayant envoyé

F Tableau 25 Faire

INDICATIF

Présent	
je	fai**s**
tu	fai**s**
il/elle	fai**t**
nous	fais**ons**
vous	fai**tes**
ils/elles	**font**

Passé composé		
j'	ai	fait
tu	as	fait
il/elle	a	fait
nous	avons	fait
vous	avez	fait
ils/elles	ont	fait

Futur simple	
je	fe**rai**
tu	fe**ras**
il/elle	fe**ra**
nous	fe**rons**
vous	fe**rez**
ils/elles	fe**ront**

Futur antérieur		
j'	aurai	fait
tu	auras	fait
il/elle	aura	fait
nous	aurons	fait
vous	aurez	fait
ils/elles	auront	fait

Imparfait	
je	fais**ais**
tu	fais**ais**
il/elle	fais**ait**
nous	fais**ions**
vous	fais**iez**
ils/elles	fais**aient**

Plus-que-parfait		
j'	avais	fait
tu	avais	fait
il/elle	avait	fait
nous	avions	fait
vous	aviez	fait
ils/elles	avaient	fait

Conditionnel présent	
je	fe**rais**
tu	fe**rais**
il/elle	fe**rait**
nous	fe**rions**
vous	fe**riez**
ils/elles	fe**raient**

Conditionnel passé		
j'	aurais	fait
tu	aurais	fait
il/elle	aurait	fait
nous	aurions	fait
vous	auriez	fait
ils/elles	auraient	fait

Passé simple	
je	**fis**
tu	**fis**
il/elle	**fit**
nous	**fîmes**
vous	**fîtes**
ils/elles	**firent**

Passé antérieur		
j'	eus	fait
tu	eus	fait
il/elle	eut	fait
nous	eûmes	fait
vous	eûtes	fait
ils/elles	eurent	fait

IMPÉRATIF

Présent	Passé	
fai**s**	aie	fait
fais**ons**	ayons	fait
fai**tes**	ayez	fait

INFINITIF

Présent	Passé
fai**re**	avoir fait

SUBJONCTIF

Présent	
que je	fass**e**
que tu	fass**es**
qu'il/elle	fass**e**
que nous	fass**ions**
que vous	fass**iez**
qu'ils/elles	fass**ent**

Passé		
que j'	aie	fait
que tu	aies	fait
qu'il/elle	ait	fait
que nous	ayons	fait
que vous	ayez	fait
qu'ils/elles	aient	fait

PARTICIPE

Présent	Passé	Passé composé
fais**ant**	fai**t**, fai**te**, fai**ts**, fai**tes**	ayant fait

Tableau 26 Falloir

INDICATIF

Présent	
-	
-	
il	fau**t**
-	
-	
-	

Passé composé		
-		
-		
il	a	fallu
-		
-		
-		

Futur simple	
-	
-	
il	fau**dra**
-	
-	
-	

Futur antérieur		
-		
-		
il	aura	fallu
-		
-		
-		

Imparfait	
-	
-	
il	fall**ait**
-	
-	
-	

Plus-que-parfait		
-		
-		
il	avait	fallu
-		
-		
-		

Conditionnel présent	
-	
-	
il	fau**drait**
-	
-	
-	

Conditionnel passé		
-		
-		
il	aurait	fallu
-		
-		
-		

Passé simple	
-	
-	
il	fall**ut**
-	
-	
-	

Passé antérieur		
-		
-		
il	eut	fallu
-		
-		
-		

IMPÉRATIF

Présent	Passé
aucun	*aucun*

INFINITIF

Présent	Passé
fall**oir**	*aucun*

SUBJONCTIF

Présent	
-	
-	
qu'il	faille
-	
-	
-	

Passé		
-		
-		
qu'il	ait	fallu
-		
-		
-		

PARTICIPE

Présent	Passé	Passé composé
aucun	fall**u**	ayant fallu

Pleuvoir au passé simple s'écrit *il plut* ; au subjonctif présent, *qu'il pleuve* ; au participe présent, *pleuvant* ; au participe passé, *plu*.

Tableau 27 Fuir

INDICATIF

Présent		Passé composé			Futur simple		Futur antérieur		
je	fuis	j'	ai	fui	je	fuirai	j'	aurai	fui
tu	fuis	tu	as	fui	tu	fuiras	tu	auras	fui
il/elle	fuit	il/elle	a	fui	il/elle	fuira	il/elle	aura	fui
nous	fuyons	nous	avons	fui	nous	fuirons	nous	aurons	fui
vous	fuyez	vous	avez	fui	vous	fuirez	vous	aurez	fui
ils/elles	fuient	ils/elles	ont	fui	ils/elles	fuiront	ils/elles	auront	fui

Imparfait		Plus-que-parfait			Conditionnel présent		Conditionnel passé		
je	fuyais	j'	avais	fui	je	fuirais	j'	aurais	fui
tu	fuyais	tu	avais	fui	tu	fuirais	tu	aurais	fui
il/elle	fuyait	il/elle	avait	fui	il/elle	fuirait	il/elle	aurait	fui
nous	fuyions	nous	avions	fui	nous	fuirions	nous	aurions	fui
vous	fuyiez	vous	aviez	fui	vous	fuiriez	vous	auriez	fui
ils/elles	fuyaient	ils/elles	avaient	fui	ils/elles	fuiraient	ils/elles	auraient	fui

Passé simple		Passé antérieur		
je	fuis	j'	eus	fui
tu	fuis	tu	eus	fui
il/elle	fuit	il/elle	eut	fui
nous	fuîmes	nous	eûmes	fui
vous	fuîtes	vous	eûtes	fui
ils/elles	fuirent	ils/elles	eurent	fui

SUBJONCTIF

Présent		Passé		
que je	fuie	que j'	aie	fui
que tu	fuies	que tu	aies	fui
qu'il/elle	fuie	qu'il/elle	ait	fui
que nous	fuyions	que nous	ayons	fui
que vous	fuyiez	que vous	ayez	fui
qu'ils/elles	fuient	qu'ils/elles	aient	fui

IMPÉRATIF

Présent	Passé	
fuis	aie	fui
fuyons	ayons	fui
fuyez	ayez	fui

INFINITIF

Présent	Passé
fuir	avoir fui

PARTICIPE

Présent	Passé	Passé composé
fuyant	fui, fuie fuis, fuies	ayant fui

Tableau 28 Joindre

INDICATIF

Présent		Passé composé			Futur simple		Futur antérieur		
je	joins	j'	ai	joint	je	joindrai	j'	aurai	joint
tu	joins	tu	as	joint	tu	joindras	tu	auras	joint
il/elle	joint	il/elle	a	joint	il/elle	joindra	il/elle	aura	joint
nous	joignons	nous	avons	joint	nous	joindrons	nous	aurons	joint
vous	joignez	vous	avez	joint	vous	joindrez	vous	aurez	joint
ils/elles	joignent	ils/elles	ont	joint	ils/elles	joindront	ils/elles	auront	joint

Imparfait		Plus-que-parfait			Conditionnel présent		Conditionnel passé		
je	joignais	j'	avais	joint	je	joindrais	j'	aurais	joint
tu	joignais	tu	avais	joint	tu	joindrais	tu	aurais	joint
il/elle	joignait	il/elle	avait	joint	il/elle	joindrait	il/elle	aurait	joint
nous	joignions	nous	avions	joint	nous	joindrions	nous	aurions	joint
vous	joigniez	vous	aviez	joint	vous	joindriez	vous	auriez	joint
ils/elles	joignaient	ils/elles	avaient	joint	ils/elles	joindraient	ils/elles	auraient	joint

Passé simple		Passé antérieur		
je	joignis	j'	eus	joint
tu	joignis	tu	eus	joint
il/elle	joignit	il/elle	eut	joint
nous	joignîmes	nous	eûmes	joint
vous	joignîtes	vous	eûtes	joint
ils/elles	joignirent	ils/elles	eurent	joint

SUBJONCTIF

Présent		Passé		
que je	joigne	que j'	aie	joint
que tu	joignes	que tu	aies	joint
qu'il/elle	joigne	qu'il/elle	ait	joint
que nous	joignions	que nous	ayons	joint
que vous	joigniez	que vous	ayez	joint
qu'ils/elles	joignent	qu'ils/elles	aient	joint

IMPÉRATIF

Présent	Passé	
joins	aie	joint
joignons	ayons	joint
joignez	ayez	joint

INFINITIF

Présent	Passé
joindre	avoir joint

PARTICIPE

Présent	Passé	Passé composé
joignant	joint, jointe, joints, jointes	ayant joint

Tableau 29 Lever

INDICATIF

Présent

je	lève
tu	lèves
il/elle	lève
nous	levons
vous	levez
ils/elles	lèvent

Passé composé

j'	ai	levé
tu	as	levé
il/elle	a	levé
nous	avons	levé
vous	avez	levé
ils/elles	ont	levé

Futur simple

je	lèverai
tu	lèveras
il/elle	lèvera
nous	lèverons
vous	lèverez
ils/elles	lèveront

Futur antérieur

j'	aurai	levé
tu	auras	levé
il/elle	aura	levé
nous	aurons	levé
vous	aurez	levé
ils/elles	auront	levé

Imparfait

je	levais
tu	levais
il/elle	levait
nous	levions
vous	leviez
ils/elles	levaient

Plus-que-parfait

j'	avais	levé
tu	avais	levé
il/elle	avait	levé
nous	avions	levé
vous	aviez	levé
ils/elles	avaient	levé

Conditionnel présent

je	lèverais
tu	lèverais
il/elle	lèverait
nous	lèverions
vous	lèveriez
ils/elles	lèveraient

Conditionnel passé

j'	aurais	levé
tu	aurais	levé
il/elle	aurait	levé
nous	aurions	levé
vous	auriez	levé
ils/elles	auraient	levé

Passé simple

je	levai
tu	levas
il/elle	leva
nous	levâmes
vous	levâtes
ils/elles	levèrent

Passé antérieur

j'	eus	levé
tu	eus	levé
il/elle	eut	levé
nous	eûmes	levé
vous	eûtes	levé
ils/elles	eurent	levé

SUBJONCTIF

Présent

que je	lève
que tu	lèves
qu'il/elle	lève
que nous	levions
que vous	leviez
qu'ils/elles	lèvent

Passé

que j'	aie	levé
que tu	aies	levé
qu'il/elle	ait	levé
que nous	ayons	levé
que vous	ayez	levé
qu'ils/elles	aient	levé

IMPÉRATIF

Présent	Passé	
lève	aie	levé
levons	ayons	levé
levez	ayez	levé

INFINITIF

Présent	Passé
lever	avoir levé

PARTICIPE

Présent	Passé	Passé composé
levant	levé, levée, levés, levées	ayant levé

Tableau 30 Lire

INDICATIF

Présent

je	lis
tu	lis
il/elle	lit
nous	lisons
vous	lisez
ils/elles	lisent

Passé composé

j'	ai	lu
tu	as	lu
il/elle	a	lu
nous	avons	lu
vous	avez	lu
ils/elles	ont	lu

Futur simple

je	lirai
tu	liras
il/elle	lira
nous	lirons
vous	lirez
ils/elles	liront

Futur antérieur

j'	aurai	lu
tu	auras	lu
il/elle	aura	lu
nous	aurons	lu
vous	aurez	lu
ils/elles	auront	lu

Imparfait

je	lisais
tu	lisais
il/elle	lisait
nous	lisions
vous	lisiez
ils/elles	lisaient

Plus-que-parfait

j'	avais	lu
tu	avais	lu
il/elle	avait	lu
nous	avions	lu
vous	aviez	lu
ils/elles	avaient	lu

Conditionnel présent

je	lirais
tu	lirais
il/elle	lirait
nous	lirions
vous	liriez
ils/elles	liraient

Conditionnel passé

j'	aurais	lu
tu	aurais	lu
il/elle	aurait	lu
nous	aurions	lu
vous	auriez	lu
ils/elles	auraient	lu

Passé simple

je	lus
tu	lus
il/elle	lut
nous	lûmes
vous	lûtes
ils/elles	lurent

Passé antérieur

j'	eus	lu
tu	eus	lu
il/elle	eut	lu
nous	eûmes	lu
vous	eûtes	lu
ils/elles	eurent	lu

SUBJONCTIF

Présent

que je	lise
que tu	lises
qu'il/elle	lise
que nous	lisions
que vous	lisiez
qu'ils/elles	lisent

Passé

que j'	aie	lu
que tu	aies	lu
qu'il/elle	ait	lu
que nous	ayons	lu
que vous	ayez	lu
qu'ils/elles	aient	lu

IMPÉRATIF

Présent	Passé	
lis	aie	lu
lisons	ayons	lu
lisez	ayez	lu

INFINITIF

Présent	Passé
lire	avoir lu

PARTICIPE

Présent	Passé	Passé composé
lisant	lu, lue, lus, lues	ayant lu

M

Tableau 31 Mettre

INDICATIF

Présent		Passé composé			Futur simple		Futur antérieur		
je	mets	j'	ai	mis	je	mettrai	j'	aurai	mis
tu	mets	tu	as	mis	tu	mettras	tu	auras	mis
il/elle	met	il/elle	a	mis	il/elle	mettra	il/elle	aura	mis
nous	mettons	nous	avons	mis	nous	mettrons	nous	aurons	mis
vous	mettez	vous	avez	mis	vous	mettrez	vous	aurez	mis
ils/elles	mettent	ils/elles	ont	mis	ils/elles	mettront	ils/elles	auront	mis

Imparfait		Plus-que-parfait			Conditionnel présent		Conditionnel passé		
je	mettais	j'	avais	mis	je	mettrais	j'	aurais	mis
tu	mettais	tu	avais	mis	tu	mettrais	tu	aurais	mis
il/elle	mettait	il/elle	avait	mis	il/elle	mettrait	il/elle	aurait	mis
nous	mettions	nous	avions	mis	nous	mettrions	nous	aurions	mis
vous	mettiez	vous	aviez	mis	vous	mettriez	vous	auriez	mis
ils/elles	mettaient	ils/elles	avaient	mis	ils/elles	mettraient	ils/elles	auraient	mis

Passé simple		Passé antérieur		
je	mis	j'	eus	mis
tu	mis	tu	eus	mis
il/elle	mit	il/elle	eut	mis
nous	mîmes	nous	eûmes	mis
vous	mîtes	vous	eûtes	mis
ils/elles	mirent	ils/elles	eurent	mis

SUBJONCTIF

Présent		Passé		
que je	mette	que j'	aie	mis
que tu	mettes	que tu	aies	mis
qu'il/elle	mette	qu'il/elle	ait	mis
que nous	mettions	que nous	ayons	mis
que vous	mettiez	que vous	ayez	mis
qu'ils/elles	mettent	qu'ils/elles	aient	mis

IMPÉRATIF

Présent	Passé	
mets	aie	mis
mettons	ayons	mis
mettez	ayez	mis

INFINITIF

Présent	Passé
mettre	avoir mis

PARTICIPE

Présent	Passé	Passé composé
mettant	mis, mise, mis, mises	ayant mis

Tableau 32 Mourir

INDICATIF

Présent		Passé composé			Futur simple		Futur antérieur		
je	meurs	je	suis	mort/morte	je	mourrai	je	serai	mort/morte
tu	meurs	tu	es	mort/morte	tu	mourras	tu	seras	mort/morte
il/elle	meurt	il/elle	est	mort/morte	il/elle	mourra	il/elle	sera	mort/morte
nous	mourons	nous	sommes	morts/mortes	nous	mourrons	nous	serons	morts/mortes
vous	mourez	vous	êtes	morts/mortes	vous	mourrez	vous	serez	morts/mortes
ils/elles	meurent	ils/elles	sont	morts/mortes	ils/elles	mourront	ils/elles	seront	morts/mortes

Imparfait		Plus-que-parfait			Conditionnel présent		Conditionnel passé		
je	mourais	j'	étais	mort/morte	je	mourrais	je	serais	mort/morte
tu	mourais	tu	étais	mort/morte	tu	mourrais	tu	serais	mort/morte
il/elle	mourait	il/elle	était	mort/morte	il/elle	mourrait	il/elle	serait	mort/morte
nous	mourions	nous	étions	morts/mortes	nous	mourrions	nous	serions	morts/mortes
vous	mouriez	vous	étiez	morts/mortes	vous	mourriez	vous	seriez	morts/mortes
ils/elles	mouraient	ils/elles	étaient	morts/mortes	ils/elles	mourraient	ils/elles	seraient	morts/mortes

Passé simple		Passé antérieur		
je	mourus	je	fus	mort/morte
tu	mourus	tu	fus	mort/morte
il/elle	mourut	il/elle	fut	mort/morte
nous	mourûmes	nous	fûmes	morts/mortes
vous	mourûtes	vous	fûtes	morts/mortes
ils/elles	moururent	ils/elles	furent	morts/mortes

SUBJONCTIF

Présent		Passé		
que je	meure	que je	sois	mort/morte
que tu	meures	que tu	sois	mort/morte
qu'il/elle	meure	qu'il/elle	soit	mort/morte
que nous	mourions	que nous	soyons	morts/mortes
que vous	mouriez	que vous	soyez	morts/mortes
qu'ils/elles	meurent	qu'ils/elles	soient	morts/mortes

IMPÉRATIF

Présent	Passé	
meurs	sois	mort/morte
mourons	soyons	morts/mortes
mourez	soyez	morts/mortes

INFINITIF

Présent	Passé
mourir	être mort/morte/morts/mortes

PARTICIPE

Présent	Passé	Passé composé
mourant	mort, morte, morts, mortes	étant mort

Le verbe pronominal *se mourir* ne se conjugue pas aux temps composés.

N

Tableau 33 Nager

INDICATIF

Présent		Passé composé			Futur simple		Futur antérieur		
je	nage	j'	ai	nagé	je	nagerai	j'	aurai	nagé
tu	nages	tu	as	nagé	tu	nageras	tu	auras	nagé
il/elle	nage	il/elle	a	nagé	il/elle	nagera	il/elle	aura	nagé
nous	nageons	nous	avons	nagé	nous	nagerons	nous	aurons	nagé
vous	nagez	vous	avez	nagé	vous	nagerez	vous	aurez	nagé
ils/elles	nagent	ils/elles	ont	nagé	ils/elles	nageront	ils/elles	auront	nagé

Imparfait		Plus-que-parfait			Conditionnel présent		Conditionnel passé		
je	nageais	j'	avais	nagé	je	nagerais	j'	aurais	nagé
tu	nageais	tu	avais	nagé	tu	nagerais	tu	aurais	nagé
il/elle	nageait	il/elle	avait	nagé	il/elle	nagerait	il/elle	aurait	nagé
nous	nagions	nous	avions	nagé	nous	nagerions	nous	aurions	nagé
vous	nagiez	vous	aviez	nagé	vous	nageriez	vous	auriez	nagé
ils/elles	nageaient	ils/elles	avaient	nagé	ils/elles	nageraient	ils/elles	auraient	nagé

Passé simple		Passé antérieur		
je	nageai	j'	eus	nagé
tu	nageas	tu	eus	nagé
il/elle	nagea	il/elle	eut	nagé
nous	nageâmes	nous	eûmes	nagé
vous	nageâtes	vous	eûtes	nagé
ils/elles	nagèrent	ils/elles	eurent	nagé

SUBJONCTIF

Présent		Passé		
que je	nage	que j'	aie	nagé
que tu	nages	que tu	aies	nagé
qu'il/elle	nage	qu'il/elle	ait	nagé
que nous	nagions	que nous	ayons	nagé
que vous	nagiez	que vous	ayez	nagé
qu'ils/elles	nagent	qu'ils/elles	aient	nagé

IMPÉRATIF

Présent	Passé	
nage	aie	nagé
nageons	ayons	nagé
nagez	ayez	nagé

INFINITIF

Présent	Passé
nager	avoir nagé

PARTICIPE

Présent	Passé	Passé composé
nageant	nagé, nagés, nagées, nagées	ayant nagé

Abréger, alléger, désagréger, piéger, protéger et *siéger* suivent le modèle de *céder* pour l'alternance entre *é* et *è*.

Tableau 34a Naître

(Voir aussi le tableau suivant.)

INDICATIF

Présent		Passé composé			Futur simple		Futur antérieur		
je	nais	je	suis	né/née	je	naîtrai	je	serai	né/née
tu	nais	tu	es	né/née	tu	naîtras	tu	seras	né/née
il/elle	naît	il/elle	est	né/née	il/elle	naîtra	il/elle	sera	né/née
nous	naissons	nous	sommes	nés/nées	nous	naîtrons	nous	serons	nés/nées
vous	naissez	vous	êtes	nés/nées	vous	naîtrez	vous	serez	nés/nées
ils/elles	naissent	ils/elles	sont	nés/nées	ils/elles	naîtront	ils/elles	seront	nés/nées

Imparfait		Plus-que-parfait			Conditionnel présent		Conditionnel passé		
je	naissais	j'	étais	né/née	je	naîtrais	je	serais	né/née
tu	naissais	tu	étais	né/née	tu	naîtrais	tu	serais	né/née
il/elle	naissait	il/elle	était	né/née	il/elle	naîtrait	il/elle	serait	né/née
nous	naissions	nous	étions	nés/nées	nous	naîtrions	nous	serions	nés/nées
vous	naissiez	vous	étiez	nés/nées	vous	naîtriez	vous	seriez	nés/nées
ils/elles	naissaient	ils/elles	étaient	nés/nées	ils/elles	naîtraient	ils/elles	seraient	nés/nées

Passé simple		Passé antérieur		
je	naquis	je	fus	né/née
tu	naquis	tu	fus	né/née
il/elle	naquit	il/elle	fut	né/née
nous	naquîmes	nous	fûmes	nés/nées
vous	naquîtes	vous	fûtes	nés/nées
ils/elles	naquirent	ils/elles	furent	nés/nées

SUBJONCTIF

Présent		Passé		
que je	naisse	que je	sois	né/née
que tu	naisses	que tu	sois	né/née
qu'il/elle	naisse	qu'il/elle	soit	né/née
que nous	naissions	que nous	soyons	nés/nées
que vous	naissiez	que vous	soyez	nés/nées
qu'ils/elles	naissent	qu'ils/elles	soient	nés/nées

IMPÉRATIF

Présent	Passé	
nais	sois	né/née
naissons	soyons	nés/nées
naissez	soyez	nés/nées

INFINITIF

Présent	Passé
naître	être né/née/nés/nées

PARTICIPE

Présent	Passé	Passé composé
naissant	né, née, nés, nées	étant né

Tableau 34b Naitre ☑

(Voir aussi le tableau précédent.)

INDICATIF

Présent		Passé composé			Futur simple ☑		Futur antérieur		
je	nais	je	suis	né/née	je	naitrai	je	serai	né/née
tu	nais	tu	es	né/née	tu	naitras	tu	seras	né/née
il/elle	nait ☑	il/elle	est	né/née	il/elle	naitra	il/elle	sera	né/née
nous	naissons	nous	sommes	nés/nées	nous	naitrons	nous	serons	nés/nées
vous	naissez	vous	êtes	nés/nées	vous	naitrez	vous	serez	nés/nées
ils/elles	naissent	ils/elles	sont	nés/nées	ils/elles	naitront	ils/elles	seront	nés/nées

Imparfait		Plus-que-parfait			Conditionnel présent ☑		Conditionnel passé		
je	naissais	j'	étais	né/née	je	naitrais	je	serais	né/née
tu	naissais	tu	étais	né/née	tu	naitrais	tu	serais	né/née
il/elle	naissait	il/elle	était	né/née	il/elle	naitrait	il/elle	serait	né/née
nous	naissions	nous	étions	nés/nées	nous	naitrions	nous	serions	nés/nées
vous	naissiez	vous	étiez	nés/nées	vous	naitriez	vous	seriez	nés/nées
ils/elles	naissaient	ils/elles	étaient	nés/nées	ils/elles	naitraient	ils/elles	seraient	nés/nées

Passé simple		Passé antérieur		
je	naquis	je	fus	né/née
tu	naquis	tu	fus	né/née
il/elle	naquit	il/elle	fut	né/née
nous	naquîmes	nous	fûmes	nés/nées
vous	naquîtes	vous	fûtes	nés/nées
ils/elles	naquirent	ils/elles	furent	nés/nées

SUBJONCTIF

Présent		Passé		
que je	naisse	que je	sois	né/née
que tu	naisses	que tu	sois	né/née
qu'il/elle	naisse	qu'il/elle	soit	né/née
que nous	naissions	que nous	soyons	nés/nées
que vous	naissiez	que vous	soyez	nés/nées
qu'ils/elles	naissent	qu'ils/elles	soient	nés/nées

IMPÉRATIF

Présent	Passé	
nais	sois	né/née
naissons	soyons	nés/nées
naissez	soyez	nés/nées

INFINITIF

Présent ☑	Passé
naitre	être né/née/nés/nées

PARTICIPE

Présent	Passé	Passé composé
naissant	né, née, nés, nées	étant né

Tableau 35 Noyer

INDICATIF

Présent		Passé composé			Futur simple		Futur antérieur		
je	noie	j'	ai	noyé	je	noierai	j'	aurai	noyé
tu	noies	tu	as	noyé	tu	noieras	tu	auras	noyé
il/elle	noie	il/elle	a	noyé	il/elle	noiera	il/elle	aura	noyé
nous	noyons	nous	avons	noyé	nous	noierons	nous	aurons	noyé
vous	noyez	vous	avez	noyé	vous	noierez	vous	aurez	noyé
ils/elles	noient	ils/elles	ont	noyé	ils/elles	noieront	ils/elles	auront	noyé

Imparfait		Plus-que-parfait			Conditionnel présent		Conditionnel passé		
je	noyais	j'	avais	noyé	je	noierais	j'	aurais	noyé
tu	noyais	tu	avais	noyé	tu	noierais	tu	aurais	noyé
il/elle	noyait	il/elle	avait	noyé	il/elle	noierait	il/elle	aurait	noyé
nous	noyions	nous	avions	noyé	nous	noierions	nous	aurions	noyé
vous	noyiez	vous	aviez	noyé	vous	noieriez	vous	auriez	noyé
ils/elles	noyaient	ils/elles	avaient	noyé	ils/elles	noieraient	ils/elles	auraient	noyé

Passé simple		Passé antérieur		
je	noyai	j'	eus	noyé
tu	noyas	tu	eus	noyé
il/elle	noya	il/elle	eut	noyé
nous	noyâmes	nous	eûmes	noyé
vous	noyâtes	vous	eûtes	noyé
ils/elles	noyèrent	ils/elles	eurent	noyé

SUBJONCTIF

Présent		Passé		
que je	noie	que j'	aie	noyé
que tu	noies	que tu	aies	noyé
qu'il/elle	noie	qu'il/elle	ait	noyé
que nous	noyions	que nous	ayons	noyé
que vous	noyiez	que vous	ayez	noyé
qu'ils/elles	noient	qu'ils/elles	aient	noyé

IMPÉRATIF

Présent	Passé	
noie	aie	noyé
noyons	ayons	noyé
noyez	ayez	noyé

INFINITIF

Présent	Passé
noyer	avoir noyé

PARTICIPE

Présent	Passé	Passé composé
noyant	noyé, noyée, noyés, noyées	ayant noyé

Tableau 36 Payer

INDICATIF

Présent

je	paie/paye
tu	paies/payes
il/elle	paie/paye
nous	payons
vous	payez
ils/elles	paient/payent

Passé composé

j'	ai	payé
tu	as	payé
il/elle	a	payé
nous	avons	payé
vous	avez	payé
ils/elles	ont	payé

Futur simple

je	paierai/payerai
tu	paieras/payeras
il/elle	paiera/payera
nous	paierons/payerons
vous	paierez/payerez
ils/elles	paieront/payeront

Futur antérieur

j'	aurai	payé
tu	auras	payé
il/elle	aura	payé
nous	aurons	payé
vous	aurez	payé
ils/elles	auront	payé

Imparfait

je	payais
tu	payais
il/elle	payait
nous	payions
vous	payiez
ils/elles	payaient

Plus-que-parfait

j'	avais	payé
tu	avais	payé
il/elle	avait	payé
nous	avions	payé
vous	aviez	payé
ils/elles	avaient	payé

Conditionnel présent

je	paierais/payerais
tu	paierais/payerais
il/elle	paierait/payerait
nous	paierions/payerions
vous	paieriez/payeriez
ils/elles	paieraient/payeraient

Conditionnel passé

j'	aurais	payé
tu	aurais	payé
il/elle	aurait	payé
nous	aurions	payé
vous	auriez	payé
ils/elles	auraient	payé

Passé simple

je	payai
tu	payas
il/elle	paya
nous	payâmes
vous	payâtes
ils/elles	payèrent

Passé antérieur

j'	eus	payé
tu	eus	payé
il/elle	eut	payé
nous	eûmes	payé
vous	eûtes	payé
ils/elles	eurent	payé

SUBJONCTIF

Présent

que je	paie/paye
que tu	paies/payes
qu'il/elle	paie/paye
que nous	payions
que vous	payiez
qu'ils/elles	paient/payent

Passé

que j'	aie	payé
que tu	aies	payé
qu'il/elle	ait	payé
que nous	ayons	payé
que vous	ayez	payé
qu'ils/elles	aient	payé

IMPÉRATIF

Présent	Passé
paie/paye	aie payé
payons	ayons payé
payez	ayez payé

INFINITIF

Présent	Passé
payer	avoir payé

PARTICIPE

Présent	Passé	Passé composé
payant	payé, payée, payés, payées	ayant payé

Tableau 37 Placer

INDICATIF

Présent

je	place
tu	places
il/elle	place
nous	plaçons
vous	placez
ils/elles	placent

Passé composé

j'	ai	placé
tu	as	placé
il/elle	a	placé
nous	avons	placé
vous	avez	placé
ils/elles	ont	placé

Futur simple

je	placerai
tu	placeras
il/elle	placera
nous	placerons
vous	placerez
ils/elles	placeront

Futur antérieur

j'	aurai	placé
tu	auras	placé
il/elle	aura	placé
nous	aurons	placé
vous	aurez	placé
ils/elles	auront	placé

Imparfait

je	plaçais
tu	plaçais
il/elle	plaçait
nous	placions
vous	placiez
ils/elles	plaçaient

Plus-que-parfait

j'	avais	placé
tu	avais	placé
il/elle	avait	placé
nous	avions	placé
vous	aviez	placé
ils/elles	avaient	placé

Conditionnel présent

je	placerais
tu	placerais
il/elle	placerait
nous	placerions
vous	placeriez
ils/elles	placeraient

Conditionnel passé

j'	aurais	placé
tu	aurais	placé
il/elle	aurait	placé
nous	aurions	placé
vous	auriez	placé
ils/elles	auraient	placé

Passé simple

je	plaçai
tu	plaças
il/elle	plaça
nous	plaçâmes
vous	plaçâtes
ils/elles	placèrent

Passé antérieur

j'	eus	placé
tu	eus	placé
il/elle	eut	placé
nous	eûmes	placé
vous	eûtes	placé
ils/elles	eurent	placé

SUBJONCTIF

Présent

que je	place
que tu	places
qu'il/elle	place
que nous	placions
que vous	placiez
qu'ils/elles	placent

Passé

que j'	aie	placé
que tu	aies	placé
qu'il/elle	ait	placé
que nous	ayons	placé
que vous	ayez	placé
qu'ils/elles	aient	placé

IMPÉRATIF

Présent	Passé
place	aie placé
plaçons	ayons placé
placez	ayez placé

INFINITIF

Présent	Passé
placer	avoir placé

PARTICIPE

Présent	Passé	Passé composé
plaçant	placé, placée, placés, placées	ayant placé

Rapiécer suit le modèle de *céder* pour l'alternance entre *é* et *è*.

Tableau 38 Plaire

INDICATIF

Présent		Passé composé		
je	plais	j'	ai	plu
tu	plais	tu	as	plu
il/elle	plaît/plait ☑	il/elle	a	plu
nous	plaisons	nous	avons	plu
vous	plaisez	vous	avez	plu
ils/elles	plaisent	ils/elles	ont	plu

Futur simple		Futur antérieur		
je	plairai	j'	aurai	plu
tu	plairas	tu	auras	plu
il/elle	plaira	il/elle	aura	plu
nous	plairons	nous	aurons	plu
vous	plairez	vous	aurez	plu
ils/elles	plairont	ils/elles	auront	plu

Imparfait		Plus-que-parfait		
je	plaisais	j'	avais	plu
tu	plaisais	tu	avais	plu
il/elle	plaisait	il/elle	avait	plu
nous	plaisions	nous	avions	plu
vous	plaisiez	vous	aviez	plu
ils/elles	plaisaient	ils/elles	avaient	plu

Conditionnel présent		Conditionnel passé		
je	plairais	j'	aurais	plu
tu	plairais	tu	aurais	plu
il/elle	plairait	il/elle	aurait	plu
nous	plairions	nous	aurions	plu
vous	plairiez	vous	auriez	plu
ils/elles	plairaient	ils/elles	auraient	plu

Passé simple		Passé antérieur		
je	plus	j'	eus	plu
tu	plus	tu	eus	plu
il/elle	plut	il/elle	eut	plu
nous	plûmes	nous	eûmes	plu
vous	plûtes	vous	eûtes	plu
ils/elles	plurent	ils/elles	eurent	plu

IMPÉRATIF

Présent	Passé	
plais	aie	plu
plaisons	ayons	plu
plaisez	ayez	plu

INFINITIF

Présent	Passé
plaire	avoir plu

SUBJONCTIF

Présent		Passé		
que je	plaise	que j'	aie	plu
que tu	plaises	que tu	aies	plu
qu'il/elle	plaise	qu'il/elle	ait	plu
que nous	plaisions	que nous	ayons	plu
que vous	plaisiez	que vous	ayez	plu
qu'ils/elles	plaisent	qu'ils/elles	aient	plu

PARTICIPE

Présent	Passé	Passé composé
plaisant	plu	ayant plu

Taire ne prend pas d'accent circonflexe à l'indicatif présent. Les participes passés de *plu*, *complu* et *déplu* sont invariables, mais celui de *taire* varie.

Tableau 39 Pouvoir

INDICATIF

Présent		Passé composé		
je	peux/puis	j'	ai	pu
tu	peux	tu	as	pu
il/elle	peut	il/elle	a	pu
nous	pouvons	nous	avons	pu
vous	pouvez	vous	avez	pu
ils/elles	peuvent	ils/elles	ont	pu

Futur simple		Futur antérieur		
je	pourrai	j'	aurai	pu
tu	pourras	tu	auras	pu
il/elle	pourra	il/elle	aura	pu
nous	pourrons	nous	aurons	pu
vous	pourrez	vous	aurez	pu
ils/elles	pourront	ils/elles	auront	pu

Imparfait		Plus-que-parfait		
je	pouvais	j'	avais	pu
tu	pouvais	tu	avais	pu
il/elle	pouvait	il/elle	avait	pu
nous	pouvions	nous	avions	pu
vous	pouviez	vous	aviez	pu
ils/elles	pouvaient	ils/elles	avaient	pu

Conditionnel présent		Conditionnel passé		
je	pourrais	j'	aurais	pu
tu	pourrais	tu	aurais	pu
il/elle	pourrait	il/elle	aurait	pu
nous	pourrions	nous	aurions	pu
vous	pourriez	vous	auriez	pu
ils/elles	pourraient	ils/elles	auraient	pu

Passé simple		Passé antérieur		
je	pus	j'	eus	pu
tu	pus	tu	eus	pu
il/elle	put	il/elle	eut	pu
nous	pûmes	nous	eûmes	pu
vous	pûtes	vous	eûtes	pu
ils/elles	purent	ils/elles	eurent	pu

IMPÉRATIF

aucun

INFINITIF

Présent	Passé
pouvoir	avoir pu

SUBJONCTIF

Présent		Passé		
que je	puisse	que j'	aie	pu
que tu	puisses	que tu	aies	pu
qu'il/elle	puisse	qu'il/elle	ait	pu
que nous	puissions	que nous	ayons	pu
que vous	puissiez	que vous	ayez	pu
qu'ils/elles	puissent	qu'ils/elles	aient	pu

PARTICIPE

Présent	Passé	Passé composé
pouvant	pu	ayant pu

Mouvoir, *émouvoir* et *promouvoir* : à l'ind. prés. suivent les formes *je meus*, […] *nous mouvons*, […] ; au cond. prés. : *je mouvrais*, […] *nous mouvrions*, […] ; au subj. prés. : *que je meuve*, […] *que nous mouvions*, […] ; à l'imp. prés. : *meus*, *mouvons*, *mouvez* ; au part. passé : *mû* ou *mu* ☑, *mue*, *mues*, *mues*.

À l'indicatif présent, on utilise *puis-je* dans la phrase interrogative.

Tableau 40 Prendre

INDICATIF

Présent	
je	prends
tu	prends
il/elle	prend
nous	prenons
vous	prenez
ils/elles	prennent

Passé composé		
j'	ai	pris
tu	as	pris
il/elle	a	pris
nous	avons	pris
vous	avez	pris
ils/elles	ont	pris

Futur simple	
je	prendrai
tu	prendras
il/elle	prendra
nous	prendrons
vous	prendrez
ils/elles	prendront

Futur antérieur		
j'	aurai	pris
tu	auras	pris
il/elle	aura	pris
nous	aurons	pris
vous	aurez	pris
ils/elles	auront	pris

Imparfait	
je	prenais
tu	prenais
il/elle	prenait
nous	prenions
vous	preniez
ils/elles	prenaient

Plus-que-parfait		
j'	avais	pris
tu	avais	pris
il/elle	avait	pris
nous	avions	pris
vous	aviez	pris
ils/elles	avaient	pris

Conditionnel présent	
je	prendrais
tu	prendrais
il/elle	prendrait
nous	prendrions
vous	prendriez
ils/elles	prendraient

Conditionnel passé		
j'	aurais	pris
tu	aurais	pris
il/elle	aurait	pris
nous	aurions	pris
vous	auriez	pris
ils/elles	auraient	pris

Passé simple	
je	pris
tu	pris
il/elle	prit
nous	prîmes
vous	prîtes
ils/elles	prirent

Passé antérieur		
j'	eus	pris
tu	eus	pris
il/elle	eut	pris
nous	eûmes	pris
vous	eûtes	pris
ils/elles	eurent	pris

SUBJONCTIF

Présent	
que je	prenne
que tu	prennes
qu'il/elle	prenne
que nous	prenions
que vous	preniez
qu'ils/elles	prennent

Passé		
que j'	aie	pris
que tu	aies	pris
qu'il/elle	ait	pris
que nous	ayons	pris
que vous	ayez	pris
qu'ils/elles	aient	pris

IMPÉRATIF

Présent	Passé
prends	aie pris
prenons	ayons pris
prenez	ayez pris

INFINITIF

Présent	Passé
prendre	avoir pris

PARTICIPE

Présent	Passé	Passé composé
prenant	pris, prise, pris, prises	ayant pris

R Tableau 41 Recevoir

INDICATIF

Présent	
je	reçois
tu	reçois
il/elle	reçoit
nous	recevons
vous	recevez
ils/elles	reçoivent

Passé composé		
j'	ai	reçu
tu	as	reçu
il/elle	a	reçu
nous	avons	reçu
vous	avez	reçu
ils/elles	ont	reçu

Futur simple	
je	recevrai
tu	recevras
il/elle	recevra
nous	recevrons
vous	recevrez
ils/elles	recevront

Futur antérieur		
j'	aurai	reçu
tu	auras	reçu
il/elle	aura	reçu
nous	aurons	reçu
vous	aurez	reçu
ils/elles	auront	reçu

Imparfait	
je	recevais
tu	recevais
il/elle	recevait
nous	recevions
vous	receviez
ils/elles	recevaient

Plus-que-parfait		
j'	avais	reçu
tu	avais	reçu
il/elle	avait	reçu
nous	avions	reçu
vous	aviez	reçu
ils/elles	avaient	reçu

Conditionnel présent	
je	recevrais
tu	recevrais
il/elle	recevrait
nous	recevrions
vous	recevriez
ils/elles	recevraient

Conditionnel passé		
j'	aurais	reçu
tu	aurais	reçu
il/elle	aurait	reçu
nous	aurions	reçu
vous	auriez	reçu
ils/elles	auraient	reçu

Passé simple	
je	reçus
tu	reçus
il/elle	reçut
nous	reçûmes
vous	reçûtes
ils/elles	reçurent

Passé antérieur		
j'	eus	reçu
tu	eus	reçu
il/elle	eut	reçu
nous	eûmes	reçu
vous	eûtes	reçu
ils/elles	eurent	reçu

SUBJONCTIF

Présent	
que je	reçoive
que tu	reçoives
qu'il/elle	reçoive
que nous	recevions
que vous	receviez
qu'ils/elles	reçoivent

Passé		
que j'	aie	reçu
que tu	aies	reçu
qu'il/elle	ait	reçu
que nous	ayons	reçu
que vous	ayez	reçu
qu'ils/elles	aient	reçu

IMPÉRATIF

Présent	Passé
reçois	aie reçu
recevons	ayons reçu
recevez	ayez reçu

INFINITIF

Présent	Passé
recevoir	avoir reçu

PARTICIPE

Présent	Passé	Passé composé
recevant	reçu, reçue, reçus, reçues	ayant reçu

Tableau 42 Rendre

INDICATIF

Présent		Passé composé			Futur simple		Futur antérieur		
je	rend**s**	j'	ai	rendu	je	rend**rai**	j'	aurai	rendu
tu	rend**s**	tu	as	rendu	tu	rend**ras**	tu	auras	rendu
il/elle	rend	il/elle	a	rendu	il/elle	rend**ra**	il/elle	aura	rendu
nous	rend**ons**	nous	avons	rendu	nous	rend**rons**	nous	aurons	rendu
vous	rend**ez**	vous	avez	rendu	vous	rend**rez**	vous	aurez	rendu
ils/elles	rend**ent**	ils/elles	ont	rendu	ils/elles	rend**ront**	ils/elles	auront	rendu

Imparfait		Plus-que-parfait			Conditionnel présent		Conditionnel passé		
je	rend**ais**	j'	avais	rendu	je	rend**rais**	j'	aurais	rendu
tu	rend**ais**	tu	avais	rendu	tu	rend**rais**	tu	aurais	rendu
il/elle	rend**ait**	il/elle	avait	rendu	il/elle	rend**rait**	il/elle	aurait	rendu
nous	rend**ions**	nous	avions	rendu	nous	rend**rions**	nous	aurions	rendu
vous	rend**iez**	vous	aviez	rendu	vous	rend**riez**	vous	auriez	rendu
ils/elles	rend**aient**	ils/elles	avaient	rendu	ils/elles	rend**raient**	ils/elles	auraient	rendu

Passé simple		Passé antérieur		
je	rend**is**	j'	eus	rendu
tu	rend**is**	tu	eus	rendu
il/elle	rend**it**	il/elle	eut	rendu
nous	rend**îmes**	nous	eûmes	rendu
vous	rend**îtes**	vous	eûtes	rendu
ils/elles	rend**irent**	ils/elles	eurent	rendu

SUBJONCTIF

Présent		Passé		
que je	rend**e**	que j'	aie	rendu
que tu	rend**es**	que tu	aies	rendu
qu'il/elle	rend**e**	qu'il/elle	ait	rendu
que nous	rend**ions**	que nous	ayons	rendu
que vous	rend**iez**	que vous	ayez	rendu
qu'ils/elles	rend**ent**	qu'ils/elles	aient	rendu

IMPÉRATIF

Présent	Passé	
rend**s**	aie	rendu
rend**ons**	ayons	rendu
rend**ez**	ayez	rendu

INFINITIF

Présent	Passé
rend**re**	avoir rendu

PARTICIPE

Présent	Passé	Passé composé
rend**ant**	rend**u**, rend**ue**, rend**us**, rend**ues**	ayant rendu

Rompre, *corrompre* et *interrompre* prennent la forme *il/elle rompt* à l'indicatif présent. Le participe passé d'*inclure* est *inclus*, *incluse*, *incluses*. *Conclure*, *exclure* et *inclure* conservent le *u* au passé simple : *je conclus*, *tu conclus*, *il/elle conclut*, *nous conclûmes*, *vous conclûtes*, *ils/elles conclurent*.

Tableau 43 Rire

INDICATIF

Présent		Passé composé			Futur simple		Futur antérieur		
je	ri**s**	j'	ai	ri	je	ri**rai**	j'	aurai	ri
tu	ri**s**	tu	as	ri	tu	ri**ras**	tu	auras	ri
il/elle	ri**t**	il/elle	a	ri	il/elle	ri**ra**	il/elle	aura	ri
nous	ri**ons**	nous	avons	ri	nous	ri**rons**	nous	aurons	ri
vous	ri**ez**	vous	avez	ri	vous	ri**rez**	vous	aurez	ri
ils/elles	ri**ent**	ils/elles	ont	ri	ils/elles	ri**ront**	ils/elles	auront	ri

Imparfait		Plus-que-parfait			Conditionnel présent		Conditionnel passé		
je	ri**ais**	j'	avais	ri	je	ri**rais**	j'	aurais	ri
tu	ri**ais**	tu	avais	ri	tu	ri**rais**	tu	aurais	ri
il/elle	ri**ait**	il/elle	avait	ri	il/elle	ri**rait**	il/elle	aurait	ri
nous	ri**ions**	nous	avions	ri	nous	ri**rions**	nous	aurions	ri
vous	ri**iez**	vous	aviez	ri	vous	ri**riez**	vous	auriez	ri
ils/elles	ri**aient**	ils/elles	avaient	ri	ils/elles	ri**raient**	ils/elles	auraient	ri

Passé simple		Passé antérieur		
je	ri**s**	j'	eus	ri
tu	ri**s**	tu	eus	ri
il/elle	ri**t**	il/elle	eut	ri
nous	rî**mes**	nous	eûmes	ri
vous	rî**tes**	vous	eûtes	ri
ils/elles	ri**rent**	ils/elles	eurent	ri

SUBJONCTIF

Présent		Passé		
que je	ri**e**	que j'	aie	ri
que tu	ri**es**	que tu	aies	ri
qu'il/elle	ri**e**	qu'il/elle	ait	ri
que nous	ri**ions**	que nous	ayons	ri
que vous	ri**iez**	que vous	ayez	ri
qu'ils/elles	ri**ent**	qu'ils/elles	aient	ri

IMPÉRATIF

Présent	Passé	
ri**s**	aie	ri
ri**ons**	ayons	ri
ri**ez**	ayez	ri

INFINITIF

Présent	Passé
ri**re**	avoir ri

PARTICIPE

Présent	Passé	Passé composé
ri**ant**	ri	ayant ri

S Tableau 44 Savoir

INDICATIF

Présent		Passé composé			Futur simple		Futur antérieur		
je	sais	j'	ai	su	je	saurai	j'	aurai	su
tu	sais	tu	as	su	tu	sauras	tu	auras	su
il/elle	sait	il/elle	a	su	il/elle	saura	il/elle	aura	su
nous	savons	nous	avons	su	nous	saurons	nous	aurons	su
vous	savez	vous	avez	su	vous	saurez	vous	aurez	su
ils/elles	savent	ils/elles	ont	su	ils/elles	sauront	ils/elles	auront	su

Imparfait		Plus-que-parfait			Conditionnel présent		Conditionnel passé		
je	savais	j'	avais	su	je	saurais	j'	aurais	su
tu	savais	tu	avais	su	tu	saurais	tu	aurais	su
il/elle	savait	il/elle	avait	su	il/elle	saurait	il/elle	aurait	su
nous	savions	nous	avions	su	nous	saurions	nous	aurions	su
vous	saviez	vous	aviez	su	vous	sauriez	vous	auriez	su
ils/elles	savaient	ils/elles	avaient	su	ils/elles	sauraient	ils/elles	auraient	su

Passé simple		Passé antérieur		
je	sus	j'	eus	su
tu	sus	tu	eus	su
il/elle	sut	il/elle	eut	su
nous	sûmes	nous	eûmes	su
vous	sûtes	vous	eûtes	su
ils/elles	surent	ils/elles	eurent	su

SUBJONCTIF

Présent		Passé		
que je	sache	que j'	aie	su
que tu	saches	que tu	aies	su
qu'il/elle	sache	qu'il/elle	ait	su
que nous	sachions	que nous	ayons	su
que vous	sachiez	que vous	ayez	su
qu'ils/elles	sachent	qu'ils/elles	aient	su

IMPÉRATIF

Présent	Passé	
sache	aie	su
sachons	ayons	su
sachez	ayez	su

INFINITIF

Présent	Passé
savoir	avoir su

PARTICIPE

Présent	Passé	Passé composé
sachant	su, sue, sus, sues	ayant su

Tableau 45 Sentir

INDICATIF

Présent		Passé composé			Futur simple		Futur antérieur		
je	sens	j'	ai	senti	je	sentirai	j'	aurai	senti
tu	sens	tu	as	senti	tu	sentiras	tu	auras	senti
il/elle	sent	il/elle	a	senti	il/elle	sentira	il/elle	aura	senti
nous	sentons	nous	avons	senti	nous	sentirons	nous	aurons	senti
vous	sentez	vous	avez	senti	vous	sentirez	vous	aurez	senti
ils/elles	sentent	ils/elles	ont	senti	ils/elles	sentiront	ils/elles	auront	senti

Imparfait		Plus-que-parfait			Conditionnel présent		Conditionnel passé		
je	sentais	j'	avais	senti	je	sentirais	j'	aurais	senti
tu	sentais	tu	avais	senti	tu	sentirais	tu	aurais	senti
il/elle	sentait	il/elle	avait	senti	il/elle	sentirait	il/elle	aurait	senti
nous	sentions	nous	avions	senti	nous	sentirions	nous	aurions	senti
vous	sentiez	vous	aviez	senti	vous	sentiriez	vous	auriez	senti
ils/elles	sentaient	ils/elles	avaient	senti	ils/elles	sentiraient	ils/elles	auraient	senti

Passé simple		Passé antérieur		
je	sentis	j'	eus	senti
tu	sentis	tu	eus	senti
il/elle	sentit	il/elle	eut	senti
nous	sentîmes	nous	eûmes	senti
vous	sentîtes	vous	eûtes	senti
ils/elles	sentirent	ils/elles	eurent	senti

SUBJONCTIF

Présent		Passé		
que je	sente	que j'	aie	senti
que tu	sentes	que tu	aies	senti
qu'il/elle	sente	qu'il/elle	ait	senti
que nous	sentions	que nous	ayons	senti
que vous	sentiez	que vous	ayez	senti
qu'ils/elles	sentent	qu'ils/elles	aient	senti

IMPÉRATIF

Présent	Passé	
sens	aie	senti
sentons	ayons	senti
sentez	ayez	senti

INFINITIF

Présent	Passé
sentir	avoir senti

PARTICIPE

Présent	Passé	Passé composé
sentant	senti, sentie, sentis, senties	ayant senti

Bouillir à l'ind. prés. : *je bous, tu bous, il/elle bout, nous bouillons, vous bouillez, ils/elles bouillent* ; à l'imp. prés. : *bous, bouillons, bouillez* ; au subj. prés. : *que je bouille*, etc. *Servir* à l'ind. prés. : *je sers, tu sers, il/elle sert, nous servons*, etc. ; à l'ind. imparfait : *je servais, tu servais*, etc.

Tableau 46 Suivre

INDICATIF

Présent		Passé composé			Futur simple		Futur antérieur		
je	suis	j'	ai	suivi	je	suivrai	j'	aurai	suivi
tu	suis	tu	as	suivi	tu	suivras	tu	auras	suivi
il/elle	suit	il/elle	a	suivi	il/elle	suivra	il/elle	aura	suivi
nous	suivons	nous	avons	suivi	nous	suivrons	nous	aurons	suivi
vous	suivez	vous	avez	suivi	vous	suivrez	vous	aurez	suivi
ils/elles	suivent	ils/elles	ont	suivi	ils/elles	suivront	ils/elles	auront	suivi

Imparfait		Plus-que-parfait			Conditionnel présent		Conditionnel passé		
je	suivais	j'	avais	suivi	je	suivrais	j'	aurais	suivi
tu	suivais	tu	avais	suivi	tu	suivrais	tu	aurais	suivi
il/elle	suivait	il/elle	avait	suivi	il/elle	suivrait	il/elle	aurait	suivi
nous	suivions	nous	avions	suivi	nous	suivrions	nous	aurions	suivi
vous	suiviez	vous	aviez	suivi	vous	suivriez	vous	auriez	suivi
ils/elles	suivaient	ils/elles	avaient	suivi	ils/elles	suivraient	ils/elles	auraient	suivi

Passé simple		Passé antérieur		
je	suivis	j'	eus	suivi
tu	suivis	tu	eus	suivi
il/elle	suivit	il/elle	eut	suivi
nous	suivîmes	nous	eûmes	suivi
vous	suivîtes	vous	eûtes	suivi
ils/elles	suivirent	ils/elles	eurent	suivi

IMPÉRATIF

Présent	Passé	
suis	aie	suivi
suivons	ayons	suivi
suivez	ayez	suivi

INFINITIF

Présent	Passé
suivre	avoir suivi

PARTICIPE

Présent	Passé	Passé composé
suivant	suivi, suivie, suivis, suivies	ayant suivi

SUBJONCTIF

Présent		Passé		
que je	suive	que j'	aie	suivi
que tu	suives	que tu	aies	suivi
qu'il/elle	suive	qu'il/elle	ait	suivi
que nous	suivions	que nous	ayons	suivi
que vous	suiviez	que vous	ayez	suivi
qu'ils/elles	suivent	qu'ils/elles	aient	suivi

V

Tableau 47 Vaincre

INDICATIF

Présent		Passé composé			Futur simple		Futur antérieur		
je	vaincs	j'	ai	vaincu	je	vaincrai	j'	aurai	vaincu
tu	vaincs	tu	as	vaincu	tu	vaincras	tu	auras	vaincu
il/elle	vainc	il/elle	a	vaincu	il/elle	vaincra	il/elle	aura	vaincu
nous	vainquons	nous	avons	vaincu	nous	vaincrons	nous	aurons	vaincu
vous	vainquez	vous	avez	vaincu	vous	vaincrez	vous	aurez	vaincu
ils/elles	vainquent	ils/elles	ont	vaincu	ils/elles	vaincront	ils/elles	auront	vaincu

Imparfait		Plus-que-parfait			Conditionnel présent		Conditionnel passé		
je	vainquais	j'	avais	vaincu	je	vaincrais	j'	aurais	vaincu
tu	vainquais	tu	avais	vaincu	tu	vaincrais	tu	aurais	vaincu
il/elle	vainquait	il/elle	avait	vaincu	il/elle	vaincrait	il/elle	aurait	vaincu
nous	vainquions	nous	avions	vaincu	nous	vaincrions	nous	aurions	vaincu
vous	vainquiez	vous	aviez	vaincu	vous	vaincriez	vous	auriez	vaincu
ils/elles	vainquaient	ils/elles	avaient	vaincu	ils/elles	vaincraient	ils/elles	auraient	vaincu

Passé simple		Passé antérieur		
je	vainquis	j'	eus	vaincu
tu	vainquis	tu	eus	vaincu
il/elle	vainquit	il/elle	eut	vaincu
nous	vainquîmes	nous	eûmes	vaincu
vous	vainquîtes	vous	eûtes	vaincu
ils/elles	vainquirent	ils/elles	eurent	vaincu

IMPÉRATIF

Présent	Passé	
vaincs	aie	vaincu
vainquons	ayons	vaincu
vainquez	ayez	vaincu

INFINITIF

Présent	Passé
vaincre	avoir vaincu

PARTICIPE

Présent	Passé	Passé composé
vainquant	vaincu, vaincue, vaincus, vaincues	ayant vaincu

SUBJONCTIF

Présent		Passé		
que je	vainque	que j'	aie	vaincu
que tu	vainques	que tu	aies	vaincu
qu'il/elle	vainque	qu'il/elle	ait	vaincu
que nous	vainquions	que nous	ayons	vaincu
que vous	vainquiez	que vous	ayez	vaincu
qu'ils/elles	vainquent	qu'ils/elles	aient	vaincu

Tableau 48 Valoir

INDICATIF

Présent		Passé composé			Futur simple		Futur antérieur		
je	vau**x**	j'	ai	valu	je	vaud**rai**	j'	aurai	valu
tu	vau**x**	tu	as	valu	tu	vaud**ras**	tu	auras	valu
il/elle	vau**t**	il/elle	a	valu	il/elle	vaud**ra**	il/elle	aura	valu
nous	val**ons**	nous	avons	valu	nous	vaud**rons**	nous	aurons	valu
vous	val**ez**	vous	avez	valu	vous	vaud**rez**	vous	aurez	valu
ils/elles	val**ent**	ils/elles	ont	valu	ils/elles	vaud**ront**	ils/elles	auront	valu

Imparfait		Plus-que-parfait			Conditionnel présent		Conditionnel passé		
je	val**ais**	j'	avais	valu	je	vaud**rais**	j'	aurais	valu
tu	val**ais**	tu	avais	valu	tu	vaud**rais**	tu	aurais	valu
il/elle	val**ait**	il/elle	avait	valu	il/elle	vaud**rait**	il/elle	aurait	valu
nous	val**ions**	nous	avions	valu	nous	vaud**rions**	nous	aurions	valu
vous	val**iez**	vous	aviez	valu	vous	vaud**riez**	vous	auriez	valu
ils/elles	val**aient**	ils/elles	avaient	valu	ils/elles	vaud**raient**	ils/elles	auraient	valu

Passé simple		Passé antérieur		
je	val**us**	j'	eus	valu
tu	val**us**	tu	eus	valu
il/elle	val**ut**	il/elle	eut	valu
nous	val**ûmes**	nous	eûmes	valu
vous	val**ûtes**	vous	eûtes	valu
ils/elles	val**urent**	ils/elles	eurent	valu

IMPÉRATIF

Présent	Passé	
vau**x**	aie	valu
val**ons**	ayons	valu
val**ez**	ayez	valu

SUBJONCTIF

Présent		Passé		
que je	va**ille**	que j'	aie	valu
que tu	va**illes**	que tu	aies	valu
qu'il/elle	va**ille**	qu'il/elle	ait	valu
que nous	val**ions**	que nous	ayons	valu
que vous	val**iez**	que vous	ayez	valu
qu'ils/elles	va**illent**	qu'ils/elles	aient	valu

INFINITIF

Présent	Passé
val**oir**	avoir valu

PARTICIPE

Présent	Passé	Passé composé
val**ant**	val**u**, val**ue**, val**us**, val**ues**	ayant valu

Prévaloir au subj. prés. : *que je prévale, que tu prévales, qu'il/elle prévale, que nous prévalions, que vous prévaliez, qu'ils/elles prévalent.*

Tableau 49 Venir

INDICATIF

Présent		Passé composé			Futur simple		Futur antérieur		
je	vien**s**	je	suis	venu/venue	je	viend**rai**	je	serai	venu/venue
tu	vien**s**	tu	es	venu/venue	tu	viend**ras**	tu	seras	venu/venue
il/elle	vien**t**	il/elle	est	venu/venue	il/elle	viend**ra**	il/elle	sera	venu/venue
nous	ven**ons**	nous	sommes	venus/venues	nous	viend**rons**	nous	serons	venus/venues
vous	ven**ez**	vous	êtes	venus/venues	vous	viend**rez**	vous	serez	venus/venues
ils/elles	vien**nent**	ils/elles	sont	venus/venues	ils/elles	viend**ront**	ils/elles	seront	venus/venues

Imparfait		Plus-que-parfait			Conditionnel présent		Conditionnel passé		
je	ven**ais**	j'	étais	venu/venue	je	viend**rais**	je	serais	venu/venue
tu	ven**ais**	tu	étais	venu/venue	tu	viend**rais**	tu	serais	venu/venue
il/elle	ven**ait**	il/elle	était	venu/venue	il/elle	viend**rait**	il/elle	serait	venu/venue
nous	ven**ions**	nous	étions	venus/venues	nous	viend**rions**	nous	serions	venus/venues
vous	ven**iez**	vous	étiez	venus/venues	vous	viend**riez**	vous	seriez	venus/venues
ils/elles	ven**aient**	ils/elles	étaient	venus/venues	ils/elles	viend**raient**	ils/elles	seraient	venus/venues

Passé simple		Passé antérieur		
je	v**ins**	je	fus	venu/venue
tu	v**ins**	tu	fus	venu/venue
il/elle	v**int**	il/elle	fut	venu/venue
nous	v**înmes**	nous	fûmes	venus/venues
vous	v**întes**	vous	fûtes	venus/venues
ils/elles	v**inrent**	ils/elles	furent	venus/venues

IMPÉRATIF

Présent	Passé	
vien**s**	sois	venu/venue
ven**ons**	soyons	venus/venues
ven**ez**	soyez	venus/venues

SUBJONCTIF

Présent		Passé		
que je	vien**ne**	que je	sois	venu/venue
que tu	vien**nes**	que tu	sois	venu/venue
qu'il/elle	vien**ne**	qu'il/elle	soit	venu/venue
que nous	ven**ions**	que nous	soyons	venus/venues
que vous	ven**iez**	que vous	soyez	venus/venues
qu'ils/elles	vien**nent**	qu'ils/elles	soient	venus/venues

INFINITIF

Présent	Passé
ven**ir**	être venu

PARTICIPE

Présent	Passé	Passé composé
ven**ant**	ven**u**, ven**ue**, ven**us**, ven**ues**	étant venu

Tableau 50 Vêtir

INDICATIF

Présent		Passé composé			Futur simple		Futur antérieur		
je	vêt**s**	j'	ai	vêtu	je	vêti**rai**	j'	aurai	vêtu
tu	vêt**s**	tu	as	vêtu	tu	vêti**ras**	tu	auras	vêtu
il/elle	vêt	il/elle	a	vêtu	il/elle	vêti**ra**	il/elle	aura	vêtu
nous	vêt**ons**	nous	avons	vêtu	nous	vêti**rons**	nous	aurons	vêtu
vous	vêt**ez**	vous	avez	vêtu	vous	vêti**rez**	vous	aurez	vêtu
ils/elles	vêt**ent**	ils/elles	ont	vêtu	ils/elles	vêti**ront**	ils/elles	auront	vêtu

Imparfait		Plus-que-parfait			Conditionnel présent		Conditionnel passé		
je	vêt**ais**	j'	avais	vêtu	je	vêti**rais**	j'	aurais	vêtu
tu	vêt**ais**	tu	avais	vêtu	tu	vêti**rais**	tu	aurais	vêtu
il/elle	vêt**ait**	il/elle	avait	vêtu	il/elle	vêti**rait**	il/elle	aurait	vêtu
nous	vêt**ions**	nous	avions	vêtu	nous	vêti**rions**	nous	aurions	vêtu
vous	vêt**iez**	vous	aviez	vêtu	vous	vêti**riez**	vous	auriez	vêtu
ils/elles	vêt**aient**	ils/elles	avaient	vêtu	ils/elles	vêti**raient**	ils/elles	auraient	vêtu

Passé simple		Passé antérieur		
je	vêt**is**	j'	eus	vêtu
tu	vêt**is**	tu	eus	vêtu
il/elle	vêt**it**	il/elle	eut	vêtu
nous	vêt**îmes**	nous	eûmes	vêtu
vous	vêt**îtes**	vous	eûtes	vêtu
ils/elles	vêt**irent**	ils/elles	eurent	vêtu

SUBJONCTIF

Présent		Passé		
que je	vêt**e**	que j'	aie	vêtu
que tu	vêt**es**	que tu	aies	vêtu
qu'il/elle	vêt**e**	qu'il/elle	ait	vêtu
que nous	vêt**ions**	que nous	ayons	vêtu
que vous	vêt**iez**	que vous	ayez	vêtu
qu'ils/elles	vêt**ent**	qu'ils/elles	aient	vêtu

IMPÉRATIF

Présent	Passé	
vêt**s**	aie	vêtu
vêt**ons**	ayons	vêtu
vêt**ez**	ayez	vêtu

INFINITIF

Présent	Passé
vêt**ir**	avoir vêtu

PARTICIPE

Présent	Passé	Passé composé
vêt**ant**	vêt**u**, vêt**ue**, vêt**us**, vêt**ues**	ayant vêtu

Tableau 51 Vivre

INDICATIF

Présent		Passé composé			Futur simple		Futur antérieur		
je	vi**s**	j'	ai	vécu	je	viv**rai**	j'	aurai	vécu
tu	vi**s**	tu	as	vécu	tu	viv**ras**	tu	auras	vécu
il/elle	vi**t**	il/elle	a	vécu	il/elle	viv**ra**	il/elle	aura	vécu
nous	viv**ons**	nous	avons	vécu	nous	viv**rons**	nous	aurons	vécu
vous	viv**ez**	vous	avez	vécu	vous	viv**rez**	vous	aurez	vécu
ils/elles	viv**ent**	ils/elles	ont	vécu	ils/elles	viv**ront**	ils/elles	auront	vécu

Imparfait		Plus-que-parfait			Conditionnel présent		Conditionnel passé		
je	viv**ais**	j'	avais	vécu	je	viv**rais**	j'	aurais	vécu
tu	viv**ais**	tu	avais	vécu	tu	viv**rais**	tu	aurais	vécu
il/elle	viv**ait**	il/elle	avait	vécu	il/elle	viv**rait**	il/elle	aurait	vécu
nous	viv**ions**	nous	avions	vécu	nous	viv**rions**	nous	aurions	vécu
vous	viv**iez**	vous	aviez	vécu	vous	viv**riez**	vous	auriez	vécu
ils/elles	viv**aient**	ils/elles	avaient	vécu	ils/elles	viv**raient**	ils/elles	auraient	vécu

Passé simple		Passé antérieur		
je	véc**us**	j'	eus	vécu
tu	véc**us**	tu	eus	vécu
il/elle	véc**ut**	il/elle	eut	vécu
nous	véc**ûmes**	nous	eûmes	vécu
vous	véc**ûtes**	vous	eûtes	vécu
ils/elles	véc**urent**	ils/elles	eurent	vécu

SUBJONCTIF

Présent		Passé		
que je	viv**e**	que j'	aie	vécu
que tu	viv**es**	que tu	aies	vécu
qu'il/elle	viv**e**	qu'il/elle	ait	vécu
que nous	viv**ions**	que nous	ayons	vécu
que vous	viv**iez**	que vous	ayez	vécu
qu'ils/elles	viv**ent**	qu'ils/elles	aient	vécu

IMPÉRATIF

Présent	Passé	
vi**s**	aie	vécu
viv**ons**	ayons	vécu
viv**ez**	ayez	vécu

INFINITIF

Présent	Passé
viv**re**	avoir vécu

PARTICIPE

Présent	Passé	Passé composé
viv**ant**	véc**u**, véc**ue**, véc**us**, véc**ues**	ayant vécu

Tableau 52 Voir

INDICATIF

Présent		Passé composé			Futur simple		Futur antérieur		
je	vois	j'	ai	vu	je	verrai	j'	aurai	vu
tu	vois	tu	as	vu	tu	verras	tu	auras	vu
il/elle	voit	il/elle	a	vu	il/elle	verra	il/elle	aura	vu
nous	voyons	nous	avons	vu	nous	verrons	nous	aurons	vu
vous	voyez	vous	avez	vu	vous	verrez	vous	aurez	vu
ils/elles	voient	ils/elles	ont	vu	ils/elles	verront	ils/elles	auront	vu

Imparfait		Plus-que-parfait			Conditionnel présent		Conditionnel passé		
je	voyais	j'	avais	vu	je	verrais	j'	aurais	vu
tu	voyais	tu	avais	vu	tu	verrais	tu	aurais	vu
il/elle	voyait	il/elle	avait	vu	il/elle	verrait	il/elle	aurait	vu
nous	voyions	nous	avions	vu	nous	verrions	nous	aurions	vu
vous	voyiez	vous	aviez	vu	vous	verriez	vous	auriez	vu
ils/elles	voyaient	ils/elles	avaient	vu	ils/elles	verraient	ils/elles	auraient	vu

Passé simple		Passé antérieur		
je	vis	j'	eus	vu
tu	vis	tu	eus	vu
il/elle	vit	il/elle	eut	vu
nous	vîmes	nous	eûmes	vu
vous	vîtes	vous	eûtes	vu
ils/elles	virent	ils/elles	eurent	vu

SUBJONCTIF

Présent		Passé		
que je	voie	que j'	aie	vu
que tu	voies	que tu	aies	vu
qu'il/elle	voie	qu'il/elle	ait	vu
que nous	voyions	que nous	ayons	vu
que vous	voyiez	que vous	ayez	vu
qu'ils/elles	voient	qu'ils/elles	aient	vu

IMPÉRATIF

Présent	Passé	
vois	aie	vu
voyons	ayons	vu
voyez	ayez	vu

INFINITIF

Présent	Passé
voir	avoir vu

PARTICIPE

Présent	Passé	Passé composé
voyant	vu, vue, vus, vues	ayant vu

Prévoir au futur simple : *je prévoirai, tu prévoiras, nous prévoirons,* etc. ; au conditionnel présent : *je prévoirais, tu prévoirais, nous prévoirions,* etc.

Tableau 53 Vouloir

INDICATIF

Présent		Passé composé			Futur simple		Futur antérieur		
je	veux	j'	ai	voulu	je	voudrai	j'	aurai	voulu
tu	veux	tu	as	voulu	tu	voudras	tu	auras	voulu
il/elle	veut	il/elle	a	voulu	il/elle	voudra	il/elle	aura	voulu
nous	voulons	nous	avons	voulu	nous	voudrons	nous	aurons	voulu
vous	voulez	vous	avez	voulu	vous	voudrez	vous	aurez	voulu
ils/elles	veulent	ils/elles	ont	voulu	ils/elles	voudront	ils/elles	auront	voulu

Imparfait		Plus-que-parfait			Conditionnel présent		Conditionnel passé		
je	voulais	j'	avais	voulu	je	voudrais	j'	aurais	voulu
tu	voulais	tu	avais	voulu	tu	voudrais	tu	aurais	voulu
il/elle	voulait	il/elle	avait	voulu	il/elle	voudrait	il/elle	aurait	voulu
nous	voulions	nous	avions	voulu	nous	voudrions	nous	aurions	voulu
vous	vouliez	vous	aviez	voulu	vous	voudriez	vous	auriez	voulu
ils/elles	voulaient	ils/elles	avaient	voulu	ils/elles	voudraient	ils/elles	auraient	voulu

Passé simple		Passé antérieur		
je	voulus	j'	eus	voulu
tu	voulus	tu	eus	voulu
il/elle	voulut	il/elle	eut	voulu
nous	voulûmes	nous	eûmes	voulu
vous	voulûtes	vous	eûtes	voulu
ils/elles	voulurent	ils/elles	eurent	voulu

SUBJONCTIF

Présent		Passé		
que je	veuille	que j'	aie	voulu
que tu	veuilles	que tu	aies	voulu
qu'il/elle	veuille	qu'il/elle	ait	voulu
que nous	voulions	que nous	ayons	voulu
que vous	vouliez	que vous	ayez	voulu
qu'ils/elles	veuillent	qu'ils/elles	aient	voulu

IMPÉRATIF

Présent	Passé	
veux/veuille	aie	voulu
voulons/veuillons	ayons	voulu
voulez/veuillez	ayez	voulu

INFINITIF

Présent	Passé
vouloir	avoir voulu

PARTICIPE

Présent	Passé	Passé composé
voulant	voulu, voulue, voulus, voulues	ayant voulu

Index

LÉGENDE

Mots en *italique bleu* : homophones présentés dans l'annexe 1 (tableau des homophones).

Mots en *italique vert* : verbes dont la conjugaison est présentée dans l'annexe 2 (tableaux de conjugaison).

Mots en *italique noir* : mots qui présentent des particularités (paronymes, auxiliaires, préfixes, etc.).

A

B

C

F

G

H

I

N

O

P

Q

R

S

T

U-V

Bibliographie

Antidote HD [cd-rom], Montréal, Druide informatique, 2010.

L'art de conjuguer, coll. Bescherelle, Montréal, Éditions Hurtubise HMH, 2006, 264 p.

L'orthographe pour tous, coll. Bescherelle, Montréal, Éditions Hurtubise HMH, 1991, 253 p.

CATACH, Nina. *L'orthographe,* coll. Que sais-je ? (nº 685), Paris, Presses universitaires de France, 1992, 126 p.

CHARTRAND, Suzanne-G. *Progression dans l'enseignement du français langue première au secondaire québécois : répartition des genres textuels, des notions, des stratégies et des procédures à enseigner de la 1re à la 5e secondaire* [numéro hors série de la revue *Québec français*], Sainte-Foy, Les Publications Québec français, 2008, 55 p.

CONTANT, Chantal. *Grand vadémécum de l'orthographe moderne recommandée (cinq millepattes sur un nénufar),* Montréal, De Champlain S.F., 2009, 256 p.

CONTANT, Chantal, et Roman MULLER. *Connaître et maîtriser la nouvelle orthographe. Guide pratique et exercices,* Montréal / Dijon, De Champlain S.F. inc., 2005, 140 p.

GENEVAY, Éric. *Ouvrir la grammaire,* Lausanne, Éditions L.E.P. Loisirs et Pédagogie, 1994, 274 p.

GREVISSE, Maurice, et André GOOSE. *Le bon usage,* 14e éd., Bruxelles, Groupe De Bœck / Duculot, 2007, 1600 p.

HANSE, Joseph, et Daniel BLAMPAIN. *Nouveau dictionnaire des difficultés du français moderne*, 4e éd., Bruxelles, Groupe De Boeck / Duculot, 2000, 649 p.

LEFRANÇOIS, Pascale, et Lucie PLANTE-LEFRANÇOIS. *L'orthographe déjouée*, Saint-Jérôme, Éditions du Phare, Laval, Mondia Groupe Beauchemin, 1995, 631 p.

RAMAT, Aurel. *Le Ramat de la typographie,* 9e éd., Montréal, Aurel Ramat Éditeur, 2008, 224 p.

RIEGEL, Martin, Jean-Christophe PELLAT et René RIOUL. *Grammaire méthodique du français*, 3e éd., coll. Linguistique nouvelle, Paris, Presses universitaires de France, 1997, 646 p.

TANGUAY, Bernard. *L'art de ponctuer,* 3e éd., Montréal, Éditions Québec-Amérique, 2006, 247 p.

Cassandra Rivers
GR: 12